HASTA MARTES

Un Guerrero Herido y
el Golden Retriever Que Lo Salvó

Ex capitán del Ejército de los Estados Unidos
LUIS CARLOS MONTALVÁN
con BRET WITTER

A CELEBRA BOOK

CELEBRA
Published by the Penguin Group
Penguin Group (USA) LLC, 375 Hudson Street,
New York, New York 10014

USA | Canada | UK | Ireland | Australia | New Zealand | India | South Africa | China
penguin.com
A Penguin Random House Company

Published by Celebra, a division of Penguin Group (USA) LLC. Previously published in a Hyperion hardcover edition.

First Celebra Printing, August 2014

Translation by Omar Amador

CELEBRA TRADE PAPERBACK ISBN: 978-0-147-50933-8

LIBRARY OF CONGRESS CATALOGING-IN-PUBLICATION DATA:
Montalván, Luis Carlos.
Until Tuesday: a wounded warrior and the golden retriever who saved him/Luis Carlos Montalván.
p. cm.
ISBN 978-1-4013-2429-2
1. Service dogs—United States. 2. Human-animal relationships.
3. Montalván, Luis Carlos. 4. Men with disabilities—United States—Biography.
I. Witter, Bret. II. Title.
HV1569.6.M56 2011
362.4092—dc22
[B]
2010051147

Printed in the United States of America
1 3 5 7 9 10 8 6 4 2

Set in Bembo
Designed by Sabrina Bowers

PUBLISHER'S NOTE

Penguin is committed to publishing works of quality and integrity. In that spirit, we are proud to offer this book to our readers; however, the story, the experiences and the words are the author's alone.

CONTENIDO

TERCERA PARTE

MARTES Y LUIS

A mi papá

y a Martes…

AGRADECIMIENTOS

MIS MAYORES AGRADECIMIENTOS VAN A PETER MCGUIGAN, Hannah Gordon, Stéphanie Abou y toda la gente asombrosa de Foundry Literary & Media. Gracias por creer en Martes y en mí.

Gracias, Bret Witter. No solo me aguantaste, sino que contribuiste de manera significativa al continuo proceso de sanación. Y Martes está feliz de haber ganado un amigo para siempre.

Para Elisabeth Dyssegaard, Ellen Archer, Kristin Kiser, Katherine Tasheff, Marie Coolman, Molly Rosenbaum y toda la gente maravillosa de Hyperion. Ustedes son, sencillamente, los mejores.

Martes. ¿Qué haría yo sin mi Martes? Gracias a ti, "vieja alma buena".

Mis más sinceras gracias van para todos ustedes, los que vienen a continuación, y con quienes me siento en deuda. A través de los años, ustedes me han ofrecido amistad, guía, apoyo y amor.

Plinio Homero Montalván, Ruth Montalván, Sergio Miranda Ortiz, Teresa Miranda, George Plinio Montalván, Patricia Montalván, J. Plinio Montalván, Gina Montalván, Cristina Rieppi, Pablo Rieppi, Isabel Cabán, Angel Cabán, Carlos Cabán, Carmen Cabán, Esq., Maggie Dooley, Kevin Dooley, Alex Dooley, David Dooley, David Cabán, Ileana Cabán, Paul Vizcarrondo, Esq., Nina Vizcarrondo, Kevin Krufky, Esq., Tim Westhusing, Keith Westhusing, Nadia McCaffrey, Emily Pearcy, Dr. Goli Motarassed, M.D., Briah

Carey, Myrtle Vacirca-Quinn, Esq., Christina Curry, Marvin Wassermann, Michael Schweinsberg, Concejala Sara González, Asambleísta Félix Ortiz, Lu Picard, Dale Picard, Judy Knispel, Barbara Jenkel, Paul Jenkel, Leslie Granda-Hill, Tammy Snowden, Michelle Mullany, Jeffrey Bodley, Esq., Michele Bernstein-Goldsmith, Barry S. Goldsmith, Olga Trevizo, Angie Trevizo, Donna Kelly Thibedeau-Eddy, Tyler Boudreau, Amme Poe-Gilbert, Melody Moezzi, Esq., Matthew Lenard, Paul Rieckhoff, Ali Fawzi, Hamza Thakir, Cindy Rodríguez, Domenica Iacovone, Teresa Davis, Bronwen Pence, Amy Pence, Ted Gavin, Amy Gavin, Michael Elkin, Amy Kielman, Jarka Kristinova, Chris Lombardi, Rachel Rawlings, Joe Bello, Katie Johnson, James Bloomer III, Gary Brozek & Huck, T. J. Buonomo, Alicia Castañeda, Rolando Castañeda, Aaron Glantz, Patricia Greenwald, Mario Ruiz, Cynthia Labelle, David Lackowitz, Esq., Robert Wolf, Esq., Katie McMaster, Jeri Miller, Kristabelle Munson, Prof. Phillip Napoli, PhD, Rachel Natelson, Esq., Tony Ntellas, Marianne Pérez, Joe Piazza, Ned Powell, Diane Powell, Tricia Powell, Prof. Edward Queen, PhD, Esq., David Ramsay, Gabriel Razoky, Shannon Rickey, Fred Schieck, Ben Selkow, Katharine Bailey, Dee Soder, PhD, José Vasquez, Mike Chung, Hwang Chung, Todd Wiseman, Jr., Milos Silber, Keely Zahn, Karin Zeitvogel, Pfc. (Ret.) Phil Bauer & Reese, Pfc. Cole Vickery & Cylis, Pfc. (Ret.) David Page, Pfc. Joseph Knott, Pfc. Robert Murray, Pfc. Wyatt Eisenhauer, Aviador Superior (Ret.) Kimberly Specht & Toby, Spc. Ricky Rockholt, Spc. Hoby Bradfield, Spc. Justin Pollard, Spc. (Ret.) Tyson Carter, Spc. (Ret.) Andrew Hanson & Jackie, Sgt. (Ret.) Mary Dague & Remy, Sgt. (Ret.) Eric Pearcy, Sgt. EM (Ret.) Rick Boone & Raeburn, Sgt. EM (Ret.) John Davis, Sgt. 1era. Clase (Ret.) Kevin Epps, Sgt. 1era. Clase Brian Potter, 1er. Sgt. (Ret.) Scott Annese, 1er. Sgt. Zack Lever, Sgt. de Com. Com. John Caldwell, Sgt. de Com. Com. Jon Hunt, Sgt. de Com. Com. (Ret.) William Burns, 1er. Teniente Joseph D. Demoors, Capt. (Ret.) Mark Brogan, Capt. Ernie Ambrose, Capt. Adam Tiffen, Esq., Capt. Brian

Schwab, Capt. (Ret.) Chris Hadsall, Capt. Joe Merrill, Capt. John Fuchko, Capt. Timothy Meier, PhD (SJ), Com. Fred Pasquale, Com. Denis Lortie, Com. Jay Baker, M.D., Com. Doug LaBouff, Com. Eric Gardner, Com. Michael Martínez, Com. Scott Pence, Com. Bill Bainbridge, Esq., Com. (Ret.) Donald Vandergriff, Ten. Cor. Matthew Canfield, Ten. Cor. Brian Steed, Ten. Cor. David Causey, Ten. Cor. Don Moore, Ten. Cor. Michael Shinners, Ten. Cor. (Ret.) Michael Sternfeld, Ten. Cor. Christopher Kennedy, Ten. Cor. James Gallivan, Cor. Joel Armstrong, Cor. Christopher Gibson, PhD, Cor. Christopher M. Hickey, Cor. Paul Yingling, Cor. Gregory Reilly, Cor. (Ret.) Mary Belmont, PhD, Cor. Ted Westhusing, PhD, Brig. Gen. H. R. McMaster, General de División Khorsheed Saleem al-Dosekey, Comandante Najim Abid al-Jibouri, Sec. Eugene Dewey, Sen. Al Franken, Franni Franken, Prof. David Segal, PhD, Prof. Mady Segal, PhD, Prof. Winthrop Adkins, PhD, Decano Nicholas Lemann, Decano Sree Sreenivasan, Decana Melanie Huff, Decana Laura Muha, Decano Tom Harford, PhD, Prof. John Martin, Prof. Shawn McIntosh, Prof. Christopher Lehmann-Haupt, Prof. Beth Whitehouse, Prof. Elena Cabral, Prof. Rob Bennett, Prof. Mirta Ojito, Prof. John Smock, Prof. Tony Judt, PhD.

Partido por la mitad

Le sucedió a un árbol impactado por un rayo;
el resultado de algo salvaje y violento.
Un árbol partido por la mitad.

¿Cómo es que se llega a algo así?

¿Qué sucedió aquí?

He visto hombres y mujeres partidos por la mitad.
Yo he partido gente por la mitad.
Yo estoy partido por la mitad.

¿Realmente son las dos mitades un todo?

Hay huecos.
Huecos profundos y solitarios,
partidos por la mitad.
Un árbol con huecos.

—LUIS CARLOS MONTALVÁN, 2009

PREÁMBULO

LA PRIMERA MIRADA

LO PRIMERO QUE TODOS NOTAN ES EL PERRO. CADA VEZ que camino por mi barriada del alto Manhattan, todas las miradas van hacia Martes. Unos pocos dudan, cautelosos de un perro tan grande —Martes pesa ochenta libras, mucho para las normas de Nueva York—, pero pronto hasta los cautelosos sonríen. Martes tiene algo en la forma en que se presenta que hace que todos se sientan cómodos ante él. Sin darse cuenta, los obreros de la construcción que beben café durante su descanso le gritan, y las chicas lindas preguntan si pueden acariciarlo. Hasta los niños pequeños se quedan asombrados. "Mira ese perro, Mami", les oigo decir al pasar. "Qué perro tan bello".

Y es cierto. Martes es, sin excepción, el golden retriever más atractivo que he conocido. Es grande y bien formado, pero tiene el innato amor por la vida de los golden: juguetón, saltarín y exuberante. Inclusive cuando camina, parece como si estuviera divirtiéndose. No con la alegría bobalicona de un perrito común. Martes no tiene nada de facilón o descuidado, al menos cuando va por la calle. Claro, no puede resistir meter la nariz donde los otros perros han dejado sus marcas, pero cuando no tiene el hocico pegado a un hidrante de incendios, parece tan aristocrático como un perro Westminster de exhibición, caminando ligeramente a mi lado con los ojos y la cabeza dirigidos al frente. También mantiene el rabo en alto; esto evidencia su confianza y muestra su hermoso pelaje, que es más castaño que el del golden normal y parece brillar, incluso en la sombra.

Su pelo maravilloso no es casualidad. Martes ha sido criado durante generaciones con el objetivo de llamar la atención. Ha sido entrenado para desarrollar su temperamento y postura desde los tres días de nacido. No años, días. Todos los días de su vida ha sido cepillado durante al menos quince minutos, y dos veces todos los días desde que yo lo adopté, cuando tenía dos años de edad. Cada vez que regresamos a mi apartamento, le limpio las patas con toallitas húmedas de bebé. Le limpio los oídos y le recorto las uñas al menos una vez por semana. Le recorto el pelo de la parte almohadillada de sus patas y de alrededor de los oídos tan pronto noto que le está creciendo. Hasta le cepillo los dientes con pasta con sabor a pollo todas las noches. Una noche, sin querer agarré la pasta de Martes y me metí un poco en la boca con mi cepillo, y casi vomito. Fue horrible, como comer manzanas pasadas mezcladas con arepas. Pero Martes la adora. Le encanta sentarse en mi regazo mientras lo acicalo. Le encanta que le meta los palillos de Q-tips hasta tres pulgadas dentro de las orejas. Cada vez que ve el cepillo de dientes, echa los labios hacia atrás y me muestra los dientes como en espera de la arena con sabor a pollo.

Pero no se trata solo de su bello pelaje, o de la extraordinaria frescura de su aliento (para ser un perro), o del porte aristocrático que atrae todas las miradas. Es su personalidad. Como puedes ver por la foto en la cubierta de este libro, Martes tiene una cara expresiva. Sus ojos son sensibles, casi tristes —los considero ojos de perro inteligente, ya que parece que siempre te están mirando—, pero su gran sonrisa bobalicona los compensa. Martes es uno de esos animales afortunados cuya boca forma una curva natural hacia arriba, de modo que hasta cuando está simplemente dando zancadas parece feliz. Cuando se ríe de verdad, las comisuras de los labios le llegan hasta los ojos. Entonces se le sale la lengua. Alza la cabeza. Sus músculos se relajan y muy pronto se le menea todo el cuerpo, hasta el rabo.

Además, están sus cejas, un par de grandes nudos peludos encima de la cabeza. Cuando Martes piensa, las cejas se le mueven sin orden preciso, una hacia arriba, la otra hacia abajo. Cada vez que digo su nombre, las cejas comienzan a bailarle, hacia arriba y hacia abajo. También empiezan a galopar cuando huele algo extraño, cuando oye algo a la distancia o distingue a alguien y quiere saber cuáles son sus intenciones. Jamás le pasa por al lado a nadie sin lanzarle una tímida mirada con esos ojos profundos, las cejas moviéndose, una sonrisa natural en el rostro y el rabo meneándose de un lado a otro como si dijera *Lo siento, te veo, me gustaría jugar, pero ahora estoy trabajando.* Él se conecta, no hay mejor manera de decirlo; tiene un temperamento amistoso. Es común que la gente saque sus móviles y le tome fotos. No estoy bromeando: Martes es ese tipo de perro.

Y luego, de paso, me notan a mí, el grandullón al lado de la estrella. Soy hispano —cubano por parte de padre y puertorriqueño por parte de madre—, pero soy lo que se conoce como un "latino blanco", alguien de piel lo bastante clara como para que piensen que soy de ascendencia caucásica. También tengo seis pies y dos pulgadas de estatura, soy ancho de hombros y de cuerpo musculoso debido a décadas de ejercicios, por desgracia ya parte de mi pasado. Mi cuerpo se está ablandando, lo reconozco, pero aún impresiono, digámoslo así. Por eso es que me llamaban "el *Terminator*", cuando trabajaba con el Ejército de los Estados Unidos. Por eso es que me convertí en capitán de ese Ejército, y estuve al frente de un pelotón de hombres en combate y entrené a soldados, policías y policías fronterizos iraquíes al nivel de regimiento. No hay nada en mí, en otras palabras —hasta la manera recta y rígida en que me conduzco— que parezca incapacitado. Por el contrario, la primera impresión que le doy a casi todo el mundo, me han dicho, es la de un policía.

Bueno, hasta que notan el bastón en mi mano izquierda, y la

manera en que me apoyo sobre él al caminar. Luego se dan cuenta de que mi andar rígido y la postura recta no significan orgullo, sino que son una necesidad física. No ven las otras cicatrices: las vértebras fracturadas y la rodilla hecha pedazos que me dio esta cojera, o la lesión traumática del cerebro que me produce migrañas paralizantes y serios trastornos de equilibrio. Todavía más ocultas están las heridas psicológicas: los recuerdos traumáticos recurrentes y las pesadillas, la ansiedad social y la agorafobia, los ataques de pánico al ver algo tan inofensivo como una lata de refresco abandonada, que se usaban comúnmente como bombas improvisadas durante mis dos misiones en Irak. No ven el año que pasé en un limbo alcohólico, tratando de enfrentar la destrucción de mi familia, mi matrimonio y mi carrera; los meses que pasé tratando de salir inútilmente de mi apartamento, la traición de los ideales —deber, honor, respeto, hermandad— en los que había creído antes de la guerra.

Y debido a que no pueden ver esas cosas, nunca entienden por completo mi relación con Martes. No importa cuánto lo admiren, jamás podrán saber lo que él significa para mí. Porque Martes no es un perro como los demás. Camina justo a mi lado, por ejemplo, o exactamente dos pasos al frente, según como se sienta. Me guía al bajar las escaleras. Está entrenado para responder a más de ciento cincuenta órdenes y a darse cuenta de cuándo cambia mi respiración o se me agita el pulso, de manera de poder empujarme con la cabeza hasta que yo me haya desembarazado de los recuerdos y esté de vuelta en el presente. Él es mi barrera ante las multitudes, mi distracción de la ansiedad y mi ayudante en las tareas cotidianas. Hasta su belleza es una manera de protección, porque llama la atención y hace que la gente se sienta a gusto. Por eso es que fue criado para lucir tan guapo: no por vanidad, sino para que la gente lo note y, con suerte, el chaleco rojo con la cruz blanca médica que lleva a la espalda. Porque ese hermoso Martes, despreocupadamente alegre y favorito de los vecinos, no es mi mascota; es un perro de servicio entrenado para ayudar a los minusválidos.

Antes de Martes, yo vislumbraba francotiradores en los tejados. Antes de Martes, me pasaba más de una hora en mi apartamento llenándome de valor para caminar media cuadra hasta la licorería. Tomaba veinte medicamentos al día para todo, desde el dolor físico hasta una grave agorafobia, y hasta los encuentros sociales más inofensivos me producían migrañas que me paralizaban. Algunos días, apenas podía agacharme debido a las lesiones en mis vértebras. Otro días, cojeaba media milla en una confusión total, y me despertaba en una esquina sin idea alguna de dónde estaba ni cómo había llegado allí. Tenía tan poco equilibrio a causa de una lesión cerebral traumática (TBI, por sus siglas en inglés) que a veces me caía, como una vez en que rodé por una escalera de concreto de una estación del metro.

Antes de Martes no podía trabajar. Antes de Martes, no podía dormir. Bebía botellas enteras de ron de una sentada, pero aun así me quedaba en la cama sin pegar los ojos. Y cada vez que lo hacía, veía cosas terribles: un agresor que quería matarme, un niño muerto. Luego de una agotadora sesión de terapia fui a una cafetería, abrí mi *laptop* y vi el rostro de un terrorista suicida de Sinjar, en Irak. Un pelotón de soldados iraquíes asociado con nuestro regimiento había colocado su tienda de descanso demasiado cerca de su vehículo de control y el terrorista había hecho volar en pedazos a varios de ellos. Cuando llegué, la tienda todavía humeaba, las sirenas sonaban estrepitosamente y había pedazos humanos por todas partes. Pisaba el brazo arrancado de un cuerpo e iba hacia la carrocería hecha trizas del vehículo del terrorista cuando lo vi. No su cuerpo, que había sido destruido. No su cabeza, que había sido decapitada y pulverizada. Vi su rostro, arrancado de cuajo debido a la explosión, descansando tranquilamente en el suelo en medio de aquel infierno como una máscara infantil. Las cuencas de los ojos estaban vacías, pero el resto permanecía: cejas, nariz, labios y hasta su barba.

Enterré aquel rostro en mi mente durante tres años, pero cuando resurgió durante la terapia, no pude olvidarlo. Lo veía en la pantalla de mi computadora. Lo veía en el televisor de la esquina de la cafetería. Me iba, pero lo entreveía en cada vitrina por la que pasaba. Me apresuraba hacia la estación de metro, impulsándome con el bastón. Me agarraba con furia del primer vagón del tren subterráneo y me derrumbaba junto a la puerta. Sudaba copiosamente, y podía oler mi propio hedor, esa fétida mezcla de adrenalina y miedo. Me daba mucha pena por la mujer impecablemente vestida de negro a mi lado, pero no podía hablar. No podía alzar la vista. Trataba de no moverme. Cerraba los ojos, pero la cara arrancada del terrorista suicida, tan diabólica y, sin embargo, tan calmada, estaba impresa en mis párpados. Sudaba a más no poder mientras el tren avanzaba trabajosamente por la vía, con la cabeza martilleándome y el estómago dando vueltas, hasta que finalmente, mientras estallaba una migraña como si fuera una bomba de hidrógeno, me lanzaba fuera del asiento, abría la puerta de emergencia y, doblado en el espacio entre los dos carros, vomitaba sobre la vía, mi vida saliéndose de mí nuevamente y explotando en mil pedazos.

No me recuperé, al menos no realmente, hasta Martes. No comencé a armar las piezas, y a reunirlas en un todo, hasta que este hermoso golden retriever, entrenado durante dos años para cambiar la vida de alguien como yo, se hizo inseparable de mi lado. Martes me dio libertad, hasta de mis peores temores, y al hacerlo me devolvió la vida.

Así que no, Martes no es mi mascota. No solo me hace reír, o me trae los zapatos, o me da alguien con quien jugar en el parque. No me enseña lecciones metafóricas de la vida. No me saluda cada vez que abro la puerta, porque nunca está al otro lado de la puerta. Está siempre conmigo. Cada segundo. Va conmigo a la tienda. Va conmigo a clase. Sube conmigo a los taxis y come conmigo en los restaurantes. Cuando voy a la cama por la noche, Martes me arropa con las sábanas. Cuando me despierto, se me acerca. Cuando voy a un servicio público, Martes está ahí. En el urinario. Siempre junto a mí.

Estamos ligados, perro y hombre, de una forma en que la gente con cuerpos sanos no podrá entender nunca, porque nunca experimentarán nada como esto. Mientras Martes viva, estará conmigo. Ninguno de los dos estará solo jamás. Nunca estaremos sin un compañero. Jamás tendremos privacidad alguna, inclusive en nuestros pensamientos, porque Martes y yo estamos tan sintonizados el uno con el otro después de más de dos años juntos que podemos leer el lenguaje del otro y saber qué está pensando.

Naturalmente, no siempre fue así. Durante un año, Martes y yo vivimos a dos horas de distancia, sin conocernos aún. Durante un tiempo en 2007, teníamos tantos problemas que quienes nos conocían dudaban de que algún día pudiéramos recuperarnos. Esa también es parte de nuestra historia: la travesía que realizamos para llegar hasta aquí, las experiencias que crearon esa necesidad. Pero nosotros no somos sencillamente un perro de servicio y su amo; Martes y yo también somos el mejor amigo el uno del otro. Almas gemelas. Hermanos. Como quieran llamarle. No estábamos hechos el uno para el otro, pero al final cada uno resultó ser exactamente lo que el otro necesitaba.

Y por eso es que siempre sonrío cuando Martes se sienta en el quicio de mi edificio de apartamentos en la calle 112 Oeste, disfrutando del calorcito del sol. Sonrío porque, aun más que su entrenamiento, fue la personalidad de Martes la que rompió mi caparazón y me liberó. Martes es un perro alegre. Ama la vida. Y cuando estás con alguien así cada segundo de cada día, ¿cómo no vas a amar tú también la vida? Gracias a él, por primera vez en mucho tiempo aprecio los momentos sencillos en que mi perro está junto a mí. Y no solo porque fue tan difícil lograrlo para Martes y para mí, sino porque los momentos de tranquila amistad son los que hacen la vida —la vida de todos— tan maravillosa.

"Hola, Martes", dice siempre alguien y me saca de mis cavilaciones, porque aunque hemos vivido en la calle 112 Oeste durante menos de dos años, Martes ya es famoso en la manzana.

Cuando eso pasa, Martes se anima. Este pícaro encantador sube y baja las cejas unas cuantas veces, pero ni siquiera me echa una miradita ansiosa por encima del hombro. Él es un perro de servicio. Es demasiado disciplinado como para pedir favores o para que lo distraigan sus admiradores. Pero puedo ver, por la amplitud y rapidez con que menea el rabo, que quiere que le dé una nueva orden, "Ve y saluda", que le permite que lo acaricien mientras está de servicio. Ahora casi siempre se la doy. Porque confío en él. Porque él conoce sus responsabilidades. Porque ama su vida. Porque le gusta hacer feliz a la gente, y eso me hace feliz a mí. Y porque sé que Martes puede restregar su cabeza debajo de la mano de cualquiera sin olvidar que me pertenece, igual que yo le pertenezco a él.

"¿Puedo tomarle un foto? Es un perro increíble".

Mucho más de lo que te imaginas, pienso, mientras me salgo del fondo para que la joven pueda tomar la foto de Martes solo. *No tienes ni idea.*

PRIMERA PARTE

MARTES

CAPÍTULO 1

AMOR MATERNAL

Amor y trabajo... trabajo y amor,
no hay más que eso.

—SIGMUND FREUD

MARTES NACIÓ EL 10 DE SEPTIEMBRE DE 2006, UNO DE una camada de cuatro bellos cachorritos golden retriever de pura sangre. No, no fue un martes. Fue un domingo, así que eso no sirve para explicar su nombre. A lo largo de los años he inventado algunas otras explicaciones. Lo encontré un martes, el día de la elección presidencial de 2008. Me gusta la canción "Ruby Tuesday" de los Rolling Stones. Ese día recibió su nombre del dios nórdico de la guerra y fue dedicado al dios hindú de las travesuras, y ambos resultaron adecuados.

La verdad es que el nombre de Martes es un misterio. Puede que haya sido uno de cuatro de su camada, pero también fue el golden retriever aproximadamente número doscientos de Perros de Servicio de la Costa Este (ECAD, por sus siglas en inglés)*, una organización sin fines lucrativos en la parte norte del estado de Nueva

* El nombre cambió recientemente a Caninos Educados que Ayudan con Impedimentos (ECAD, por sus siglas en inglés).

York que entrena perros para minusválidos. Los dos años y $25.000 de entrenamiento que tomaría convertirlo en un compañero capaz de transformar la vida de alguien, fueron costeados por un donante anónimo, de manera que el donante le dio el nombre a él y a dos de sus hermanos, Linus y Blue. Aún no sé quién fue esa persona, ni mucho menos por qué escogieron Martes.

"La gente se reía del nombre", me dijo una vez un empleado de ECAD. "Ahora a todos les encanta".

Solo puedo imaginarme a Martes de cachorrito, ya que no lo conocí hasta los dos años, pero, como todo el mundo, he visto fotos de golden retrievers recién nacidos, apretando sus pelados cuerpos contra su madre y empujando para tomar leche. Sus cuerpos son lisos, y te caben justo en la mano, y sus rostros adorables, mofletudos alrededor de los labios, les dan una expresión triste e indefensa que es completamente irresistible. Martes era de color más ambarino que sus hermanos y me lo imagino como el bobalicón de la camada, dando vueltas y mordisqueando a sus hermanos y hermanas, y luego tambaleándose con sus patitas de bebé hasta caer como un bulto feliz y cansado. Martes era un perro de familia; le encantaba el contacto constante con sus hermanos. Cuando la pila de cachorritos descansaban juntos, con las cabezas y rabitos apuntando en todas direcciones, sin duda que el que más se notaba era Martes, con su pelaje anaranjado destacándose entre el gran montón amarillento, y sus ojos oscuros, que se abrían por primera vez, mirándote fascinados. Incluso entonces, me imagino, las miradas seductoras de sus ojitos pardos eran irresistibles.

Pero la infancia de Martes fue mucho más que eso. Martes nació para ser uno de los perros más perfectamente desarrollados del mundo —un perro de servicio para minusválidos— y comenzó su entrenamiento a los tres días de nacido, muchos antes de abrir los ojos, cuando aún se arrastraba con la pancita hacia la leche de su madre. Mamar es la actividad más tranquilizadora de la vida de un animal, y por ello es su mejor recompensa. Martes, pequeñito y sin visión aún, se sentía tranquilo cuando su madre lo alimentaba. Se sentía alimentado y seguro, y ECAD necesitaba que experimentara eso junto a los humanos. Así que a los tres días de nacido, Lu Picard, la extraordinaria fundadora y entrenadora principal de ECAD, comenzó a tocarlo en las patas mientras mamaba, para así asociar ese toque y el olor humano con el placer de la leche materna. Martes era tan joven que sus sentidos no se habían desarrollado todavía. Tenía las orejas pegadas a la cabeza, y los ojos cerrados. Las patas eran su zona más sensible. Como recién nacido, le servían de guía en el mundo.

A los quince días de nacido, sus ojos se abrieron, pequeños e inocentes. Me imagino su cara: la pelusa de bebé del hocico, su boca delicada, sus ojos pardos, inquisitivos y fascinados por los colores y las formas. Al mismo tiempo, se le abrieron los oídos y por primera vez pudo sentir el mundo más allá del tacto. Ahora, cuando Lu le tocaba las patas decía "pa-pa-pa" y luego "smk-smk-smk", como el sonido de un beso. Ella imitaba el sonido de la lactancia y le ofrecía el único sonido que él ya conocía.

Ahora que ya Martes podía sentir el mundo, Lu le impedía suavemente que se alimentara. Martes, al igual que sus hermanos y hermana, lloriqueaba por su leche. Era todo lo que sabía; ansiaba su seguridad y bienestar. Pero Lu lo tocaba y le decía "pa-pa-pa, smk-smk-smk", hasta que, lentamente, el perro dejaba de forcejear y llorar. Tan pronto se calmaba, ella lo dejaba acercarse a su madre. Le estaba enseñando paciencia y modales: que el autocontrol tenía su recompensa, pero las súplicas y la agresión, no.

A las cinco semanas, el entrenamiento formal de Martes comenzó con varias horas de ejercicios caminando con la correa y la presentación de algunas órdenes sencillas. También se lo condujo a Green Chimneys Farm, una instalación de entrenamiento para perros de servicio en donde niños de primaria bajo tratamiento debido a problemas emocionales o de comportamiento —los primeros de muchos a los que Martes habría de ayudar— le ponían comida en la boca. No había una necesidad biológica. Martes era todavía un montón de pelos que apenas veía y que se tambaleaba y tropezaba en vez de caminar, totalmente dependiente de su madre. La comida era un instrumento de entrenamiento. Los cachorros comienzan comiendo el alimento que la madre regurgita; el olor de su saliva les dice que esa comida no les hará daño. Se trata de una confianza biológica fundamental. Martes aprendía a confiar también en los seres humanos.

No quería comer. Por lo menos al principio. Ninguno de los cachorros quería. Era como si fueran niños de siete meses y unos extraños los alimentaran. Así que Martes cerraba la boca. Sacudía la cabeza. Escupía la comida cuando se la empujaban por entre los labios. Los niños lo acariciaban, lo animaban, le daban más comida. Él la empujaba con la lengua, la esputaba, con los ojos apretados y la boca abierta y colgante mientras lengüeteaba con asco.

Finalmente, comenzó a lamer la comida. No tenía sentido resistirse, y además, estaba hambriento. Los niños decían "sí, sí, sí", "bien, bien, bien". Se les había dicho que estimularan su buen comportamiento, pero fue su entusiasmo y alegría, más que sus palabras, lo que hizo responder a Martes. A los perros les encanta hacer felices a la gente. Son animales de manada; está en sus genes. Incluso los cachorros recién nacidos, con apenas la coordinación suficiente para caerse, mueven el rabito cuando se les apoya positivamente.

Así que Martes comió. "Sí, sí, qué bien, qué bien". Martes alegremente comía más. Los niños volvían a elogiarlo. "Qué bien, Martes, qué perrito tan bueno". Ambos estaban aprendiendo a concentrarse en una tarea, a tener paciencia y confianza. En lugar de actuar en busca de atención, descubrían que el lograr algo era una recompensa poderosa. Martes también estaba aprendiendo una de las lecciones esenciales de su vida: que seguir órdenes tenía recompensas —cariño y amor.

En ECAD se lo trasladó desde el cajón donde nació y donde se estaba criando, hacia un espacio interior-exterior más grande donde podía aprender a caminar y revolcarse con sus hermanos. Su madre aún le daba la teta tres veces al día, pero desde que estaba alimentándose con comida, ya ella no le limpiaba lo que defecaba. Las perras nunca lo hacen cuando ya el cachorrito ha ingerido comida sólida, así que aquí se presentó otra oportunidad. Lu añadió virutas de madera a la caja de mayor tamaño y Martes, que ya a las seis semanas percibía lo que querían los humanos, inmediatamente entendió que las virutas eran para hacer caca y pipi sobre ellas. Todos los días, Lu alejaba las virutas cada vez más de la madre, de modo que Martes tuviera que caminar más para hacer sus necesidades.

Al cabo de unos días, colocamos un pedazo de madera y uno de plástico con nudos entre los cachorros y su mamá. En lugar de jugar inocentemente en el cálido montoncito, los cachorros —que no eran más que patas, orejas y rabitos que se agitaban— tenían ahora que superar un obstáculo para llegar a la leche. El alfa de la camada era siempre el primero, tambaleándose por entre los nudos e incorporándose de nuevo, y luego cayendo otra vez sobre el pedazo de madera. Cuando lo lograba, los otros lo seguían. Así fue como supe que Martes nunca era el primero en pasar. Martes no tenía nada de alfa, y por esa razón es un maravilloso perro de servicio. De hecho, la mayoría de los alfas fallan en los programas para perros de servicio debido a que son demasiado asertivos. Los perros de Lu eran diferentes debido a que, luego de cruzar generaciones de perros adaptables, hasta sus alfas eran demasiado sumisos. Para Lu, "sumiso" era un elogio. Significaba que sus perros no eran agresivos y dominantes; que eran amigables y confiados, las características perfectas para un perro de servicio.

En la camada de Martes, el alfa era Blue. Pero siempre imagino que Martes era el segundo. No porque fuera más fuerte, aunque siempre fue más grande que sus hermanos. Y no porque fuera asertivo, aunque de verdad que es un perro curioso y obstinado. La característica que define a Martes, para mí, es su deseo de cariño, su necesidad de que lo toquen y le den afecto. Una vez me dijeron que hay dos tipos de perro: los que se apoyan y los que no. Los primeros siempre te están tocando, frotándose contra tu cadera cuando te pasan por al lado, dejándose caer a tus pies cuando descansan, colocando sus patas en tu regazo cuando te sientas. Los que no se apoyan, se quedan a unos pies de distancia, se echan cerca, pero nunca sobre ti. Esto no es falta de cariño. Están contigo, pero quieren su propio espacio.

Martes es un perro que se apoya. En realidad, en la gran jerarquía de los que se apoyan, Martes podría ser el rey de los alfa. Ansía el contacto. Lo necesita como el agua o el aire. Desde el día en que lo conocí, me animaba a que lo tocara, y siempre se está restregando contra mí o dándome cabezazos. Por eso es que me imagino al joven Martes, con los ojos apretados por el esfuerzo de comenzar a ver, meneando su pequeño trasero con energía para colarse por debajo del obstáculo o saltando una, dos, tres veces, con la lengua afuera y agitando las patas delanteras, antes de caerse de cara al suelo en el otro lado de la barrera. No puede resistir estar solo; se habría muerto si lo llegan a separar de su madre cuando era un cachorrito, inclusive por un momento. Lo imagino casi echando a correr, del modo torpe y tambaleante en que lo hacen los animales muy jóvenes, por el piso rugoso y luego lloriquear quedamente mientras Lu lo aguantaba hasta que, por fin, se calmaba, dejaba de mover las patas delanteras, respiraba más tranquilo y esperaba obedientemente su turno.

Era todo parte del entrenamiento. Los cachorros como Martes no solo tienen que obedecer órdenes; necesitan una ética de trabajo. Tienen que entender cómo servir a la gente, y tienen que querer las recompensas que conlleva ese servicio. A lo largo de las siguientes dos semanas, el entrenamiento de Martes aumentó mientras que disminuyó el contacto con su madre, de modo que para cuando ya estaba completamente destetado, alrededor de la octava semana, como es lo natural en todos los perros, estaba entrenándose cuatro días a la semana. Para entonces, su vínculo con la madre ya había sido transferido a la persona a cuyo lado caminaba, y quien le daba órdenes y se comunicaba con él por medio de la correa. Recibía un cuidado excelente. Lo cepillaban dos veces al día y le daban la comida más saludable. Pasaba tiempo con sus hermanos y hermana cuando no estaba trabajando, de manera que se mantenía en buena forma física y mental. Pero no lo mimaban. Era parte de un sistema, y todo dentro de ese sistema, hasta el tiempo de descanso, era cuidadosamente calibrado para crear al perro de servicio ideal. Como lo describió Lu Picard con su práctico acento suburbano neoyorquino: "Hay mucho afecto, pero no hay amor gratis. Trabajas, y recibes amor. No lo recibes si no haces nada".

O como me dijo en otra ocasión: "Se trata del cliente... Trato de darle a mi cliente más independencia, más libertad y más interacción positiva".

Alta y delgada, con un mechón de pelo castaño ondulado, Lu no pretende que lo que hace luzca glamoroso. Puede hablar de perros como si fueran autos Volkswagen y Rolls-Royce cuando describe sus procesos, pero ni sus entrecortadas descripciones engañan a nadie por mucho tiempo. No está metida en el negocio del entrenamiento de perros para ganar dinero y, a diferencia de otras personas que conozco en ese campo, no tiene interés en que el público la adule ni en codearse con celebridades. Se dedica a ese negocio por los clientes, y por su amor a los perros, y por el recuerdo de su padre.

El padre de Lu la crió solo cuando su madre murió siendo ella una adolescente. Trabajó mucho y se sacrificó por su hija. Nunca volvió a casarse, pero siempre planeó viajar, tal vez mudarse a la Florida... algún día, algún día. Cuando se retiró, Lu se puso loca de contenta. Por fin iba a vivir su sueño. Dos semanas después, tuvo un serio derrame cerebral.

"Me quedé lívida", me dijo Lu. "No soy una santurrona, pero te voy a caer encima si maltratas a alguien que está pasando por un mal momento. Si esa persona no puede levantarse y la sigues golpeando, me voy a meter en la pelea, *que lo dejes te digo, y tú, levántate,* es que soy así... Así que cuando mi padre tuvo el derrame, me quedé lívida. Me quedé como quien dice, *pero esto no está bien. ¿Qué pasó con los años dorados?*".

Incapaz de caminar y de hablar sin dificultad, su padre se mudó con Lu y su esposo. A las pocas semanas, cayó en una gran depresión.

"Debí haberme muerto", murmuraba una y otra vez. "Ojalá me hubiese muerto".

La atención médica tradicional no estaba dando resultado, así que Lu trató algo diferente. Entrenó un perro. En ese tiempo, ella se dedicaba a transformar perros jóvenes en mascotas bien educadas para residentes ricos de las afueras de la ciudad, así que tenía una verdadera perrera en su garaje. Creó un arnés para perros con un mango sólido y enseñó a uno de sus mejores perros a quedarse inmóvil —un "*hold*", una orden de quedarse quieto, como se llama en el campo de los perros de servicio, aunque Lu en esa época no lo sabía.

Se propuso que el perro sacara a su padre del sofá y lo ayudara a caminar por la casa. Su padre era escéptico, hasta que trató. El primer día, con la ayuda del perro, pudo levantarse del sofá. En unos días, ya caminaba hasta la cocina. Lo más importante es que hablaba, y no en un tono autocompasivo. Le hablaba *al perro.* Comenzó como una simple necesidad, una fluida conversación de órdenes y estímulos. Pero pronto fue como un diálogo. El perro le daba libertad, pero también le daba algo que Lu no esperaba: compañía. Comenzó a llamar al perro a su lado y a hablarle como a un amigo. Luego se pasaban las tardes enteras juntos y, al poco tiempo, hasta dormían juntos. Mientras los veía caminar a la cocina una noche, sonrientes y felices, Lu se volvió hacia su marido y le dijo, "A esto es a lo que yo debería dedicar mi vida".

"Pues hazlo", le contestó él.

Al cabo de un año, después de pasar un entrenamiento especializado en Green Chimneys Farm (el sitio donde Martes servía como terapia para niños con traumas emocionales), Lu Picard fundó East Coast Assistance Dogs (ECAD). Su esposo dejó su empleo poco después y se le unió. No tienen idea de la cantidad de vidas que desde entonces han transformado. Un niño víctima de graves daños cerebrales tras un accidente automovilístico. Una niña autista que no podía relacionarse con ningún otro ser viviente. Un adolescente con parálisis cerebral. Un soldado al que una bomba artesanal de guerrilla le había volado las piernas. No puedo hacer una lista de los nombres, pero sí puedo hablarles del impacto que tuvieron en sus vidas. Es más que profundo: está entre las cosas mejores y más importantes que jamás les sucederán a esas personas. Es la respuesta a sus ruegos: no es la plegaria de "déjame ganar este juego de fútbol", sino la que viene del fondo del alma. ECAD ha cambiado la forma en que viven día a día. Lo sé, porque eso fue lo que Martes ha hecho por mí.

Esa dinámica no se crea solo con entrenamiento. No se trata sencillamente de inculcar en un perro que complazca a la gente y que tenga el deseo de complacer. Hay algo más que es vital para la relación: un vínculo, un nexo emocional. Un perro de servicio debe desarrollar devoción absoluta por su amo; debe sentir una cercanía con esa persona que va más allá de la vida cotidiana. Para crear ese vínculo especial, ECAD crea una necesidad. En los primeros tres meses, un perro como Martes nunca es entrenado por la misma persona dos días seguidos. Desde que tiene tres días de nacido se le enseña a encontrar aceptación y amor en los humanos, pero nunca se le da una sola persona para que establezca un vínculo especial con ella. Está rodeado de amor, pero se lo aleja del objeto final de ese afecto: un compañero fijo.

Se me hace un poco difícil pensar en eso. Después de todo, yo también he pasado por eso. Cuando regresé de dos misiones en Irak me sentía alejado de los que me rodeaban. Corté los lazos con mi familia. Perdí el contacto con mis compañeros del Ejército, y preferí vivir en una casa móvil cercada, a treinta millas de distancia, y no en la base militar. Pasé dos años en la ciudad de Nueva York, rodeado de personas por todos lados y, sin embargo, estaba completamente aislado. No importaba si hablaba con un montón de personas, o si asistía a clases en Columbia, o incluso, como lo hacía a veces, si iba a juegos de béisbol o conciertos con mis amigos veteranos. Por dentro, estaba como un barco a la deriva, incapaz de conectarme, y vacío.

Lu no da importancia a mis preocupaciones. "Los perros no son como las personas", me explica. "Ellos viven el momento. ¿Soy feliz ahora? ¿Me dan en este instante lo que quiero, en cuanto a comida, albergue y estímulo? A ellos no les preocupa qué va a pasar con sus vidas". Necesitan un vínculo, es decir, biológicamente, pero no lo añoran como yo lo hacía, porque ellos no extrañan lo que nunca han tenido. "Yo no puedo darle a este perro todos los gustos de su vida", explica Lu. "Tiene que esperar hasta que llegue al cliente para darse cuenta de que con esa otra persona su vida es mejor".

Sé que Martes era feliz en ECAD. Miren, se vuelve completamente loco cada vez que regresa de visita. No vamos a menudo, porque el viaje de tres horas de ida y vuelta en el sistema de transporte público desde mi apartamento en Manhattan hasta el centro en Dobbs Ferry, Nueva York, cansa mucho psicológicamente, pero en cuanto entramos al metro en Grand Central Terminal, Martes sabe adónde vamos. Lo puedo ver en la forma en que pone el cuerpo y en cómo menea el rabo con tal fuerza que se le mueven las ancas traseras de un lado al otro. Se comporta muy bien al sentarse debajo de mi asiento en el tren, pues sabe que necesito que se mantenga tranquilo en espacios reducidos, pero en cuanto llegamos a la estación de Dobbs Ferry comienza a halar la correa. A menudo, tengo que detenerme dos o tres veces en la plataforma y decirle que no lo siga haciendo; entonces obedece por un momento antes de volver a impulsarse para adelantarse. Eso no es típico de él. Sabe que lo necesito a mi lado; jamás me halaría por la escalera hacia arriba. Pero a veces, en Dobbs Ferry, se le olvida. En el microbús de transporte, tiene la costumbre de dar saltitos constantemente para mirar por la ventana, golpeando el asiento con el rabo, jadeando de la emoción.

Esta vez, cuando llegamos a ECAD, salta sobre el asiento del microbús y sale por la puerta, lo cual es una grave infracción de su conducta profesional.

Pero no puedo echárselo en cara, como tampoco puedo culparlo porque le guste tanto oler los hidrantes del agua y observar las ardillas. Mi apartamento es el hogar de Martes, pero a él este otro sitio lo atrae intensamente. Si fuera una persona, diría que es allí donde se hizo hombre. Para un perro, dos años es, después de todo, como catorce años para un ser humano. Sus hermanos y hermanas ya se fueron hace tiempo, pero Martes aún siente que tiene un refugio en el salón grande de concreto con las líneas amarillas de entrenamiento en el piso. Aún le encanta mirar a los perros, inclusive si no los conoce. Observa cómo caminan con sus entrenadores, con un brillo pícaro en sus ojos, como si fuera un viejo sargento mayor que observa a un pelotón de prometedores reclutas. No se trata solamente de la alegría de ver tu profesión bien representada por excelentes jóvenes de ambos sexos. Es la atmósfera. La fresca brisa de un día claro, las nubes del atardecer bordeadas de sol, el aroma del otoño sobre la plaza de armas, la cadencia de las botas. Este es el mundo que conoces.

Cuando me siento con Lu, Martes la mira con atención. Mientras hablamos, Martes mueve las cejas con rapidez, como ciempiés que bailan, procesándolo todo. Él posee un entusiasmo innato, con el cuello ligeramente estirado hacia adelante, la lengua colgándole de manera que los labios se curvan hacia arriba para formar su sonrisa natural. Cejas arriba, cejas abajo, cabeza hacia adelante y hacia atrás, mirando entre los dos.

Cuando Lu dice "mi regazo", Martes reacciona. Es lo que él ha estado esperando, y encarama de un salto las patas delanteras en sus rodillas, dejando que el impulso lo lleve hacia arriba, de manera de poder lamer la nariz de Lu una vez.

"Había olvidado eso de ti, Martes", ríe Lu. "Me olvidé de lo cariñoso que eres".

Esa es una curiosa confesión, porque Lu recuerda todo acerca de Martes. Ella ha colocado ciento veinte perros entrenados; puede hablar de ellos como de autos en una línea de ensamblaje, para que entiendas lo que quiero decir; pero para ella estos no son autos. Lu conoce la personalidad y las costumbres, tanto las buenas como las malas, de cada perro que ha entrenado. Sabe qué los motiva, qué los molesta y el mejor tipo de persona con la cual emparejarlos. Después de todo, ella ama los perros. Por eso es que los entrenó con la correa para las amas de casa de los suburbios; por eso es que pasó diecisiete años entrenándolos para los minusválidos. Por eso es que, tan pronto Lu le dio a Martes la oportunidad, él le brincó al regazo y le dio todo su amor en un lengüetazo. Él no hace eso con nadie excepto conmigo. Jamás.

¿Pero Lu Picard? Ella es especial. Yo soy la pareja de Martes. Soy su mejor amigo, su compañero. Pero Lu… ella le dio esta vida. Ella le dio el primer impulso hacia adelante.

Fue ella también quien lo rechazó. En aquel momento pareció una buena idea. Parecía la forma correcta de apoyar una buena causa. Pero al final, la prisión no fue el mejor lugar para un ser de tres meses de edad, o por lo menos para un golden retriever sensible de tres meses como era Martes.

"No lo habría hecho", me dijo Lu, riéndose mientras Martes trataba de vapulearla con su gran lengua rosada, "si hubiera sabido entonces lo que sé ahora".

Entiendo lo que dice, pero considerando cómo se dieron las cosas luego, no estoy seguro de estar de acuerdo.

CAPÍTULO 2

UN CACHORRO TRAS LAS REJAS

Siempre se ha sabido que el amor no conoce su propia profundidad hasta la hora de la separación.

—KAHLIL GIBRAN

MARTES NO FUE EL PRIMER PERRO DE SERVICIO QUE ENtrenaron los Puppies Behind Bars (Cachorros tras las rejas). Ni por mucho. El programa llevaba diez años de creado cuando Martes se unió a ellos en 2006. Tenían su propia ala en varias cárceles del estado de Nueva York, donde los prisioneros se entrenaban en su intensivo programa de doce semanas, luego vivían y trabajaban con un perro por alrededor de dieciséis meses seguidos. Tenía cientos de graduados —tanto caninos como humanos— que habían salido hacia vidas productivas fuera de la cárcel.

Martes estaba, sin embargo, en el primer grupo de perros de ECAD que fueron entrenados por Puppies Behind Bars. El programa se había ampliado recientemente para brindar perros de servicio a veteranos de las guerras de Irak y Afganistán, y Lu Picard, a regañadientes, había accedido a ayudar con esa causa. No era que ella estuviera en contra de darles a los presos un trabajo productivo, conocimientos para desenvolverse en la vida y el tipo de relación afectiva que podía abrir sus corazones y revivir su humanidad luego de décadas dentro del deshumanizante sistema carcelario de Estados Unidos. Esas eran, sin duda, metas loables. Ni ella tampoco tenía nada en contra de ayudar a los veteranos heridos. ¿Quién sino una persona sin corazón estaría en contra de eso?

Pero Lu, sencillamente, usaba un método de entrenamiento distinto que el del programa de prisioneros, y no estaba segura de que ambos fueran compatibles. Para Lu, la eliminación del vínculo prematuro y orientado hacia el entrenador era un ingrediente clave para lograr un nexo entre cliente y perro de servicio. En Puppies Behind Bars, un instructor profesional solo estaba en la prisión durante unas horas cada semana. El resto del tiempo, los perros eran entrenados con un preso (o presa) específico y vivía en la celda de esa persona. Lu pensaba que era imposible que un preso con una larga condena al que le ofrecieran un amoroso cachorrito de doce semanas que lo adorara, no cayera de rodillas y abrazara al perro solo por el hecho de estar junto a él.

Claro que ella tenía razón. Lo vi en persona cuando visité el programa de Puppies Behind Bars con Martes durante la segunda semana de nuestro entrenamiento conjunto en ECAD. No esperaba conmoverme, por lo menos no profundamente, pero cuando vi el espacio de la gran habitación de concreto de la cárcel donde Martes había recibido parte de su entrenamiento, me sorprendí al sentir una especie de hermandad con los hombres sentados a mi alrededor. La mayoría se había pelado al rape, y muchos tenían tatuajes en el cuello, pero no eran hombres devastados ni endurecidos. Se parecían mucho a mí y a los jóvenes soldados que yo había conocido en el Ejército de los Estados Unidos.

No me es difícil imaginarme en la cárcel, porque se trata de cometer tan solo un error. Una noche de conducir borracho. Caer en la drogadicción. Estar parado junto a la persona equivocada en el momento equivocado. Una bronca en un bar que degenera en la muerte de alguien, y ya eso es todo. El fin. Bueno, durante mi vida yo he matado gente. En ese lugar, yo era probablemente el que más gente había matado; pero jamás lo llamaron asesinato. En Irak, un rifle se disparó mientras se limpiaba y mató a un especialista de veintiún años de nuestra pequeña base militar en Al-Waleed. Quien tiró, un sargento, no está preso. Ni debería estarlo. El agotamiento fue la causa oficial, así que en mi opinión los culpables de esa muerte son los generales por tener demasiados objetivos y muy pocos hombres en el campo. Y los accidentes suceden. Se toman decisiones terribles. Pero no se malgastan vidas. Queda potencial. Todo el mundo se merece una segunda oportunidad.

Estos hombres estaban aprovechando la oportunidad. Eran gente con pocas oportunidades en la vida que decidió darle algo a cambio a la sociedad, hombres duros ablandados por su relación con los perros. Ellos habían ayudado a entrenar a Martes y a cientos de otros como él. ¿Cuántas vidas habían cambiado? ¿Cuánta esperanza y felicidad le habían dado al mundo? ¿Compensaba eso el daño que habían hecho?

Puppies Behind Bars, que copatrocinaba el evento, le pidió a cada uno de los veteranos heridos que dijera algo sobre los presos. Nosotros éramos cuatro; yo fui el último. Cuando me tocó a mí, me sentía en confianza. Muy en confianza. Era tan solo un grupo pequeño dentro de un cuarto de ladrillos de concreto de la prisión, pero sentí que lo que diría era importante.

"Ustedes están haciendo una tarea asignada por Dios", dije sencillamente. "Es algo increíblemente transcendente. De un hermano a otro, estoy orgulloso del servicio que prestan. Si las circunstancias fueran diferente, yo emplearía a cualquiera de ustedes como uno de mis sargentos".

Cuando me senté, noté algunas lágrimas. No había esperado eso, no por parte de presos. Luego sentí la humedad en mis propias mejillas. Mucho menos había esperado eso. Tal vez, traté de justificar, era la presencia de los perros. Es difícil enojarse o quedarse indiferente con un cachorrito a tus pies. Durante la sesión de preguntas y respuestas después de los agradecimientos, hasta me puse a conversar libremente con extraños por primera vez en años. De hecho, hablamos tanto que la mayoría de los perros, incluso Martes, acabaron durmiéndose.

"¿Y cómo es que mantienen la atención de un cachorrito", pregunté, "cuando está así de cansado?"

Los hombres se miraron entre ellos. Entonces algunos comenzaron a reírse. "Enséñale, Joe", dijo alguien.

Un gigantón se levantó de su silla. Se parecía a Curly el de *Los tres chiflados*, si Curly hubiera tenido tres pies más de estatura y ochenta libras más de peso y hubiera pasado veinte años levantando pesas, reprimiendo su ira y haciéndose tatuajes en el cuello.

Entonces sonrió. "A esto le llamamos 'el alegrón' ", dijo Joe.

De repente, Curly el Tatuado estaba tirado en el piso, dando vueltas y luchando frente a su cachorro al tiempo que producía sin parar una serie de ruidos que, lo juro, incluía el clásico "nyuk-nyuk-nyuk" de Curly y unos giros de espalda inspirados en el *breakdancing*. Todos los perros que estaban allí se pusieron inmediatamente atentos, mirando a Curly Joe, porque el hombrón podía bailar, o por lo menos podía moverse sobre el piso continuamente durante un tiempo sorprendentemente largo. Cuando Curly Joe se detuvo finalmente, todos los perros estaban alertas y listos para entrar en acción.

"Así es como lo logramos", dijo uno de los presos.

El alegrón. Pienso en esa danza enloquecida de Curly cada vez que lucho con Martes. Por la noche, me encanta acostarme en la cama y agarrarlo por los cachetes, frotarle la pelambre y decirle lo buen chico que es. Martes siempre se emociona y empieza a saltar sobre mí, moviendo las patas delanteras para contraatacar mientras le muerdo las orejas como haría su mamá, y le sacudo el cuello, los costados y hasta el rabo.

El alegrón. Parece exactamente la palabra adecuada.

Pero qué cambio tan grande debe haber sido para Martes. Tenía tres meses cuando fue a la prisión, luego de haber vivido siempre en un sitio de estricta disciplina. Donde su vida había sido cuidadosamente planeada desde los tres días de nacido. Donde lo pasaban de entrenador a entrenador de manera que no pudiera establecer un vínculo con ninguno en particular. Donde había mucho amor, pero solo si se esforzaba para lograrlo.

En la cárcel, Martes estaba en un lugar donde el estricto entrenador profesional solo estaba presente tres horas por semana. Donde se pasaba todo el día con un "criador" y hasta dormía en su celda. Donde podían "alegrarlo" no por hacer algo bien, sino por estar distraído y no prestar atención. Yo adoro a Lu, pero nadie del personal de ECAD jamás le daría a un perro que está en entrenamiento, amor de forma espontánea y sin habérselo ganado. Eso trastornaría todo el curso de su desarrollo. Y nunca harían un baile tipo Curly en el piso para alegrar a sus perros. La cárcel era un mundo completamente diferente.

A Martes le encantaba. No puedo imaginar que no fuera así. Él es un perro de gran inteligencia emocional, o lo que algunos podrían llamar dependiente del cariño ajeno, y adoraba que le prestaran atención. No importa lo que diga Lu, yo creo que Martes sentía la pérdida de un vínculo fuerte en su vida, incluso si no sabía qué era lo que extrañaba. Cuando encontró a una persona que estaba siempre junto a él, de inmediato se encariñó. Todos decían que era un buen perro, incluso hasta que era un perro maravilloso. Aprendía las órdenes rápidamente. Siempre caminaba al lado de su criador. Era listo. Se portaba bien. Era inseparable de su compañero de celda, pero a nadie le preocupaba mucho eso. Ambos eran un equipo; ¿no era así como debía ser?

Entonces, tres meses después, su compañero fue transferido a otra prisión.

Debe haber sido una despedida difícil. No es fácil desilusionar a Martes, sobre todo cuando te mira con esos ojos tristes e inteligentes. Debe haber habido lágrimas cuando su criador lo abrazó por última vez. Mientras Martes estaba parado en la puerta de su celda y lo veía irse, al pobre perro se le partía el corazón. Puedes ver tristeza en Martes; todo su cuerpo se llena de ella. Es como si se derrumbara, el dolor le comienza en los ojos y luego le pasa adentro y desencadena todo. Tres meses con alguien quizás no parezca mucho tiempo, pero la vida de un perro es corta. Para un perro tres meses es como dos años para un ser humano. La experiencia de Martes fue como darle un padre muy amoroso a un sensible niño de tres años, y luego quitarle ese padre cuando el niño cumple cinco, para no volverlo a ver jamás.

Martes estaba devastado. Lo conozco; tomó la separación de manera personal. ¿Qué había hecho? ¿Por qué estaba siendo rechazado? Casi puedo verlo parado en la puerta de la celda, mirando hacia las celdas del pabellón mucho después de que su criador se hubiera ido, tanto que el nuevo perdió la paciencia y comenzó a atraerlo hacia sí por su correa, implorándole para que se moviera. Cuando finalmente lo hizo, Martes se apartó de su antigua vida sin quejarse. Entró en su nueva celda. Entonces se acurrucó debajo de la litera del hombre, bajó la cabeza y languideció.

Este es el momento en que Martes se vuelve único. Imagino a un joven y desconsolado golden retriever debajo de un catre, rechazando hasta la comida, y pienso: sólo Martes. Únicamente Martes tomaría la separación tan a pecho tras solo tres meses. Únicamente Martes sentiría la pérdida tan profundamente. Fue una confluencia de acontecimientos raros y desafortunados, una tormenta perfecta de consecuencias accidentales. Martes ha sido acondicionado para saltar con entusiasmo dentro de un lazo humano-canino. Ha sido entrenado a través de recompensas para creer que todas las acciones de sus maestros eran una recompensa a su comportamiento. Y él era un perro sumamente, sumamente sensible. Su depresión no era fingida. Era dolor, soledad y remordimientos genuinos. Docenas de perros habían tenido experiencias similares con solo ajustes menores. Sólo Martes se derrumbó espiritualmente. Sólo Martes te hacía querer dejar todo, abrazarlo y decir, *Ven conmigo, chico. Te daré lo que necesitas.*

El nuevo criador estaba muy nervioso. No estaba preparado para esa exhibición extrovertida de emociones y rápidamente se frustró con la depresión de Martes. Lo imagino como un Steve Buscemi quejoso, tirando de la correa y diciendo, "Vamos, Martes, vamos", y luego moviendo las manos y diciendo, "No es mi culpa, chico. No es mi culpa. Es el perro, hombre".

Esto no iba a funcionar. Martes, más que otros perros, escudriña a las personas. Las estudia y las comprende. Responde, como he llegado a saber, a la gente que respeta. Como los ruegos de su nuevo criador se volvieron excusas, luego quejas, puedo imaginar a Martes suspirando y preguntándose cómo había caído tan bajo en el mundo. Él seguía su entrenamiento, porque esto era lo que estaba condicionado a hacer. Pero en cuanto terminaba, volvía debajo del catre y no se movía. Por casi una semana vivió con la cabeza gacha y el ánimo decaído, extrañando a su amigo.

Finalmente, un recluso llamado Tom intervino. Tom era el prisionero más viejo del grupo, y había servido más de treinta años de una sentencia de veinticinco a cadena perpetua por un asesinato de segundo grado. De joven se había leído casi todos los libros de la biblioteca de la prisión. Había levantado pesas y trabajado en tareas de limpieza de pasillos y obtenido varios diplomas universitarios. Pero cuando no logró pasar su primera evaluación para la libertad condicional, dejó de poner tanto esfuerzo en mejorarse y comenzó a aceptar su destino. En la época en que llegó Puppies Behind Bars, pasaba la mayor parte del tiempo en su celda o viendo televisión.

"En el sistema de la prisión, tú bloqueas tus sentimientos", dijo. "Tienes que hacer esto para sobrevivir, porque es duro. Pero los perros me devolvieron el lado humano, tú sabes".

En el momento en que Martes apareció, Tom había entrenado a seis perros, todos labradores retrievers, y cada uno de ellos se había graduado para seguir con entrenamientos adicionales. Todos estaban afuera, insertados en el mundo, haciendo de él un lugar mejor. Eso era raro. Lu Picard y ECAD tenían un índice de ochenta por ciento de éxito, pero muchos establecimientos de entrenamiento de perros de servicio gradúan menos de la mitad de sus perros. Esto no es un dato negativo contra ellos; es solamente una reflexión sobre la dificultad que encierra el entrenamiento. Los perros de servicio deben ser los mejores en cada aspecto de sus vidas. Así que Tom estaba, comprensiblemente, orgulloso de su desempeño perfecto de 6-0. No había nadie más en su establecimiento con esa clase de rendimiento. En el mundo cerrado de la prisión, el éxito era su moneda social, la razón para que otros prisioneros lo admiraran y lo escucharan y, quizás lo mejor de todo, lo dejaran tranquilo.

Los otros prisioneros no podían creerlo cuando él se ofreció a tomar a Martes. "¿Por qué quieres arriesgar tu desempeño perfecto por este perro loco?", bromearon con él. "Este perro no es bueno". Martes era un pobre diablo. Un vago. Un destartalado perro de seis meses de edad. Ninguno de los prisioneros pensaba que iba a tener éxito, excepto Tom. Aunque ni él mismo estaba seguro.

"Fue más el momento oportuno que otra cosa", admitió. El anterior labrador retriever de Tom se había graduado recientemente para convertirse en un perro de detección de explosivos para la Seguridad Nacional, y Tom odiaba estar sin un perro.

Los perros me devolvieron el lado humano, tú sabes.

Tom no engatusó a Martes. No lo encadenó. En vez, se metió debajo de la litera de Steve Buscemi y se tumbó a su lado. Martes pesaba alrededor de cincuenta libras por ese entonces, ni hablar de las ochenta que tiene hoy día, así que había espacio suficiente para los dos. Tom le tocó las patas y lo acarició en ocasiones detrás de las orejas, pero principalmente se tendió tranquilo, sin decir una palabra. Cuando se levantó tres horas más tarde, Martes también se levantó y lo siguió a su nuevo hogar. Puso las patas delanteras en la litera de Tom, aceptó una palmadita en la cabeza y un "bien hecho" y después se tendió en la perrera en la esquina de la celda.

Desde ese momento, Martes siempre estaba al lado de Tom. Se apoyaba en él cuando caminaban juntos y se sentaba recostando su cabeza en el regazo de Tom en la sala del televisor. Por las noches, acariciaba con su hocico a Tom cuando se acostaba, y después se acurrucaba en la perrera para dormir. Cuando se suponía que estaba en el patio entrenando, brincaba al banco y se apretujaba tan cerca como podía al lado de Tom. Nadie, ni siquiera Tom, había visto algo parecido. Martes tiene unos ojos tan tristes, especialmente cuando se siente herido que, probablemente, a los siete meses lucía exactamente como lo que era: un chico perdido. Cuando lo imagino en esa época, veo la estampa de la melancolía, de la inocencia en el momento en que descubre que hay dolor en el mundo.

Los otros reclusos comenzaron a llamar débil a Martes. "¿Tom, qué estás haciendo con este mariposón?", bromeaban cuando caminaban con sus corpulentos labradores retriever al pie. "Búscate un perro de verdad". Le apostaban cigarrillos y barras de chocolate, lo que tuvieran disponible, que Martes nunca lo lograría.

A Tom no le importaba. Él creía en Martes. El perro era sensible, es verdad, pero también era inteligente e intuitivo. Tom tenía sesenta años, con treinta de ellos en prisión, así que sabía muy bien que no había necesidad de apurarse. La pena y el crimen son instantáneos. La transformación lleva tiempo, especialmente una transformación del corazón, así que estaba deseando arrastrar a Martes a su lado, aceptando las puyas bien intencionadas de los jóvenes y sabiendo que siempre el perro viejo conoce la mejor forma de llegar a la cima, aun cuando sus músculos estén flácidos y su paso no es lo que fue.

Por supuesto, la terquedad de Martes perjudicaba su comportamiento, por lo cual Tom lo entrenó para que obedeciera sus órdenes. No lo agobió. En la prisión había visto a tipos que quemaron a perros por ejercitarlos muy duro, y los había visto quemarse a ellos mismos también. Se lo tomó con calma pero con constancia, tratando de que el entrenamiento fuera divertido; sin embargo, al cabo del mes todavía no había progreso. Martes lo contemplaba, sus cejas subían y bajaban cuando escuchaba las palabras, pero sus ojos tristes miraban a Tom como si le estuviese preguntando, *¿Por qué? ¿Para qué te molestas?*

"Él lo sabía todo", dijo Tom, "pero no respondía. Simplemente, no quería hacerlo".

Para cualquier clase de entrenamiento, ya sea para ser un perro de servicio, un contador o un soldado del Ejército de los Estados Unidos, hace falta deseo. Para aprender bien una tarea, debes querer ser exitoso en ella. Esta es la base de los métodos de entrenamiento de Lu Picard: hacer que la faena sea la conexión a la felicidad. Esta relación de trabajo-recompensa es natural en los perros. Como animales de jauría, están acondicionados a que se les juzgue por lo que aportan a un grupo.

Martes perdió esa conexión. En su mente, había seguido las órdenes durante seis meses. Había sido un buen perro, ¿y qué había conseguido? Pasó de jauría a jauría, y cuando encontró finalmente a alguien que lo aceptara, lo echaron a un lado.

Después de unas semanas, Tom se dio cuenta de que no sería capaz de entrenar a Martes en una forma tradicional. Estuvo meditando sobre ello, y posiblemente lamentándose de todos los cigarrillos perdidos en las apuestas, cuando reparó en la piscina inflable del patio de la prisión. Puppies Behind Bars trajo la piscina como una recompensa de entrenamiento. El agua tenía una profundidad de cuatro pies y estaba llena de perros, pero Tom pensó, *¿Por qué no? ¿Qué se pierde?*

A la mañana siguiente salió de la cama temprano, antes de que salieran otros perros y entrenadores. Como siempre, Martes se levantó de un salto inmediatamente y lo siguió al patio, donde observó atentamente cómo Tom sacaba agua de la piscina hasta dejar una profundidad de unas pocas pulgadas. Ya el concreto de la prisión estaba caliente y Martes no vaciló. Cuando Tom dijo, "Entra", se metió en la piscina.

"Fuera".

Salió.

"Entra".

Atravesó corriendo la piscina.

"Regresa, Martes", dijo Tom riendo.

Martes regresó corriendo, atravesando la piscina. La intención de Tom fue relajar a Martes, sacar el trabajo de su mente y dejarlo ser un perro, pero Martes lo estaba mirando tan entusiasmado desde el agua, que Tom le dijo, "Siéntate".

Martes lo hizo. Luego sonrió con esa gran sonrisa perruna, con su lengua afuera y sus labios en un rictus que le llegaba a los ojos.

"Echado".

Martes se aplanó en el agua.

"De costado".

Martes saltó y corrió a grandes pasos hacia un lado de la piscina. Tom se carcajeó. "Eres un pillo", dijo trayendo la manguera hacia el borde de la piscina. "¿Quieres más agua?".

Martes comenzó a caminar hacia la manguera.

"Quieto". Martes lo hizo.

"De costado", Tom dijo cuando el agua estaba a un pie de profundidad. Martes se paró a la derecha de Tom, mirando en la misma dirección, con su collar al lado de sus piernas, exactamente como se suponía que debía hacer.

"Vamos".

Martes no dudó. Caminó al lado de Tom bordeando la piscina.

Cuando llegaron los otros perros, Martes estaba alborotado en medio de tres pies de agua para ir a buscar su pelota sonajera, el instrumento que Tom usó para entrenar a sus perros a traer cosas.

"¿Qué pasó con Martes?".

"El dulce", Tom dijo, extendiendo su mano para que le pagaran.

"No todavía, hombre. No, todavía. Al perro le queda mucho por recorrer".

Primero, Martes hizo la mayor parte de su entrenamiento en la piscina, pero unos días más tarde estaba trotando alrededor del patio a los pies de Tom, tal como había trotado al lado de su primer criador. El único problema era que cualquier cosa que se lanzara dentro de la piscina, Martes saltaba para agarrarla. Los labradores retriever se metían para coger lo que se había lanzado, pero Martes los pasaba a brincos, chapoteando agua para todos los lados, entusiasmado por ser el primero en alcanzar el objeto. Los hombres que lo habían llamado mariposón ahora le gritaban a Tom, "¡Eh!, ¡hombre, controla a tu perro!".

"No está fuera de control", replicaba Tom con una sonrisa. "Esta es su piscina. Tu perro quizás no debería ser tan tímido".

Y así fue cómo, con la ayuda de un entrenador cariñoso y empapado, el mariposón se volvió el Rey de la Piscina, el macho dominante y máximo buscador de juguetes de otros perros del patio de la prisión.

"Una vez que rompimos el hielo con la piscina y establecimos un vínculo, Martes hacía cualquier cosa. Entrenarlo fue bien sencillo. Realmente, no costó ningún trabajo".

Es cierto, un *vínculo*. ¿Y por qué no? "He establecido un vínculo con todos los perros que he tenido", dijo Tom.

Tom se apenó mucho cuando su primer perro se graduó, pero se contuvo porque no quería pasar vergüenza delante de los otros hombres. Entrenó a su segundo perro durante dieciséis meses, un perro de servicio, y cuando se lo llevaron se echó a llorar. Los otros prisioneros se burlaron, al menos hasta que llegaron al punto de que ellos también lloraron, pero a Tom no le importó. Era la primera vez en veinte años que lloraba y esto lo hizo sentirse… humano.

Martes fue uno de los más difíciles a la hora de la separación, por lo amoroso que era como perro. Requería atención, pero siempre estaba junto a él para todo. Esto era importante, ya que Tom no había adoptado a Martes por capricho. Necesitaba una distracción, porque cinco meses después de tenderse debajo de la litera de Steve Buscemi con Martes, fue elegible para la libertad condicional. Según Tom, los meses antes de una audiencia de libertad condicional eran lejos los peores momentos en la vida de un prisionero. La prisión es monotonía, una nada de entumecimiento mental y devastación del alma, cuya única recompensa es la libertad. La mayoría de la gente tiene una fecha de salida. Él no. Estaba condenado a cadena perpetua. Tenía derecho a la audiencia de libertad condicional, y así y todo, no era prometedor. Y esto es duro. Especialmente cuando, como creía Tom, lograr la libertad condicional era como la suerte en una lotería.

"He visto tipos que han ido allí que acaban de golpear a un oficial de correcciones y obtienen la libertad condicional", dijo. "Otros van con recomendaciones y certificados de todos los programas, y no la logran". No tiene nada que ver contigo. Esto es lo que los prisioneros dicen. Depende de si a la junta de libertad condicional la hicieron feliz la noche anterior.

Por eso los prisioneros que esperaban la libertad condicional caminaban por sus celdas nerviosamente. Y preocupados. Y comenzaban a pelear porque tenían los nervios a flor de piel. Y se preocupaban porque las peleas fueran a socavar sus causas. Y empezaban otras, porque no podían olvidarse de la anterior. Trataban de poner sus pensamientos en orden, tanto por escrito como en sus cabezas, aunque creyeran que no ayudaría en nada, pero el sentimiento de impotencia, de no ser más que un número que ni conoces, se interponía constantemente. Este comportamiento no es solo contraproducente, sino que puede corroerte a través de tu vida, como puedo atestiguar por mis largos años de aislamiento y obsesión en lo más profundo de mis heridas. Pensar y volver a pensar sin la capacidad de actuar, y obcecarte en tu aislamiento en un sistema sin rostro, fácilmente te conduce a la frustración, la ira y la desesperanza.

Los prisioneros que esperan la libertad condicional describen el último par de meses como una agonía, y la breve e impersonal audiencia de libertad condicional como una decepción, no importa cuál sea el resultado.

Sin embargo, con Martes Tom no solo adoptó una distracción. Adoptó el compañero perfecto. Cuando sus dueños se ponen nerviosos, la mayoría de los perros los imitan, poniéndose nerviosos ellos también. Pero Martes no. Tiene la capacidad de actuar como lastre, para balancear la situación va a la dirección opuesta. Cuando Tom se ponía nervioso, Martes se calmaba. Cuando Tom se distraía por la audiencia, Martes se enfocaba. Sabía que Tom lo necesitaba, e imagino que su deseo de ayudar, tanto como la piscina, le proporcionaron el empujón para volver al entrenamiento. Martes estaba determinado a alcanzar el éxito, no por él mismo, sino por su amigo.

Se concentró en sus órdenes. Haló menos la correa. Ignoró la piscina, y en su lugar corría a grandes pasos al lado de Tom. Cuando la fecha se acercaba y las noches se alargaban, saltaba al catre y Tom lo dejaba quedarse más y más a menudo. Cuando Martes puso su cabeza en el regazo de Tom en la sala de la televisión, Tom supo que no era solo porque el pobre perro solitario quería compañía; era porque deseaba que Tom supiera que tenía un amigo.

Llegó el día. Los guardias tocaron. Tom le dio el último abrazo a Martes, lo acarició debajo del hocico, y fue a encontrarse con su destino. Se volteó para ver a Martes sentado en la celda de la prisión, mirándolo con aquellos ojos inteligentes y dulces, y horas más tarde regresó para encontrar a Martes en el mismo lugar exacto. Cuando recibió la noticia de su libertad condicional, Tom se echó a llorar. Abrazó a Martes, que, por supuesto, estaba a su lado, y le agradeció por su servicio. A pesar de los casi treinta años que había permanecido dentro, no era un hombre inservible, como tantos otros prisioneros. No estaba enfadado, ni con el sistema ni con él mismo. "La única forma en que el sistema podía ganar", dijo Tom, "era si me volvía un hombre con odio, y al estar alrededor de los perros y todo eso, el odio no tuvo cabida". Cuando Tom atravesó el umbral de la puerta y salió, y vio a su esposa esperándolo, no tuvo ningún problema al abrazarla, porque estuvo entrenándose en relaciones durante años. Era una rareza del sistema moderno de prisiones: un hombre libre totalmente.

Hoy día, junto con su esposa, Tom es propietario de su propio negocio de entrenamiento de perros. Se concentra en perros problemáticos que otros han abandonado, especialmente los pit bulls. Él comprende que todos merecen una segunda oportunidad, y con amor y paciencia casi todos los animales pueden triunfar. Después de todo, compuso su vida. Pasó una década devolviéndole a la sociedad con su trabajo al entrenar perros de servicio y perros detectores de explosivos, y esto, dijo, "enderezó mi mente y me enfocó en lo positivo". Cuando salió de la prisión, sabía que podía triunfar. Después de todo, tenía un desempeño perfecto de 7-0, y había salvado a Martes, el perro más triste del patio.

¿Y Martes? Regresó al ECAD. Solo. Otra vez.

CAPÍTULO 3

LOS NIÑOS PERDIDOS

El amor nunca se pierde.
Si no es correspondido regresa a quien ama,
suavizando y purificando el corazón.

—WASHINGTON IRVING

LA OFICINA Y CENTRO DE ENTRENAMIENTO DE ECAD NO son particularmente atractivos. El edificio bajo con techo de chapa azul, casi llama la atención por su ausencia de decoración o características arquitectónicas. El interior es igualmente práctico, compuesto principalmente por un amplio espacio de trabajo con un piso de concreto desnudo. Hay dos mesas plegables juntas a lo largo en el centro de la habitación (del tipo de madera prensada que se ve en los comedores de iglesias), un circuito circular marcado con amarillo, y cinco o seis plataformas de madera. Sin embargo, uno tiene la impresión de que la habitación estuviera vacía. Inclusive las paredes de bloques de cemento son espartanas, pintadas de gris claro y cubiertas con listas de tareas por hacer y diagramas de comportamiento. Hay tres modestas y bien aprovechadas oficinas a lo largo de la pared derecha, y en la parte trasera una puerta de hierro que conduce a una sala de estar que utilizan los clientes durante sus períodos de dos semanas de entrenamiento. Las ventanas a la izquierda ofrecen vistas de tres áreas de juego cercadas, dos de ellas con esos pequeños toboganes de plástico diseñados para niños de dos años, que habitualmente pueden verse en las salas de juegos de las casas suburbanas. Para ser una organización que sobrevive de donaciones, ECAD no pierde mucho tiempo ni dinero en complacer a los ricos y poderosos.

Ni siquiera los perros disfrutan de lujos. Cuando no están siendo entrenados o ejercitados en las áreas de juego, están en el fondo de la habitación más grande dentro de esa especie de jaula que venden en las tiendas para mascotas. El único equipo de entrenamiento, aparte de la línea amarilla pintada en el suelo, son las seis cajas verdes de madera. Las utilizan para enseñar a los perros a subir y bajar, y es el lugar donde se sientan, muy atentos y con sus entrenadores al costado, cuando tienen un descanso. El resto del entrenamiento se realiza con los objetos comunes en la habitación: perillas de puertas, interruptores de luz, persianas, sillas, cosas que en el futuro los perros de servicio encontrarán en su vida laboral.

Lo especial de ECAD es el personal. Se trata de un grupo de personas, comenzando por Lu Picard, que cree en su trabajo. No solo se trata de los perros, dice Lu. Ese fue su antiguo trabajo, entrenar cachorros para familias adineradas. ECAD se centra en los clientes. Todo se hace para que las personas con una discapacidad disfruten de una vida mejor.

No es fácil oponerse a esa tarea cuando se habla con una madre cuyo hijo de siete años se ha estado cayendo por las escaleras de la escuela desde que le extirparon un tumor cerebral. "Solo quiero que sea capaz de jugar como otros niños", dice.

O el joven en una silla de ruedas, que sólo puede mover el brazo derecho. Después de hacer su propia investigación, encontró a ECAD cuando tenía doce años, pero su madre no le brindó apoyo. Después de tres meses el niño devolvió el perro, diciendo que él solo no podía asumir esa responsabilidad. Siete años más tarde pidió otra oportunidad. Había terminado la secundaria e ingresado a la universidad. Quería triunfar, y lo único que necesitaba antes de independizarse era un perro de servicio.

O la madre cuyo hijo fue embestido, a los doce años, por un conductor que se dio a la fuga. El daño cerebral lo dejó casi imposibilitado de hablar, y durante cuatro años no pudo caminar. La voz de la madre refleja esos seis años de angustia cuando dice, "Tiene dieciocho años, le gusta leer y quiere poder caminar sin ayuda hasta la biblioteca, que se encuentra a corta distancia, pero en el trayecto tiene que pasar por el lugar donde el auto lo atropelló, y yo no soy capaz de hacerlo. Se pone furioso conmigo, pero simplemente no puedo evitarlo. Un perro de servicio le devolverá su libertad, y creo que me ayudará a aceptar que se independice".

Es por eso que Lu Picard y el personal de ECAD trabajan con tanto ahínco. Es por eso que entrenan a los perros con esmero desde que tienen tres días de nacidos, y los cuidan con tanto cariño. Es por eso que reciben menos dinero y trabajan más, y resisten las frustraciones y contratiempos sin quejarse (o solo se quejan un poco). No pienso que sea un sacrificio, así como tampoco creo que mi vida de soldado fue un sacrificio. Creemos en lo que hacemos, y lo disfrutamos. ¿Qué es la riqueza material comparada con los logros personales? ¿O un auto nuevo en comparación con la satisfacción de saber que se ha ayudado a alguien a llevar una vida mejor?

Es por eso que Martes era un problema. Debido a que su trabajo es tan importante, los perros de ECAD tenían que ser los mejores. ¿Cómo se le podría dar, al joven en la silla de ruedas, un perro que tal vez lo ignorara? ¿Cómo se le puede dar a una niña con lesiones cerebrales que se mueve con dificultad, un perro que tal vez tire muy fuerte de la correa y la arrastre hacia la calle?

Martes no era un mal perro. Simplemente no prestaba atención a las órdenes, y a veces rehusaba cumplir con las más básicas, las que ordenan a un perro que camine al costado derecho o izquierdo de la persona. Según Lu, Martes era inmaduro. Creo que estaba herido por la pérdida de Tom, como solo un perro tan sensible como Martes hubiera podido estarlo.

Sé que los perros de ECAD, cuando están entrenados de la forma habitual, no añoran tener un vínculo especial con una persona. No podrían hacerlo, como dice Lu, ya que nunca han tenido una relación consistente con un ser humano. No se puede echar de menos lo que no se conoce.

Pero, ¿qué sucede cuando un perro, especialmente uno tan intuitivo y emocional como Martes, siente un fuerte vínculo humano no solo una, sino dos veces, y los pierde ambos? ¿Cómo se siente en un caso así?

Lu vio los escollos, pero también el potencial de Martes. Era afectuoso y bello, tenía modales suaves, era inteligente y sensible: hubiera sido imposible no amarlo. Y Lu sospechaba, con sus quince años de intuición, que tenía el entrenador perfecto para él: Brendan.

Desde hace mucho tiempo se sabe que entrenar un perro de servicio puede ser beneficioso tanto para el entrenador como para el perro. Es más, Green Chimneys Farms, una de las organizaciones de apoyo de Lu Picard, y pionera en el campo desde 1940, comenzó a entrenar perros de servicio principalmente como una terapia para niños con problemas emocionales. Durante los últimos trece años, ECAD ha cumplido ese rol terapéutico en Children's Village, una escuela residencial para adolescentes con problemas situada en Dobbs Ferry, en el estado de Nueva York y a una hora de la ciudad de Nueva York. Para los estudiantes, trabajar en ECAD es un programa de trabajo voluntario, por lo cual en un inicio resulta sorprendente que muchos de los adolescentes se muestren retraídos, agresivos o indiferentes con respecto al trabajo, pero hay que recordar que estamos hablando de algunos de los jóvenes más perturbados en el sistema de cuidado institucional de Nueva York. Al igual que Martes, la mayoría ha pasado por las manos de múltiples cuidadores y han aprendido que endurecer el corazón —inclusive hacia un perro— es la única forma de sobrevivir.

La historia de Brendan es clásica. Nacido en una zona pobre de Brooklyn, rebotó por una serie de hogares adoptivos y la casa de su madre, sin permanecer en ninguno más de unos pocos meses. Siempre había sido callado, pero ahora se había retirado del mundo que lo rodeaba. Dejó de hacerles caso a sus padres adoptivos y dejó de esforzarse por hacer amigos. Era vulnerable, pero aun peor, era grande. En las escuelas con ambientes duros siempre lo vieron como el gigantón recién llegado. Pero no era peleador, y eso lo convirtió en un objetivo para los chicos agresivos que querían comparar fuerzas con él. Lo acosaban y le dieron más de una paliza. Lo único que deseaba era volver a casa de su madre, pero ahora ella tenía otros hijos pequeños y Brendan nunca pudo permanecer mucho tiempo con ella.

Finalmente optó por la calle. Se quedaba fuera todo el tiempo que quería y cuando quería, sin preocuparse por las consecuencias. Ningún castigo lo afectaba, porque simplemente no le importaba. Estaba resentido, pero más que eso estaba herido, y era sólo un niño, así que ¿qué sabía? Lo único que quería era a su madre, pero ella no estaba dispuesta a volver a recibirlo. Entonces Brendan comenzó a pelear y a discutir, y cuando lo suspendieron de la escuela se encogió de hombros con total indiferencia.

Una asistente social recomendó para él el Children's Village, y el estado de Nueva York aceptó. Era el lugar ideal para un joven solitario, pero la transición no fue fácil. Odiaba su vida anterior, pero detestaba aún más su nueva vida. No hablaba con nadie, ni siquiera con los otros chicos de su cabaña. Asistía a las clases aturdido, y comía sin entusiasmo. Era un adolescente, echaba de menos la acción de las calles. Todavía abrigaba la esperanza de que su madre lo aceptara de nuevo. Pero lo que más echaba de menos era a su perro Bear, un rottweiler que había sido lo único constante en su vida. Sin importar lo que sucediera o dónde estuviera, el perro siempre lo había estado esperando.

Brendan sabía que el entrenamiento de perros era una alternativa en el Children's Village. Había oído decir que los perros eran especiales, golden retrievers que podían encender luces y abrir puertas. La idea le llamaba la atención, pero nunca lo admitió. Era demasiado reservado y no se sinceraba fácilmente. Además, sospechaba que se trataba de una trampa, porque todo en su vida habían sido engaños, solo una forma más que utilizaban los adultos para conseguir lo que querían. Pero después de ver una exhibición de la habilidad de los perros, no pudo resistirse. No era un fraude. Los perros realmente podían encender las luces con la nariz, abrir puertas y caminar al costado de sus entrenadores, que eran chicos del Children's Village, como él. Excepto que con los perros al lado esos chicos dejaban de ser como él.

Yo tengo que hacer eso, pensó a pesar suyo. *Tengo que ser parte de eso.*

No prosperó en el programa. Le gustaban los perros, pero le fastidiaba la rigidez del entrenamiento. Pasaba horas sin hablar, conduciendo a los perros en sus prácticas, pero cuando estaba solo con los otros chicos los intimidaba y se burlaba de ellos. Era el típico estudiante de Children's Village: temeroso, resentido y desconfiado. Abusivo cuando se sentía mal, pero en el fondo de su corazón era un buen chico. En cierta forma era como Martes. Quería afecto, quería una ocupación, pero se sentía abandonado por la persona que amaba. Tenía dieciséis años, pero se comportaba como si tuviera ocho, e inclusive cuando se portaba mal Lu quería tomarlo entre sus brazos porque sabía que era sensible y estaba herido, y necesitaba una demostración de afecto.

En lugar de ello le asignó a Martes. Un día lo llevó a un lado y le dijo, "Tengo un trabajo especial para ti. ¿Lo quieres?".

"¿De qué se trata?".

"Es Martes. Está teniendo problemas para acatar órdenes. ¿Puedes ayudarlo?".

Brendan sabía que eso era verdad. Todos querían a Martes, pero también era cierto que no estaba adelantando como los otros perros.

Eso no significaba que Martes fuera un mal perro. Su comportamiento deficiente era relativo. Cada tanto, el programa de ECAD enviaba a los perros a pasar unos días como "perros normales" en casas de voluntarios. Un domingo, la madre adoptiva de Martes lo llevó a la iglesia. No para esperar en el auto, sino para sentarse debajo del banco y escuchar, sin quejarse, todo el sermón. A la hora de la comunión, siguió a su madre adoptiva hasta el reclinatorio. En lugar de sentarse detrás de ella, como se esperaba, Martes se sentó a su lado con las patas apoyadas en la baranda del altar. Todos los demás tenían las manos en la baranda, entonces ¿por qué no también él? Cuando el cura se acercó con la comunión, Martes lo vio pasar en silencio, pero su mirada decía, "¿Por qué no me dieron también un bocadillo?". El cura regresó, puso una mano sobre la cabeza de Martes y bendijo su futuro trabajo. Martes permaneció quieto unos segundos, luego se dio vuelta y regresó a su asiento mientras toda la congregación lo observaba, divertida.

Así que no es que su comportamiento fuera deficiente, al menos no en comparación con los "perros normales". Es más, Martes era probablemente el perro de mejor comportamiento que hayas conocido jamás. Solo que a veces actuaba como un tonto. Perdía la concentración y seguía a otros perros, o provocaba a sus entrenadores guardando un juguete entre los dientes en lugar de devolverlo, o se limitaba a sonreír cuando le ordenaban sentarse en su caja. Si le pedían que buscara un calcetín, a veces traía dos y luego se ponía a corretear por toda la habitación haciendo gala de su travesura. Era inmaduro, como decía Lu. Pese a que su cuerpo había crecido hasta convertirse en un perro de ochenta libras de peso, seguía siendo un cachorro.

Brendan conocía la historia de Martes. Había observado su comportamiento y sabía que este no era otro engaño fraguado por adultos. Martes realmente necesitaba una ayuda especial. Cuando

Brendan se volvió y vio a Martes mirándolo con esos ojos profundos y sus cejas enredadas, creo que se percató por primera vez de que existía una conexión entre ellos.

Estás un poco angustiado, ¿verdad? Te comprendo. Yo también estoy un poco angustiado.

Es asombroso lo que concentrarse en algo puede hacer. Una cosa es entrenar perros, pero es muy diferente tener un perro propio, verlo crecer día tras día, mejorando poco a poco. Poder decir, *Martes ha encendido una luz, y soy yo quien le enseñó a hacerlo.* Eso es diferente. Es asumir una responsabilidad y sentir orgullo.

Brendan nunca se sentía frustrado cuando Martes se adelantaba unos pasos o tiraba de la correa. Nunca le levantó la voz, inclusive cuando Martes no pasó la prueba de distracción y se detuvo para comer las golosinas para perros en el camino que debía recorrer. Los chicos de ECAD no conocían el fracaso. Lu no les decía, "Enseña a ese perro a encender la luz con trescientas repeticiones". Les decía, "Veamos cuánto tiempo demora Blue en encender esa luz". Pero los chicos sabían que habitualmente se necesitan trescientas repeticiones para aprender a encender una luz, y por lo tanto cuando llegaban a quinientas la mayoría de ellos se sentían frustrados. No comprendían por qué el perro no respondía, y lo tomaban en forma personal. Pero no Brendan. Ya no. Cuando Martes tuvo dificultades para la búsqueda múltiple —seleccionar objetos específicos de una pila y traerlos uno por uno—, Brendan simplemente pensaba, *Martes está un poco angustiado, pero está haciendo un esfuerzo. Lo conseguirá.*

Y lo que Brendan pensaba de Martes también comenzó a aplicarlo a sí mismo.

Como siempre, Martes respondió a la atención que recibía. La correa va en ambos sentidos, y el perro podía sentir que Brendan confiaba en él. Sin embargo, también podía percibir que Brendan carecía de confianza en sí mismo, y que tenía un gran deseo de triunfar. Yo conozco a Brendan, y hay algo en él que inspira el deseo de ayudarlo. Es un buen chico, pero tan vulnerable que si alguna vez pide algo, no puedo ni imaginar la posibilidad de decepcionarlo. Martes percibió esa vulnerabilidad. Si alguna vez se preguntó, *¿Por qué debo trabajar tanto en este entrenamiento?*, ahora ya tenía la respuesta: por Brendan. Esa respuesta fue mágica, porque ayudar a los demás era lo único que parecía importarle a Martes.

Fue un ciclo positivo. Cuanto más se involucraba Brendan con Martes, y más veía en el éxito de Martes un reflejo del suyo propio, más se esforzaba Martes en complacerlo. Pronto Brendan comenzó a sobresalir, pero por primera vez en su vida no necesitaba alardear de ello. Encontraba alegría en sus logros y transmitió esa alegría a su afecto por los perros. Después del entrenamiento, se quedaba para limpiar sus jaulas y cepillarles el pelaje. Venía a trabajar los fines de semana. Se convirtió en el encargado de la alimentación matutina, levantándose temprano para atravesar el Children's Village y darles el desayuno a los perros. Alimentaba y cepillaba a todos los perros, por supuesto, pero venía en especial por Martes. La noche del Mejor Amigo, cuando los chicos podían venir a ver una película, Brendan y Martes siempre se buscaban. Al final de cada sesión de entrenamiento los jóvenes tenían diez minutos para relajarse en silencio junto a los perros. Brendan y Martes no siempre entrenaban juntos, dado que el método básico en ECAD era la rotación de entrenadores, pero sin importar cuál entrenador le hubiera tocado ese día, Martes siempre apoyaba la cabeza en el regazo de Brendan. La mayor parte del tiempo se quedaba dormido, mientras Brendan sonreía y susurraba, "Buen chico, buen chico".

Se comprendían tan bien, que los dos antiguos chicos problemáticos comenzaron a hacer visitas regulares a hospitales y hogares de ancianos. Brendan se convirtió en encargado de demostraciones en eventos públicos, y su presencia era prominente en un video de promoción de ECAD, que aún está disponible en Internet. Cuando nació una nueva camada de cachorros, Brendan fue uno de los jóvenes elegidos para darles nombres. Debido a que era otoño, varios recibieron nombres acordes con la estación, como Harvest (Vendimia). Brendan, todavía un niño as sus diecisiete años, eligió Mac'n Cheese.

Su despedida fue emotiva, pero no tan difícil como Lu había temido. Ambos ya se habían acostumbrado a ese cambio de manos, y cada uno había aprendido a refrenarse. Martes respetaba y quería a Brendan, pero no creo que haya sentido un vínculo emocional. No como el que tuvo con su primer criador en la prisión, o inclusive con Tom. Se había endurecido para protegerse de ese tipo de tristeza.

Por su parte, Brendan quería mucho a Martes, pero siempre supo que lo estaba entrenando para otra persona. La culminación de esa misión —la certeza de que por primera vez en su vida le habían confiado una tarea de responsabilidad— era para él más valiosa que conservar a Martes. Como había dicho Tom, saber que estaba ayudando a otras personas "lo ayudó a mejorar su mente y a concentrarse en lo positivo". Para cuando llegué yo, tanto Brendan como Martes estaban listos para seguir adelante.

Eso no significa que se olvidaran. Unos meses después de recibir a Martes regresé a ECAD para un evento de recaudación de fondos. Martes estaba tan excitado que decidí ignorar la recomendación de Lu y le solté la correa. Corrió hacia un grupo de chicos, saltó encima del más grande de ellos y se puso a lamerle la cara. El chico lo abrazó riendo, le acarició el pelaje y luego le dijo que regresara a mi lado.

"¿Han visto eso?", le dije a una entrenadora que estaba cerca. "Martes nunca hace esas cosas".

"Sí, corrió directamente hacia Brendan", respondió ella mientras Martes regresaba a mi lado. Cuando la miré con expresión de sorpresa, sonrió y me dijo, "Brendan entrenó a tu perro".

Más tarde Lu y yo hablamos sobre Martes. Había pasado tantas pruebas en su vida. Le habían roto el corazón tantas veces. Entonces, quise saber, ¿cómo es que es tan perfecto?

"¿Perfecto?", dijo Lu riendo. "Martes no es perfecto, Luis. Está muy lejos de serlo. Simplemente es perfecto para ti".

SEGUNDA PARTE

LUIS

CAPÍTULO 4

AL-WALEED

Soy el enemigo que mataste, amigo.
Te reconocí en esta oscuridad, pues así me miraste
ayer mientras me atravesabas golpeando y matando.
Me defendí, pero mis manos estaban frías y renuentes.
Durmamos ahora…

—TENIENTE WILFRED OWEN*,
"EXTRAÑO ENCUENTRO"

ESTA ES LA PARTE MÁS DIFÍCIL DE LA HISTORIA. LA PARTE que empieza a agitar los recuerdos. La parte que me hace sudar y me mantiene despierto por días completos. Hace unos años, pensé que una entrevista exploratoria de NPR (National Public Radio)

* El teniente Wilfred Edward Salter Owen, un soldado británico, fue uno de los poetas más destacados de la Primera Guerra Mundial. Owen resultó herido en marzo de 1917 cuando "fue lanzado por el aire por un mortero de trinchera y cayó sobre los restos de un colega". Poco después, quedó atrapado durante días en un viejo refugio alemán. Tras esos dos incidentes, Owen fue diagnosticado con "trauma de guerra" y se lo envió a Escocia para recibir tratamiento. A su regreso al frente, Owen encabezó las unidades que irrumpieron en varios puntos fuertes enemigos cerca del poblado francés de Joncourt. El 4 de noviembre de 1918, a solo siete días del armisticio, murió en un ataque de ametralladoras alemanas. Por su valor y liderazgo se le otorgó la Cruz Militar británica.

sobre mi servicio de combate solo me había dejado exhausto y enfermo. Cuando escuché la transmisión más tarde, me sorprendió escucharme tartamudeando y haciendo pausas. Después me levanté de mi silla en medio de la entrevista y, cojeando, fui al baño a vomitar. Escucho una grabación mía hablando el mes pasado sobre Irak y me sorprende descubrir minutos de silencio en medio de las oraciones. ¿A dónde me fui? ¿En qué estaba pensando? ¿Y por qué no lo recuerdo?

Claro está que no hubiese hecho esto de no haber pensado que ayudaría. Es una terapia para mí, algo así como arrancar la metralla y poner el vendaje de emergencia, como se hace en el campo de batalla. Aun más importante, creo que va a ayudar a otros veteranos y especialmente a sus familias. El trastorno por estrés postraumático (TEPT, o PTSD, por sus siglas en inglés) no es algo de lo que uno se sobrepone. No vuelves a ser quien eras. Es más bien como un globo de nieve. La guerra te estremece y de pronto todos esos pedazos de tu vida —músculos, huesos, pensamientos, creencias, relaciones, incluso tus sueños— quedan flotando en el aire fuera de tu alcance. Se asentarán. Estoy aquí para decirte que, si te esfuerzas, te recuperarás. Pero nunca van a asentarse hasta el punto donde estaban antes. Después del combate eres otra persona. Ni mejor ni peor, solo diferente. Lo peor que puedes hacer es ponerte a buscar o desear ser quien eras.

Es por eso que quiero ser exacto. En la sección anterior imaginé gran parte del comienzo de la vida de Martes. Conocía algunos detalles, pero no tenía una imagen en mi mente, por lo que miraba su cara sonriente junto a mí y lo imaginaba más pequeño, más necesitado, menos seguro de sí mismo. Pensaba en lo que lo quebró y lo especiales que fueron quienes lo ayudaron. Me preguntaba, ¿por qué este perro causa tal impresión en la gente? ¿Por qué, no importa a donde vaya, les cambia las vidas?

Con Irak, tengo fotos en mi mente. El vacío del desierto. La terrible aniquilación masiva de cuadras enteras en las ciudades. Un soldado americano muerto. El cuerpo calcinado de un niño iraquí. Las filas de hombres suníes sentados en silencio en una celda, mirando al infinito como almas en el purgatorio que esperan ser lanzadas al infierno. Recuerdo la sonrisa de Maher, mi amigo iraquí, solo unos meses antes de morir. El olor de su tabaco con olor a manzana mezclado, como una pesadilla, con la terrible pestilencia del poblado de Hitt. Me persigue la forma en que un hombre entró en un callejón y por qué casi le disparo, aun sin conocerlo, y por qué ese tipo de experiencia, día tras día, acaba contigo.

Quisiera que pudieras oír el zumbido de balas trazadoras cuando soldados sirios nos emboscaron en la frontera iraquí. Eran las cuatro de la madrugada y por millas no había nada más que una línea que se forma donde el oscuro suelo se toca con el cielo negro.Y los sirios estaban allí, sobre el borde de una berma de tierra que marcaba la frontera, disparando sus ametralladoras y munición pesada desde un tanque BTR de la era soviética.Yo estaba tan encolerizado que sólo pude quedarme parado allí mirándolos con mis gafas de visión nocturna. "¡No puedo creer que nos estén disparando!", grité mientras recargaban sus armas. "¡No puedo creer que el Ejército sirio nos esté atacando!".

Les devolvimos el ataque. Los hicimos retroceder. Quisiera también que hubieses escuchado ese sonido, el constante *ta-ta-ta-ta-ta* de la ametralladora M240 del soldado raso de primera clase (lo que en el Ejército de los Estados Unidos se conoce como "Pfc.") Tyson Carter y el martilleo de nuestra ametralladora calibre .50, porque todo era por instinto, todo era adrenalina y disciplina, y ese era nuestro ritmo. Por suerte no tuvimos que lamentar ninguna baja, y cuando regresamos a la base más tarde, justo cuando el sol estaba consumiendo la noche, volábamos. Es decir, yo estaba furioso. Estaba muy molesto porque nos habían atacado desde la frontera internacional. Pero también estaba excitado. Un tiroteo es una de las sensaciones más intensas que hay. Fue sólo después que me golpeó la magnitud del enfrentamiento, cuando al clímax le siguió la caída, como las cenizas frías que quedan después de que se apaga un fuego.

Y esa es la contradicción en Irak. Para muchos de nosotros, fue el momento más grande de nuestras vidas. Irak fue el país donde hallamos nuestro objetivo, donde hicimos el trabajo que más nos enorgullece y donde encontramos personas y lugares que nunca podremos olvidar.

Pero también fue una total deshonra. El lugar donde perdimos nuestros ideales; donde el Ejército que amamos nos vendió a jefes arribistas, a una prensa obsesionada con una guerra-porno y a la codicia de corporaciones militares e industriales; donde el único honor e integridad parecía existir entre las tropas en el frente. Si te pudiera dar una palabra que describiera por qué regresé herido de Irak, no sería combate. O miedo. O herida. O muerte. Sería traición. La traición de nuestras tropas por sus jefes. La traición de nuestros ideales. La traición de nuestras promesas a los iraquíes y a nuestros ciudadanos. ¿Dónde es que la incompetencia se convierte en un delito? ¿Dónde es que el egoísmo se vuelve un fracaso moral? ¿Cuántas mentiras se pueden decir antes de que todo se vuelva una mentira? No lo sé realmente, pero en Irak se pasó el límite y estoy extremadamente furioso. No puedo sobreponerme. Porque mucha gente buena ha muerto y hoy día siguen muriendo por esas mismas razones.

"¿Por qué quieres contar esa historia?", me dijo Mamá cuando se enteró de este libro. "¿Por qué quieres que la gente sepa que tienes problemas? ¿Quién te va a emplear de nuevo?".

Comprendo sus preocupaciones. Soy muy privado, mucho más desde Irak, y soy muy ambivalente en cuanto a contar mi vida. Pero no quiero decirle eso. No quiero admitirle que escribir este libro me ha causado meses de dolor, pero aun así me siento obligado a decir la verdad. ¿Quién en sus cabales querría preocupar a su madre?

"Tengo que terminarlo", le digo. "Es algo que *tengo* que hacer".

Le quiero decir que es guerra y sanación. Es dolor. Es triunfo. "No te preocupes, Mamá", le digo finalmente. "Es solo un libro sobre Martes".

Y para contar la historia de Martes, para bien o para mal, tengo que contar la propia. Porque para comprender el impacto de Martes en mi vida, y por qué él es tan importante para mí, tienes que comprender quién fui y cuán bajo llegué.

En 2003, cuando llegué a Al-Waleed, en Irak, un pequeño puesto fronterizo a trescientas millas de Bagdad y a sesenta millas de la base norteamericana de operaciones de avanzada más cercana, yo era un hombre fuerte. Podía levantar trescientas cincuenta libras, hacer noventa y cinco planchas, abrirme camino a través de un campo militar de obstáculos y correr diez millas antes del desayuno sin mucho esfuerzo. Pero, por encima de todo, era un hombre seguro, de férreas convicciones, un líder de hombres en el Ejército norteamericano. Y amaba mi trabajo.

No crecí en una familia de militares. Mi padre es un respetable economista y mi madre una ejecutiva de negocios, y me criaron en un cómodo ambiente extremadamente intelectual. Mis padres esperaban que fuera a la universidad, como mi hermana y mi hermano, pero crecí en los años de Reagan, cuando el optimismo y el nacionalismo eran los aspectos fundamentales de la ideología norteamericana. Creía en el "Imperio del Mal", como Reagan famosamente llamó a la Unión Soviética, y quería hacer mi contribución para derrumbarlo, aun teniendo solamente ocho años cuando dio ese discurso. Cuando Estados Unidos invadió Granada en 1983, se hablaba entre mis padres y tíos, todos refugiados cubanos, de que tal vez Cuba fuera la próxima. No militarmente, según lo que pensaba mi padre, que había sido un fuerte opositor de la guerra de Vietnam. Él creía en la economía y las ideas, no en las armas pesadas. Yo creía que para cambiar al mundo hacía falta sacrificio y trabajo arduo y eso significaba entrar en acción. Así que desafié a mis padres y me enlisté en el Ejército el mismo día que cumplí diecisiete años. Pasé el verano antes de mi último año de secundaria en un campo de entrenamiento militar. Allí estaba cuando Saddam Hussein invadió Kuwait y el Ejército norteamericano, junto a una amplia coalición, decidió marcar un límite. Yo esperaba prestar servicio en la primera Guerra del Golfo, pero para cuando cumplí los dieciocho años y me gradué de secundaria en junio de 1991, la "guerra de las cien horas" ya había culminado.

Pasé la siguiente década en el Ejército como soldado enrolado. Me gradué en la universidad, me casé y entrené mi cuerpo y mi mente. Sabía que íbamos a regresar al desierto. Había cosas inconclusas y Saddam era como un comodín en las barajas del Medio Oriente. Pero no sabía cómo era que íbamos a llegar allí. Estaba enrolado en el cuerpo de entrenamiento de oficiales de la Universidad de Georgetown, en Washington, D.C., cuando la respuesta llegó en forma de una columna de humo que se elevaba en dirección al Pentágono. Llamé a mi unidad de infantería de la Guardia Nacional y les dije: "Estoy listo para partir. Solo díganme qué tengo que hacer".

Tomó dos años, pero cuando llegó la batalla, yo estaba listo. Más que listo, estaba ansioso. Creía en mi país, en mi Ejército, en mi unidad y en mí. ¿Defender mi país y asegurar la libertad de los iraquíes? Ese era mi objetivo en la vida. ¿Mi tarea? Era Al-Waleed y la frontera de Irak con Siria.

Al-Waleed era el mayor de los dos únicos pasos fronterizos que aún funcionaban (conocidos como puertos de entrada, o POE, por sus siglas en inglés) entre Siria e Irak y eran notorios fosos de corrupción. Durante meses habían estado fluyendo combatientes extranjeros y armas por la frontera hacia Al-Anbar, una provincia dominada por los suníes que, para el otoño de 2003, estaba al borde de una revuelta contra la ocupación norteamericana. Es por eso que a finales de septiembre de 2003, la comandancia envió a mi pelotón —Pelotón Blanco, Tropa Grim, Segundo Escuadrón, Tercer Regimiento de Caballería Blindada— a contener la herida de Al-Waleed.

Nuestra labor era establecer una base de operaciones de avanzada (FOB, por sus siglas en inglés), asegurar el punto de entrada y neutralizar el flujo de contrabando y combatientes enemigos a lo largo de más de cien kilómetros de frontera y miles de millas cuadradas de desierto de Anbar. Para hacer un buen trabajo se necesitarían cientos de soldados. Pero a la agobiada Tercera Caballería Blindada no le sobraban cientos de soldados. Como líder del Pelotón Blanco, me dieron tres Humvees y quince soldados de caballería.

Nos metimos de prisa en nuestra misión, empezando con los elementos básicos. Nuestra primera tarea era establecer una base de operaciones, es decir, confiscar un edificio del complejo fronterizo iraquí, establecer un perímetro defensivo e improvisar servicios básicos como electricidad. Conmigo tenía hombres valiosos como el sargento de Estado mayor Brian Potter, el sargento Carl Bishop y los soldados rasos de primera clase Tyson Carter y Derek Martin, este último un incansable joven de veintidós años que podía cargar más piedras que muchos mulos. Pero nuestros suministros eran insuficientes. Al final, colocamos nuestro único rollo de alambre de púas, que hurgamos de un viejo puesto fronterizo del Ejército iraquí, y después pasamos semanas llenando bolsas de arena y cestos de tela metálica con tierra y rocas para que los atacantes suicidas no pudieran llegar hasta nosotros.

Cuando no estábamos mejorando nuestro perímetro defensivo, patrullábamos las aldeas en ruinas y las infinitas planicies de desierto que nos rodeaban, por lo general nueve hombres por patrulla en tres Humvees. Aquello era como el Viejo Oeste americano. Cuando Saddam estaba en el poder, había dado orden de "disparar sin advertencia" a todo el que viajara o viviera a veinticinco millas de la frontera, así que los pequeños pueblos que se formaron cerca de los puntos de entrada durante los años de la decadencia de su Gobierno estaban integrados por un noventa porciento de hombres, sesenta porciento de contrabandistas y delincuentes y el cien por ciento estaba armado. Había cierta emoción en todo eso, no puedo negarlo.

Recuerdo a mi artillero, el soldado especialista Eric Pearcy, sacando la cabeza de su torrecilla y gritando "¡Yijaaa, la Fuerza de Asalto a beduinos de Carlos Montalván sale de recorrido nuevamente!" cada vez que salíamos a la carrera por el desierto en busca de contrabandistas en camionetas. Hallamos numerosas provisiones pequeñas de armas y artillería tales como cinco AK-47 nuevas escondidas bajo un pajar en un campo de beduinos, pero en realidad las patrullas no eran más que un desgaste de alta intensidad y tenían poca eficacia. Los aldeanos, la mayoría de los cuales eran miembros de bandas que se especializaban en varios tipos de contrabando, eran demasiado sofisticados como para esconder armas o cualquier otra cosa de valor en sus casas.

Sabía que nuestro éxito o fracaso dependía del control del punto de entrada, una especie de oficina de aduanas, centro de control de pasaportes y base paramilitar que iba de un lado al otro de la calle principal, dentro de la frontera iraquí. Teóricamente el lugar era operado por nuestros aliados en el Gobierno iraquí, pero en la práctica estaba controlado por los líderes suníes en Ramadi, los líderes que seguramente estaban apoyando la floreciente insurgencia. El encargado era un funcionario nacido en Ramadi conocido como "Mr. Waleed" —así es como todo el mundo lo llamaba, incluso yo— y casi toda la policía y los agentes fronterizos eran miembros de su tribu. Eran como una mafia que operaba más por las ganancias monetarias que por la ideología y, sin embargo, socavaban la estabilidad de Irak.

Mi objetivo, como comandante norteamericano en la localidad, era cambiar el balance de fuerzas en el puesto fronterizo: enviar a sus casas o detener a los funcionarios corruptos, darles poder a los honestos, convertir a los beduinos en nuestros aliados y desarticular las operaciones de contrabando en la zona. Para eso usamos una combinación de mano dura y mano blanda. Mis hombres detenían los camiones que ya habían sido inspeccionados por agentes de la aduana y la policía iraquíes. Cuando descubríamos contrabando, se responsabilizaba a los funcionarios. Hicimos patrullajes conjuntos e insistimos en que se hicieran confiscaciones. Arrestamos a Abu Meteab, conocido entre los militares norteamericanos como el Tony Soprano del Al-Anbar occidental. Se entregó sin resistencia, a pesar de su milicia armada, pero no antes de que registráramos los cientos de casas modulares en contendedores (CHU, por sus siglas en inglés) pertenecientes al Ejército norteamericano que estaban amontonadas detrás de su recinto. Esas casas modulares debían proveer alojamiento cómodo a las tropas norteamericanas que en Irak soportan el sofocante calor mesopotámico. Abu Meteab estaba reteniéndolas hasta que Estados Unidos le pagara un "peaje" por sacarlas de Al-Waleed.

Nos hicimos cargo de los contrabandistas de bencina, el aspecto más descaradamente corrupto de la cultura de Al-Waleed. Se supone que la bencina, un tipo de gasolina en Irak, debe ser gratis. Se le da a gasolineras autorizadas por el Gobierno para que la distribuyan a la población. Pero la gasolinera de Al-Waleed nunca abrió. En su lugar, la bencina se sacaba en barriles de la parte trasera de la estación y se vendía a precios del mercado negro en las calles, con frecuencia frente a la propia gasolinera.

Si había un símbolo de la profunda corrupción en Al-Waleed, era el contrabando de bencina. Siguiendo mis órdenes, el que vendiera bencina era arrestado. Se le confiscaba la bencina y los barriles plásticos se rompían a cuchilladas. A los infractores se les obligaba entonces a pararse fuera de las puertas del recinto, donde podíamos verlos dispensar la bencina gratis a los miles de camiones y automóviles que cada día pasaban por Al-Waleed. Llegó el momento en que tuvimos que pedir un tanque gigantesco para poder almacenar toda la bencina que se confiscaba, un símbolo para los delincuentes y la población en general de que estábamos creando seriamente una economía asequible y legítima para el pueblo iraquí.

La mano blanda era la participación comunitaria. El Pelotón Blanco estaba en Al-Waleed sin un traductor, un descuido desastroso en un lugar de importancia estratégica, donde la confianza se cimentaba conversando mientras se tomaba chai caliente. Por suerte, un inspector de aduanas llamado Ali se ofreció de voluntario para traducir para nosotros poco después de nuestro arribo. Sin él nunca hubiésemos tenido éxito. Ali nos permitió interactuar con los iraquíes en el punto de entrada porque yo confiaba en lo que él decía. Junto a Percy, mi artillero y mano derecha, Ali venía a nuestras reuniones nocturnas con dignatarios que nos visitaban y con líderes tribales de la localidad, un honor tradicional importante para obtener apoyo. Formales, aunque relajadas, con una duración más allá de la medianoche y requiriendo tomar más chai y fumar más cigarrillos de lo que debería soportar una persona, esas reuniones eran nuestra oportunidad de lograr compromisos y de atraer a los delincuentes hacia nuestros objetivos. Con frecuencia salía de esos encuentros cuando el amanecer irrumpía sobre el desierto y se escuchaba el llamado a las plegarias matutinas desde la mezquita del puerto de entrada (la única estructura decente a cincuenta millas a la redonda) expandiéndose hermosamente por el vasto desierto, sintiéndome totalmente cansado, pero como si hubiese logrado más en ocho horas de charla de lo que habíamos logrado en ocho patrullajes.

Al principio me reuní con el Sr. Waleed, que resultó ser tan sociable y amistoso como corrupto. Pero cuando quedó claro que nuestra intención no era ponerle parches al viejo sistema corrupto, sino derrumbarlo, el Sr. Waleed dejó de interesarse en nuestras charlas. En su lugar, nos reunimos con otros iraquíes, incluido el teniente coronel Emad, el nuevo comandante del batallón de policía del punto fronterizo, que había sido mayor del Ejército de Saddam, pero que era un hombre honorable. Los jeques de Ramadi no aprobaban esta cooperación, especialmente después de que el teniente coronel Emad comenzó a restringir seriamente la corrupción, por lo que enviaron un continuo flujo de nuevos comandantes para reemplazarlo.

Fuimos amables al principio, pero después de un mes estábamos hartos. "Váyanse ya", les dije a los recién llegados, cuando se aparecieron con sus "credenciales" y sus sonrisas de políticos, "o hago que los arresten. No van a socavar la autoridad del teniente coronel Emad y destruir el buen trabajo que se está haciendo aquí por Irak y su pueblo".

Sin embargo, nuestro verdadero hallazgo fue Maher Thieb Hamad, un oficial subalterno de los Servicios de la Policía Iraquí (IPS, por sus siglas en inglés) que hablaba un inglés aceptable aprendido de las películas americanas y que frecuentemente bromeaba diciendo que se iba a mudar a Las Vegas a vivir la buena vida. Maher no era de Ramadi, así que no era parte del clan mafioso y, como muchos otros iraquíes, vio en la caída de Saddam una oportunidad para acabar con veinte años de corrupción que, más que la crueldad de Saddam, había roto la estructura de una sociedad de más de mil años. Una vez que ganamos su confianza, Maher invitaba con frecuencia a mis hombres a fumar tabaco con sabor a manzana y a discutir estrategias, describiendo los hábitos de funcionarios corruptos o diciendo: "No se preocupen, pueden confiar en él, es un buen hombre". Todo esto ocurría en medio de la primera ola de asesinatos por represalias, antes de que Saddam Hussein fuera capturado, y hacía falta una buena dosis de coraje para unirse tan abiertamente a los norteamericanos. De hecho, la primera vez que Maher nos guió en un patrullaje por el desierto llevaba puesto un *shemagh* —una bufanda tradicional árabe que cubre la cara— para no ser identificado. Nos mostró una alcantarilla donde se sabía que combatientes extranjeros y contrabandistas guardaban armas. Estaba a menos de dos kilómetros de nuestra base, pero contenía veinticuatro granadas propulsadas por cohetes, seis granadas fragmentarias, cuatro AK-47, tres ametralladoras y mil ochocientas municiones, lo suficiente como para destruir nuestra austera base de operaciones y causar serios daños a nuestro pequeño pelotón.

Incluso con la ayuda de Maher —y con montones de charlas chistosas sobre cómo hacer malabarismo con cinco novias (el sargento Willie T. Flores, un gran soldado y muy popular entre las damas) o usar el salario ganado en el Ejército en condiciones peligrosas para pagarse una extensión de pene (se omite el nombre porque no sé si al final lo hizo)— el recorrido fue desgastador. Durante el día la temperatura con frecuencia estaba por encima de los 110 grados Fahrenheit y las tormentas de arena se sentían como si te estuvieran comiendo la piel. Los disparos eran algo normal y aún más estresantes a diario que cuando la emboscada de los sirios el 3 de noviembre y que casi produjo un incidente internacional. No es el miedo a la muerte lo que daña la mente en la zona de combate. Nunca pensé en eso. Es el constante estado de vigilia, la hipervigilancia que se necesita para sobrevivir día tras día en una pequeña unidad rodeada de miles de enemigos potenciales. Después de un tiempo, mi cuerpo dejó de comprender que estaba sometido al estrés y comenzó a pensar que vigilar la muerte, siempre, era simplemente la forma de vivir. Cuando puedes reír con los disparos y las rondas de morteros, en vez de esquivarlos, tu mente ha cambiado.

Yo sé que otros comandantes norteamericanos toleraban la corrupción. Al aceptar regalos como lujosas comidas —una gran tentación cuando los soldados americanos comían raciones frías del Ejército durante meses— en esencia la consentían. Mis hombres y yo opusimos resistencia, rechazando cualquier tipo de contrabando o actividad ilegal. Y funcionó. Cuando los iraquíes se dieron cuenta de que no íbamos a ser dóciles, sino que íbamos a mantenernos firmes sin importarnos el peligro o las dificultades, les dio el valor a otros hombres para dar el paso junto a nosotros. Le dio a los iraquíes de a pie un motivo para creer en nosotros. Y cuando eso ocurrió, comenzamos a progresar frente a los contrabandistas. Se nos daban pistas sobre escondites y nos decían cómo los guías beduinos usan los amplios wadis, un complicado sistema de desfiladeros que no estaban bien marcados en ninguno de nuestros mapas, para trasegar contrabando de valor, como combatientes extranjeros, a través de la frontera. Nos enteramos de movimientos nocturnos y trasiego de armas. Cuando las Fuerzas de Seguridad Iraquíes (ISF, por sus siglas en inglés) comenzaron a confiscar más contrabando, lo usamos para mejorar sus oficinas y sistemas anticuados, lo que los ayudó a confiscar más contrabando.

Nos tomó un tremendo esfuerzo. Tremendo. Todos trabajaban hasta el cansancio, siete días a la semana, en condiciones terribles: deficiente servicio de electricidad, poca agua corriente, con frecuencia no nos duchábamos por días, sin mencionar la amenaza de combatientes enemigos, de contrabandistas armados y de artefactos explosivos improvisados. Trabajaba dieciocho horas diarias sin siquiera pensarlo. Es por eso que me llamaban "el *Terminator*". No se trataba de que pudiera levantar pesas de trescientas cincuenta libras mientras vociferaba imitaciones casi perfectas de Arnold Schwarzenegger, sino que nunca paraba, ni siquiera en nuestra base de operaciones. La calle principal pasaba justo por el medio de la base en Al-Waleed, ya que esta era más un punto de control fronterizo que una instalación militar, por lo que los camiones y los automóviles tenían un acceso relativamente fácil a nuestra FOB. Teníamos una posición de artillería en el techo y alambre de púas en el perímetro. Incluso en nuestro cuartel estábamos siempre vigilantes porque sabíamos que éramos minoría y que éramos susceptibles a ser invadidos.

Pero funcionó. Quiero subrayarlo de nuevo porque estoy orgulloso de ello: nuestros esfuerzos en el desierto de Anbar funcionaron. Para diciembre de 2003 la voz de que Al-Waleed estaba bajo control ya había subido por la cadena de mando norteamericana. La Policía Fronteriza Iraquí y sus colegas norteamericanos estaban confiscando más contrabando y armas y arrestando más combatientes extranjeros que cualquier otro punto de entrada en Irak.

La voz también había subido por la cadena de mando iraquí, desde Ramadi a Bagdad. Los jeques eran nuestros aliados, supuestamente, pero estaban muy poco complacidos con nuestro éxito. Exprimir Al-Waleed significaba exprimir la mayor fuente de ingresos para la base del poder suní. Es por eso que trataron de enviar más funcionarios leales —en otras palabras, corruptos— para reemplazar al teniente coronel Emad. Es por eso que nadie quedó muy complacido cuando el Pelotón Rojo se nos unió a principios de diciembre, lo que aumentó nuestra tropa a cerca de cincuenta hombres. Cuando poco después le informé al Sr. Waleed que doscientos cincuenta policías iraquíes de frontera, entrenados por los norteamericanos, habían sido enviados para ayudarlo, se perturbó visiblemente. Los nuevos agentes fronterizos, junto a los hombres de la policía común iraquí que Maher había escogido, y dos pelotones activos norteamericanos, iban a destruir la vieja forma de hacer negocios en Al-Waleed.

Un poco más tarde, a mediados de diciembre de 2003, el Sr. Waleed fue solicitado súbitamente en Ramadi. Aproximadamente una semana después, a las nueve y treinta de la noche del 21 de diciembre de 2003, fui al cuartel de la policía iraquí a mi reunión nocturna con cigarrillos y chai. El desierto se había enfriado con la llegada del invierno y podía ver mi aliento mientras el especialista David Page y yo caminábamos las doscientas cincuenta yardas de la amplia calle que pasaba a través de la base hacia la frontera. Afuera de la cerca de alambre el mundo estaba en silencio y a oscuras, un vasto vacío despoblado; adentro una feble luz amarilla lanzaba sombras sobre la oficina del Ministerio de Transporte Iraquí y los treinta y tantos tráileres que aún estaban estacionados afuera. Incluso a cien yardas podía ver las puntas rojas de los cigarrillos, resplandeciendo y apegándose en la oscuridad, y las bocanadas de humo de los choferes que tuvieron que quedarse en la base porque no pudieron terminar el papeleo antes de que la oficina cerrara por la noche. Escuché cómo Page se ajustaba su pistola mientras nos acercábamos a los camiones, un gesto reconfortante que hacíamos inconscientemente antes de aproximarnos a un grupo de civiles iraquíes. La escena era apacible y monótona, ominosa y explosiva. Así era Irak. Nunca se sabía.

"Ve por la izquierda", le dije a Page, mientras yo me desviaba hacia los hombres que se agrupaban frente a los camiones a la derecha. Era un ejercicio nocturno. Teníamos que obligar a los camioneros a que regresaran al desierto. Era demasiado peligroso dejarlos que pernoctaran dentro de nuestro perímetro defensivo en espera de que la oficina de aduanas abriera de nuevo después de los rezos matutinos. Conversé con el primer grupo de choferes en mi escaso árabe y ellos asintieron con la cabeza, tiraron sus cigarrillos y de mala gana se montaron en sus camiones.

Sin embargo, un poco más allá un chofer sacudió la cabeza. *"Mushkila"*, dijo ("problema", en árabe) y después en inglés chapurreado dijo: "*No good*". Apuntó al enganche de su tráiler. Yo conocía este tipo de juego; también era un ejercicio nocturno. Nadie quería pasar la noche solo en una desolada carretera del desierto, donde los asesinatos y los secuestros son cotidianos, cuando podían quedarse seguros tras las cercas de la base militar.

Hice un gesto negativo con la cabeza.

"Ta'al", dijo ("ven aquí"), lanzando su cigarrillo por encima del concreto. Se adentró en las sombras entre dos camiones y apuntó al montaje detrás de su cabina. Supongo que debí haber notado algo para ese entonces, pero lo seguí. En cuanto me incliné a inspeccionar el enganche, el hombre me empujó por detrás y me lanzó contra el enganche de metal y los cables.

Me volví de inmediato e instintivamente alcé mi brazo derecho para protegerme del próximo golpe. Fue ahí cuando noté que un segundo hombre se aproximaba corriendo con un largo cuchillo en la mano. Recuerdo una corta descarga de puñetazos y codazos en el pequeño espacio del enganche antes de que el segundo tipo me golpeara con todas sus fuerzas, blandiendo el cuchillo con saña por encima de la cabeza. Su impulso lo lanzó sobre mí, a una pulgada de mi cara, y más que olerlo, saboreé su aliento y, más que ver, sentí el odio en sus ojos mientras intentaba acuchillarme en el cuello. Moví el cuerpo y el cuchillo golpeó el hombro izquierdo de mi chaleco antibalas, se desvió hacia afuera y me rasgó el uniforme y el tríceps del brazo izquierdo. Lo empujé y, en un segundo, saqué la pistola de la funda del muslo y le disparé al primer agresor, que atacaba por la derecha. Un terrible lamento, un grito primitivo de dolor y derrota, rasgó el vacío y entonces caí girando con el hombre del cuchillo encima. Disparé dos veces más antes de que mi espalda llegara al concreto, me golpeé la cabeza por detrás y el mundo, tal como el desierto que me rodeaba, oscureció.

CAPÍTULO 5

UN SOLDADO NORTEAMERICANO

Quiero estar tan cerca del borde como pueda, sin caerme.
En el borde ves todo tipo de cosas que no ves desde el centro.

—KURT VONNEGUT*

SI QUISIERA PRECISAR EL MOMENTO EN QUE MI VIDA cambió, no hay dudas de que fue durante el ataque y los días que siguieron. He pasado años obsesionado con la decisión que tomé entonces. Cada día he lidiado con el dolor físico en la espalda y la cabeza y he pasado noches incontables despertándome por las caras de mis agresores, el odio en los ojos del hombre con el cuchillo, el penoso lamento del hombre que maté.

Ha sido un camino largo, lleno en su mayor parte de bajas, desde ahí hasta Martes. A veces pienso en las rarezas, la casualidad y los desvíos. ¿Y si no hubiese tratado de seguir mi carrera militar? ¿Y si

* Kurt Vonnegut, uno de los novelistas norteamericanos más influyentes del siglo XX, fue soldado del 423°. Regimiento de Infantería, de la 106ª. División de Infantería, durante la Segunda Guerra Mundial. Resultó herido y el 19 de diciembre de 1944, fue capturado durante la Batalla del Bulto. Como prisionero presenció el bombardeo de Dresde. En 1984, intentó suicidarse.

no hubiese visto el correo electrónico a los veteranos que anunciaba el programa de perros de servicio? ¿Y si a Martes no lo hubiesen enviado a prisión? Como resultado de su crianza poco convencional, Martes pasó tres meses más en ECAD. ¿Y si no nos hubiésemos conocido y a Martes lo hubiesen puesto con otra persona?

Lo cierto es que fui afortunado. Fui afortunado al encontrar a Martes, y fui aún más afortunado en las horas que siguieron al ataque. El especialista Page eliminó al agresor herido —el segundo hombre desapareció antes de que Page llegara— y yo pude pedir ayuda con mi radio. Durante las veinticuatro horas siguientes perdía el conocimiento y lo recobraba, así que recuerdo algunas cosas: al sargento Len Danhouse inclinado sobre mí diciendo: "Todo está bien, señor, todo está bien, va a casa"; despertar casi desnudo y muerto de frío, amarrado a una tabla de emergencia para inmovilizar la espina dorsal; los anteojos de visión nocturna de los médicos mientras trabajaban en un Blackhawk Medevac oscuro; mi amigo, el primer teniente Ernie Ambrose, sonriendo cuando me dio una *Playboy* y un CD de Diana Krall en el momento en que desperté en un catre cerca de un hospital de campaña del Ejército. Me sentía paralizado de la cintura para abajo, y estaba adolorido por los golpes, pero en pocas horas recuperé el movimiento de las piernas. Al tercer día, las peores heridas visibles eran la herida del cuchillo y el hematoma en mi brazo izquierdo, pero la sangre seca en el vendaje me aseguró que no era nada serio. No sufrí daños permanentes, solo una pequeña cicatriz. Miré la sangre ennegrecida y pensé *¿Eso es todo? ¿Eso es todo lo que me pasó? Pensé que había muerto.*

El daño real estaba adentro: tres vértebras rotas en la espalda y una lesión traumática en el cerebro como resultado de la contusión que me dejó inconsciente. Desafortunadamente, de esas lesiones no supe por años. Los médicos querían enviarme a Bagdad porque no había un equipo de rayos X en el hospital de campaña, pero me negué. Sufría un dolor tremendo —de solo moverme sentía destellos cegadores por toda la cabeza— y sabía que un viaje a Bagdad iba a ser el fin de mi servicio. De ninguna manera me iba a casa. No me iba después de esperar trece años. No me iba con la tarea que dejé incompleta en Al-Waleed. No me iba dejando a mis hombres en medio del desierto sin mí, a pocos días de la Navidad. Tenía una obligación: con mi pelotón, con los iraquíes, con el teniente coronel Emad, con Ali y con Maher, que arriesgaron sus vidas para ayudarnos, y con la nación que me envió aquí. Podía dejar Irak sabiendo que ayudé a lograr la victoria o en una bolsa para cadáveres, pero no iba a irme por una espalda adolorida, un fuerte dolor de cabeza y un tajo en el brazo. Así que, cuatro días después del ataque, el día de Navidad de 2003, regresé a Al-Waleed en medio de los vítores de mis soldados y una nota en la pizarra de acetato para las misiones del pelotón que decía "Tropa Grim 1, Siria 0".

Es ahí donde probablemente comenzaron mis problemas psicológicos aunque, tal como ocurrió con las lesiones físicas, no noté su alcance en ese momento. El soldado que salió de Al-Waleed en una camilla era decidido, pero ahora puedo ver que el que regresó estaba furioso y obsesionado. Ese no fue un ataque al azar. De ninguna manera. Eso llevó planificación e información. Maher me dijo más tarde que la orden vino de la cadena de comando iraquí, posiblemente de Ramadi, pero eso solo confirmó mis sospechas: que yo era el blanco de un asesinato y que este había sido ordenado por los supuestos aliados a los que no les agradaba la forma en que el Pelotón Blanco estaba combatiendo la corrupción.

Entonces les caímos encima. Yo no sabía quiénes eran los responsables, pero sabía que tenían un interés especial en las operaciones de contrabando en Al-Waleed y estaba decidido a desmantelarlas, para demostrar que los corruptos cínicos del nuevo Irak se habían metido con el Ejército equivocado, la tropa equivocada y el hombre equivocado. Presionamos duro en los últimos tres meses de nuestro servicio. Presionamos con patrullajes más largos. Presionamos con inspecciones más exhaustivas de los camiones. Los hicimos retroceder cuando los funcionarios iraquíes intentaron detener el envío de policías fronterizos entrenados por Estados Unidos, y dimos un fuerte golpe cuando el comandante Fawzi, segundo al mando del teniente coronel Emad, intentó una sublevación armada. Mientras más se retorcían los tipos de Ramadi, más duro los apretábamos. Ya yo no era "el *Terminator*". No era una máquina. Esto era un asunto personal. De ninguna forma íbamos a dejar que esos bastardos ganaran.

Mi cuerpo comenzó a desmoronarse: dolor agudo, noches de insomnio y problemas del sistema digestivo que me dejaban deshidratado y reseco. Me dolían tanto la cabeza y la espalda que tomaba Motrin a manos llenas —en el Ejército lo llamamos Caramelo del Comando porque tantos soldados lo usan para automedicarse— pero aun así el dolor muchas veces me hacía apretar los dientes y, cuando mis soldados no me veían, me tiraba al suelo de rodillas. No podía acostarme en mi catre sin sentir molestias y cuando por fin podía dormirme, tenía pesadillas, extraños revoltijos mentales de la emboscada del Ejército sirio, el fuego de mortero y el intento de asesinato, acompañados por figuras imprecisas y fuego.

Mientras tanto, mi mente galopaba tan rápido que me daba vértigo (el vértigo era de la lesión en el cerebro, pero yo no entendía eso en aquel momento). Había sido cauteloso antes, pero ahora era hipervigilante, muy consciente de que una inspección de una casa o una patrulla deficientes podrían ser las últimas para mí. Comencé a sentarme lejos de la puerta, con la espalda contra la pared, incluso en nuestra base de operaciones. Comencé a escrudiñar la mirada de cada iraquí, buscando el destello de un intento de agresión. Sentía con más frecuencia mi dedo sobre el gatillo de mi carabina M4 y mi mente haciendo juicios apresurados cada vez más rápido, calculando una larga serie de posibles maniobras y contraataques. Cuando me sentaba por las noches a tomar chai con los jeques locales, escogía mi silla con cuidado, sujetando un cuchillo a mi lado y calculando la mejor forma de matarlos a todos si fuera necesario. Mi digestión era tan mala que se me ordenó regresar a la base de operaciones Byers en Ar-Rutbah para recibir tratamiento*, pero me negué a quedarme más de un día. Una vez más, regresé más furioso y decidido. Al-Waleed me estaba destruyendo, pero era mi lugar, mi guerra, y no iba a abandonarlo.

Cuando mi período de servicio culminó a finales de marzo de 2004, no quería irme. Pedí permiso para quedarme por unos meses más y ayudar con la transición al Cuerpo de Marines, que ahora asumía la responsabilidad en la provincia de Al-Anbar. De hecho, lo rogué en numerosas ocasiones. De haber podido, me hubiese metido en un hueco y no hubiese salido hasta que me sacaran arañando las rocas y la arena. Cuando esos traidores intentaron matarme, dejaron un pedazo de mi alma en Al-Waleed. No podía irme sin saber que quedaba en buenas manos.

Y sentía que tenía una obligación con mis hermanos. Todo el mundo sabe que el Ejército nunca deja atrás a un camarada, pero yo dejaba atrás a aliados iraquíes como Ali, el teniente coronel Emad y a Maher. Ellos habían confiado en mí. Eran tan valientes como cualquier americano. Fueron tan importantes para nuestro éxito como lo fue mi propio pelotón. Eran mis hermanos de armas, y quedaban en una posición frágil. No estaban prestando servicio en Irak, vivían allí. Tenían que ser valorados y protegidos. *Sin ellos*, me recuerdo, *estarías muerto. Y los estás dejando atrás.*

Me negaron la petición y el 15 de marzo de 2004 dejé Al-Waleed por última vez. En menos de un mes, estaba en Colorado Springs, Colorado. Salí del avión en la Base de la Fuerza Aérea de Peterson

---

* La base de operaciones Byers recibió el nombre del capitán Joshua Byers, un oficial de caballería de veintinueve años y ex comandante de la Tropa F, Segundo Escuadrón, del Tercer Regimiento Blindado de Caballería. Al capitán Byers lo mató un artefacto explosivo improvisado el 23 de julio de 2003, cuando su convoy fue emboscado cerca del poblado de Ramadi. Mientras esperaba que me enviaran a Irak, tuve el sagrado honor de escoltar el cuerpo del capitán Byers de la Base de la Fuerza Aérea en Dover a su hogar en Carolina del Sur, donde ahora yace. Fue un recorrido solemne, uno que nunca olvidaré. El capitán Byers era muy querido por todos.

y apenas podía reconocer mi viejo mundo. Fui a un restaurante y no podía creer el tamaño de las porciones. Por seis meses sólo había comido la escasa comida iraquí y las raciones del Ejército. Conduje por Fort Carson y quedé impactado con los edificios, tan elegantes y limpios. Durante meses no había visto nada más que concreto y casuchas de barro reclinadas contra el feroz viento del desierto. Durante días no podía parar de tomar duchas calientes. Incluso llamé a mi madre para decirle lo geniales que eran. "¡Duchas calientes, Mamá. Son increíbles!". Debió pensar que estaba loco.

En junio me ascendieron a primer teniente. También se me ascendió en el lugar, lo que quiere decir que no solo se me estaba dando un nuevo rango sino también un nombramiento prestigioso como líder de un pelotón explorador. Cuando leí mi evaluación ese verano —"Carlos Montalván es el mejor comandante de tanques de mi tropa...", "Montalván es un oficial excepcional y ha demostrado ser un líder...", "asciéndalo rápidamente y asígnelo a puestos de gran autoridad... [él] tiene un potencial casi ilimitado— estaba claro que era un oficial subalterno en ascenso. Me había desempeñado bien en Irak y estaba siendo premiado. Y eso me hacía sentir estupendo. En mi ceremonia de ascenso me volteé hacia mis soldados y con entusiasmo recité de memoria el nuevo Credo del Soldado:

> Soy un soldado norteamericano.
> Soy un guerrero y miembro de un equipo.
> Presto servicio al pueblo de Estados Unidos
> y vivo conforme a los valores del Ejército.
> Siempre pondré la misión ante todo.
> Nunca aceptaré la derrota.
> Nunca me daré por vencido.
> Nunca dejaré a un compañero caído.
> Soy disciplinado, física y mentalmente fuerte,
> entrenado y competente en mis tareas y prácticas de guerra.

Siempre mantengo mis armas, mi equipo y a mí mismo.
Soy un experto y un profesional.
Estoy listo para el despliegue, para atacar y destruir a los enemigos
de Estados Unidos en combate cuerpo a cuerpo.
Soy un guardián de la libertad y del estilo de vida norteamericano.
Soy un soldado norteamericano.

No solo lo recité, sino que lo grité frente a toda la tropa. Lo ladré como ladraría "¡Sí, señor!" si un coronel me hubiese preguntado si mi unidad estaba lista para la batalla. Le agregué algo a mi tatuaje del brazo izquierdo. Después del 11 de septiembre, comencé a tener intensos sueños, y en todos ellos había un sol ardiente que daba vueltas. Antes de salir para Irak, hice que me tatuaran un sol en el hombro izquierdo. En Al-Waleed soñaba con halcones. Eran una constante en ese mundo de espejismos. Siempre volaban por encima de nosotros cuando andábamos de patrullaje y, cuando los miraba, parecía que se derretían en el abrasador sol del desierto. Por eso me tatuaron un halcón en el sol que tenía en el brazo, por Al-Waleed, con una bandera norteamericana alrededor de los bordes como señal de patriotismo y honor. En ese momento, yo era el soldado norteamericano del credo.

Pero incluso entonces, mientras me iba abriendo camino a golpes, mis lesiones me hacían retroceder. Durante el primer mes dormí como un bebé en mi cómoda cama de Fort Carson, tras pasar seis meses en un catre y en una bolsa para dormir. Manejé hasta la ciudad de Nueva York para ver a mi pequeña sobrina, que había nacido en noviembre, mientras yo patrullaba en el desierto de Anbar. Tener a Lucía en mis brazos, sintiendo el calor y la pureza de un recién nacido y de un miembro de la familia, fue catártico. En ese instante la guerra se esfumó, como si Dios me hubiese sonreído a través de los bellos ojos infantiles de Lucía. Después fui a mi casa en

Washington, D.C., donde hice una muestra con diapositivas de mi servicio en Irak para mis padres y amigos. Sonrieron y me dieron palmaditas en la espalda, diciéndome sinceramente lo orgullosos que estaban de mí. Era agradable sentir el agradecimiento, pero después de aquella noche no pude dormir. Estuve despierto durante días, tratando de sacudirme las imágenes y, cuando finalmente me dormía, me agitaban los sueños. Manejé a Miami con un colega del Ejército, pero sufrí un dolor de cabeza tan intenso que me tuvo desasosegado. Cayó un gran silencio y me sentí separado del mundo. Cuando me recuperé, no quería hablar. Había hermosas mujeres caminando todo el día por la piscina del Hotel Clevelander, pero estaba distraído con mis pensamientos. Solo quería beber.

De regreso a Fort Carson, seguí bebiendo. Estaba consumiendo media botella de Motrin al día, pero ya eso no me aliviaba el dolor. Normalmente por la tarde tenía dolor de cabeza y las migrañas a veces eran tan fuertes que me pasaba la mitad de la noche vomitando. Incluso durante las mejores noches, solo dormía tres o cuatro horas, azotado por espasmos y vértigo. Comencé a beber de noche, solo, tratando de noquearme, y por las mañanas me despertaba tan adolorido y rígido que casi no podía salir de la cama.

Mi matrimonio murió. Habíamos sido novios durante dos años y nos casamos frente a un juez de paz en un parque cerca de Fort Knox, Kentucky, poco antes de yo ser enviado al extranjero. Amy quería apoyarme en lo que hiciera y yo quería hacer lo mismo por ella, pero en el estrés de preparar a ochenta soldados para desplegarlos en Irak, la alejé. Se sentía herida y sola y me dijo que pronto cayó en una depresión. Yo estaba obsesionado con mi trabajo y, en particular, con una crisis de refugiados: diez hambrientos ciudadanos de la India que los sirios habían golpeado y les habían robado y a mí se me había ordenado que les negara ayuda. El Ejército de los Estados Unidos no quería establecer un precedente, pero era yo quien tenía que dar la cara frente a esos hombres. Desafié las órdenes y salvé a los indios poniéndolos bajo arresto y alimentándolos, pero no pude salvar mi matrimonio. Recibí una sola carta de mi esposa en la primera mitad de mi período de servicio; cuando me hirieron, ni siquiera la llamé. Llamé a Mamá en vez. Pensé que podía salvar mi matrimonio cuando regresara a Estados Unidos. Pasé las primeras semanas en Colorado escribiendo correos electrónicos y haciendo llamadas. El día antes de la exhibición que hice con diapositivas para mis padres, viajé a Maryland, donde vivía mi esposa, y nos encontramos en un restaurante Applebee's cerca del Arundel Mills Mall. Yo estaba desesperado por reconciliarme, pero a los diez minutos supe que todo había terminado, y acabamos bebiendo nuestras penas. Me bebí esas penas por semanas, tragándomelas con Motrin y remordimientos.

Yo no era el único que tenía problemas. Cuando nos enteramos de que la Tercera Caballería estaba en una rotación corta por el país y regresábamos a Irak en la primavera, los soldados se dispersaron, es decir, desaparecieron. Se fueron del Ejército o se transfirieron a otras unidades, a cualquier lugar donde pudieran encontrar un puesto. Unos pocos lo hacían por cobardes o flojos, pero la mayoría se dio cuenta de que no estaban en condiciones de regresar. Por esa época no había ayuda psicológica ni ningún intento de lidiar con las heridas psicológicas de la guerra y mi tropa se estaba desmoronando: peleas, borracheras, rupturas con las esposas y novias, discusiones sobre todo y sobre nada. Había una explosión de excitación en cualquier cosa que reiniciara el flujo de adrenalina: manejar rápido, saltar de los aviones, sexo desenfrenado. El soldado raso de primera clase, Tyson Carter, uno de mis caballos de tiro en Al-Waleed, perdió una pierna en un accidente de motocicleta. Otro soldado fue arrestado en Colorado Springs. Manejé hasta allá de noche para que no lo encarcelaran. Ser un líder en el Ejército es un honor, pero también una responsabilidad. No es un trabajo de nueve a cinco, de regreso a la casa y la familia y olvídate de la oficina, como en el mundo civil. Mi vida se entremezclaba con la de mis hombres, y su tiempo libre era también mi responsabilidad. Bromeábamos sobre las pesadillas, sobre beber en exceso, sobre cómo ninguno de nosotros podía manejar por debajo del puente de una carretera sin cambiar de senda, incluso en medio del tráfico, porque no queríamos ser un blanco fácil para el terrorista con bombas en el puente. No es normal preocuparse por un terrorista en Colorado Springs. Muchos de los muchachos se daban cuenta de eso y querían que yo, como su superior, los ayudara. Nunca les di la espalda, no importaba lo tarde que fuera o lo mucho que quisiera beber para poder dormirme.

Soy un soldado norteamericano. Soy disciplinado, física y mentalmente fuerte, entrenado y competente en mis tareas y prácticas de guerra.

Recibí ayuda psicológica, pero nunca mencioné el dolor crónico, el estrés o la turbulenta ansiedad que se apoderaron de mi vida. En su lugar, hablé sobre mis problemas para dormir y sobre mi esposa. Lo dejé después de dos sesiones, que era todo lo que el Ejército ofrecía sin necesidad de autorización. No estaba curado. Ni siquiera me había dado cuenta de que estaba enfermo. Pero pedir autorización para más sesiones significaba que le tenía que explicar lo que me estaba pasando a mi superior y, por aquel entonces, eso hubiese puesto en peligro mi carrera.

Soy un soldado norteamericano. Soy disciplinado, física y mentalmente fuerte.

A finales de julio mis problemas físicos comenzaron a tomarme la delantera. Primero, me lastimé un músculo abdominal. Unas semanas después me lastimé el tendón de una pierna. Inconscientemente había estado tratando de compensar mi vértebra rota por seis meses y ahora mi cuerpo no daba más. Me mantuve fuera del entrenamiento físico con mi pelotón mientras me rehabilitaba en la piscina cada mañana, pero mi recuperación era lenta y mi mente un amasijo de pensamientos contradictorios. Estaba orgulloso de mi servicio. Tenía un brillante futuro. Creía en la Operación Libertad Iraquí y, en especial en los propios iraquíes.

Soy un soldado norteamericano. Soy un experto y un profesional.

Pero al mismo tiempo, estaba perdiendo el rumbo, con mi mente dándole vueltas a la batalla mano a mano que llevaba con mi vida, la emboscada siria, las tormentas de arena, las protestas y Ali, Emad y Maher, los hombres que dejé atrás.

Soy un guardián de la libertad y del estilo de vida norteamericano.

La esposa de uno de mis mejores hombres en Al-Waleed había quedado embarazada cuando él vino a casa a mediados de su período de servicio. El feto estaba totalmente deforme, pero Tricare, el servicio de salud del Ejército, no provee abortos bajo ninguna circunstancia, y la madre no tuvo otra opción que tener al bebé. *Nunca aceptaré la derrota.* La pequeña Layla nació sin nariz y sin varios órganos internos. Con el salario de un soldado, sus padres no tenían los recursos monetarios para darle ayuda. Era desgarrador, absolutamente desgarrador, tener a la pequeña Layla en mis manos. *Nunca me daré por vencido.* La vida de la niña era dolorosa y eso destrozó la relación de sus padres. *Nunca me daré por vencido.* Vivió ocho semanas, y lo difícil de su vida, y la crueldad de imponer ese nacimiento no solo a ella, sino también a sus padres —*Nunca dejaré a un compañero caído*— impulsó mi marcha cuesta abajo.

Estaba furioso con el Ejército. No en la superficie, sino debajo, en el fondo de mi mente. ¿Por qué Layla y sus padres tienen que padecer tal dolor después de todo lo que ya habían padecido? ¿Por qué obligaban a nuestro regimiento a regresar a Irak a solo diez meses de nuestro regreso? ¿Por qué no nos ayudaban a lidiar con nuestro dolor? Estábamos maltrechos, mal comandados y mal equipados. Al Ejército no le importaba. Nos estaban moliendo. Les importaba más enviarnos de nuevo a Irak y producir números que nuestra salud y nuestra supervivencia.

Era el verano de 2004. La victoria se nos iba de las manos. Cualquiera podía ver eso, pero la prensa seguía martillando con el mensaje: "Los generales dicen que hay suficientes hombres. Los generales dicen que hay suficiente equipamiento. Los generales dicen que todo va bien". Era mentira. Los soldados en el frente lo sabían porque ellos eran los que sufrían. Nosotros fuimos los que sufrimos los ataques de mortero durante días cuando llegamos a Irak sin armas y sin municiones, como tuvo que hacer mi cuerpo de ochenta guardias en Balad en 2003. Fuimos nosotros los que regresamos en 2005 sin el tiempo adecuado para recuperarnos o el blindaje para nuestros Humvees.Y esa es la máxima traición: cuando los oficiales de mando se preocupan más por la prensa y sus jefes que por sus soldados en el frente.

En agosto, le informé a mi unidad que dejaba la Tercera Caballería Blindada. Era un soldado norteamericano, un guardián de la libertad, un experto, un profesional, pero estaba física y mentalmente agotado. Me perseguían los músculos dañados y los pensamientos lóbregos, y sabía que en el Ejército nunca iba a recibir el tratamiento que necesitaba. Al menos si quería superar mi actual situación. Quería ser ese oficial subalterno con potencial ilimitado, quería ser ese guerrero que había ladrado el Creo del Soldado hacía solo dos meses, pero no podía correr. Apenas podía soportar los dolores de cabeza.Y estaba bebiendo solo casi todos los días. En resumen, ya no podía sobrepasar la norma, algo que siempre me había obligado a hacer, así que era hora de irme del Ejército.

Un mes más tarde, en septiembre de 2004, me inscribí para un segundo período de servicio. *Yo soy*, a fin de cuentas, *un soldado norteamericano*.

CAPÍTULO 6

TODO MENOS ESTABLE

"Me estás matando, pez, pensó el viejo. Pero tienes derecho.
Jamás he visto cosa más grande, ni más hermosa,
ni más tranquila o noble que tú, hermano. Vamos, ven a matarme.
No me importa quién mate a quién".

—ERNEST HEMINGWAY*, *EL VIEJO Y EL MAR*

SON MOMENTOS COMO ESTE QUE ME HACEN DAR GRACIAS a Dios por enviarme a Martes. Los últimos dos capítulos me retrotraen a tiempos difíciles, a recuerdos tan intensos que bloquearon mi

* Durante la Primera Guerra Mundial, Hemingway se ofreció como voluntario para conducir una ambulancia en Italia. El 8 de julio de 1918, mientras estaba destacado en Fossalta di Piave, resultó gravemente herido por un mortero, que le causó heridas de metralla en ambas piernas. A pesar de las lesiones, Hemingway llevó a cuestas a un soldado italiano hasta un lugar seguro, por lo que Italia le concedió la Medalla de Plata al Valor. Después, Hemingway pasó cinco días en un hospital de campaña antes de ser transferido a un hospital en Milán, donde estuvo seis meses. En 1947, se le otorgó la Estrella de Bronce por su valentía durante la Segunda Guerra Mundial. Se le reconoció su valor por haber estado "bajo el fuego en zonas de combate para obtener una imagen acertada de la situación", con la mención de que "a través de su talento expresivo, el Sr. Hemingway permitió a los lectores obtener una imagen vívida de las dificultades y triunfos de los soldados en el frente y su organización en el combate". Ernest Hemingway recibió el Premio Pulitzer en 1953 por *El viejo y el mar*. Se suicidó el 2 de julio de 1961.

vida actual. En vez de leer o escribir en el medio de mi cama, en la última media hora he estado en Al-Waleed con un cuchillo al cuello o despertándome en un helicóptero para ver a médicos con gafas nocturnas. He sentido la tensión de estar sentado en mi cama de Fort Carson en el verano de 2004 reconociendo por primera vez que algo andaba muy mal y que he estado ignorando la larga caída de los tres años siguientes.

Y entonces... Martes pone el hocico sobre el borde de la cama. Se me acerca a través de la habitación, donde le gusta arrellanarse en las losas frías del baño. Ha dejado caer su cabeza junto a mí y me ha mirado con tal atención y amor que, incluso en mi estado de inquietud, tengo que mirarlo. Él sabía que estaba ansioso y vino a devolverme al presente.

Cuando veo esa mirada —o aun mejor, cuando se sube en la cama y pone el mentón sobre el teclado— ya sé que es el momento de Martes. Nunca me resisto. Martes sabe mejor que yo lo que necesito y, además, me encanta jugar con él. Cuando interrumpe mi trabajo, sé que no lo hace porque está aburrido o solo, sino porque lo necesito. Entonces le pongo su chaleco, el que dice que es un perro en servicio, y salgo a dar un paseo con él. Otras veces le lanzo la pelota de tenis. Mi apartamento en Manhattan es un recinto minúsculo, demasiado pequeño como para que un perro de ochenta libras juegue con cualquier cosa, así que normalmente nos vamos al estrecho pasillo y lanzamos la pelota contra la pared.

Pero ahora es la medianoche y ninguna de esas opciones está disponible. Cierro mi documento y le doy a Martes lo que realmente le gusta: YouTube. Le encanta ver videos de perros: perros reventando globos, perros montando monopatín y, sobre todo, perros corriendo juntos y divirtiéndose. Sigue la trama con la cabeza, sacudiéndola con movimientos alocados y soltando un ladrido suave cuando hay algo bueno. No le gustan mucho los gatos ni los hámsteres, pero las ardillas frenéticas lo hacen ponerse en atención y los caballos lo alborotan. Le gusta bajar la cabeza y, con una sonrisa ebria, los observa correr.

Esta noche hago clic en una página marcada como favorita y le dijo "Salta, Martes", para indicarle que suba a la cama. Es lo suficientemente grande como para recostarnos lado a lado, o puedo apoyarme en su barriga y usar su cuerpo como almohada. Esta vez me siento y lo observo cómo mira fijamente la pantalla, consciente de que voy a incluir este momento en el libro porque es tan perfectamente emblemático de lo que Martes hace por mí. Como si leyera mis pensamientos, Martes se voltea a mirarme, con un destello de amor y agradecimiento en sus ojos, y después regresa a la pantalla.

"No... gracias *a ti*", digo y le doy una sacudida brusca. "Gracias, Martes, por ser mi niño". Se da vuelta ligeramente y me deja que le acaricie la barriga, pero no separa los ojos de los dos perros que están saltando uno por encima del otro frente a una puerta corrediza de cristal. Me río, le doy otra sacudida y voy a llenarle su vasija de agua y a tomar un vaso para mí. En el mueble de la cocina está mi cuchillo. Llevaba uno más grande en Irak, que nunca más solté después del asalto en Al-Waleed. Llevé este, con la hoja un milímetro más corta que tres pulgadas, el límite promedio legal, durante tres años después de regresar de mi segundo período de servicio. Dejé de llevarlo conmigo por primera vez unos meses después de que adopté a Martes. Me recuerda cómo él ha cambiado mi vida.

También es un recordatorio de por qué regresé a Irak por un segundo período. Incluso ahora no cuestiono esa decisión. Tenía que hacerlo. La provincia de Al-Anbar se había sublevado. Abu Ghraib estaba en las noticias nacionales. Irak se estaba desintegrando y mis amigos, americanos e iraquíes, estaban en peligro. Le habíamos estrechado la mano a los iraquíes, comido con ellos, luchado y muerto con ellos. No podía dar la vuelta a esas alturas. Me hubiese sentido vacío y desleal por el resto de mi vida.

No hubiese regresado de no haber creído en el éxito. Y no es que fuera inevitable, o incluso probable, pero era posible. Un hombre me hizo creer: el coronel H. R. McMaster, el nuevo comandante de regimiento de la Tercera Caballería Blindada. No trató de convencerme para que me quedara. En su lugar, se sentó conmigo y me mostró lo que yo podía lograr. Pronto supe que el coronel McMaster casi nunca daba órdenes, sino que te inspiraba a dirigir.

Me hizo creer que yo podía cambiar las cosas. En resumen, me restauró la fe. Entonces me ofreció un puesto en su regimiento como oficial de enlace con las Fuerzas de Seguridad Iraquíes. ¿Cómo iba a negarme?

Nos desplegamos en marzo de 2005 en el sur de Bagdad, en la parte llamada Triángulo de la Muerte, y era todo lo que se puede esperar de una zona de guerra: edificios destruidos y abandonados, vidrios rotos, pilas de escombros carbonizados, francotiradores, atacantes con bombas, milicianos, espías y hombres a los que yo no sabía si debía dispararles, arrestarlos o felicitarlos por su estoicismo. Manejamos por las calles, inspeccionando los edificios, y era como Mogadiscio o Saigón o Berlín o cualquiera de esos otros lugares que los norteamericanos han tomado durante los últimos sesenta años.

Como oficial de enlace, mi responsabilidad era mezclarme con los iraquíes de la zona y darles asesoramiento. Incluso en ese entorno, me asombraba el desorden en el Ejército iraquí. Había cientos de hombres enlistados, y por tanto en la nómina norteamericana, que nunca se presentaron y que posiblemente nunca existieron. La mayoría de las tropas no tenían suficientes armamentos y los que tenían armas decentes carecían de municiones, a pesar de que el nivel de violencia era extraordinariamente alto. No había un día que no ocurriera un ataque y con frecuencia eran tres o cuatro incidentes por patrulla. Coches bomba, explosivos improvisados, francotiradores y pandillas armadas. Ataques suicidas en los cuarteles, los puntos de inspección de tráfico y las filas para cobrar salarios, amenazas a esposas e hijos, tiroteos en calles abarrotadas. La Cuarta Brigada Iraquí había estado perdiendo hombres por más de un año, y si en algún momento tuvieron disciplina, había desaparecido hacía mucho tiempo. Los soldados desertaban en masa. Unos tenían la mirada perdida, propia de la neurosis de guerra, mientras que otros parecían querer cazar a todo sospechoso "insurgente" —en este caso suníes— y golpearlo hasta la muerte con sus propias manos.

Era una situación imposible, especialmente para un grupo de hombres pésimamente entrenados que no luchaban por su Gobierno, sino por un salario. El sur de Bagdad era una gran línea de fractura sectaria y étnica, con una población dividida casi por igual entre chiítas y suníes, pero el Ejército iraquí estaba compuesto casi enteramente por chiítas y, pasado un tiempo, era imposible determinar quién tenía la razón. Un día había un ataque suicida en una mezquita chií, con madres gritando, niños ensangrentados y vendedores inocentes muertos en la calle. Dos días después, hacíamos una redada en otra mezquita chií y encontrábamos un arsenal lo suficientemente grande como para armar un batallón. En una habitación del fondo hallamos fotos de hombres suníes cuando eran torturados, decapitados y amarrados a sillas con los ojos quemados.

Estaba dirigiendo una patrulla en el centro de Mahmudiyah, acompañado por Sabrina Tavernise, reportera del *New York Times*, cuando recibí una llamada por radio informando que un gran operativo del Ejército iraquí se estaba convirtiendo en una agresión sectaria, con soldados sacando a hombres suníes de edificios y golpeándolos en las calles. Me las arreglé para no revelar esos detalles a la reportera diciéndole en vez: "Estas tropas iraquíes no están listas para operativos de combate. Ni siquiera deberían estar activas".

Cuando esa frase se publicó en la portada del *New York Times*, el jefe de 2-70 Batallón Blindado exigió hablar conmigo. "No necesitamos ese tipo de publicidad", me dijo. "Muéstrate positivo a partir de ahora". No sabía qué pensar. Le había pedido al coronel McMaster dos meses adicionales en el sur de Bagdad para crear un nivel básico de organización para los soldados iraquíes y los próximos consejeros norteamericanos. Había creído en la misión de Estados

Unidos, incluso después de descubrir cuán profundos eran los problemas de nuestro "aliado" Ejército iraquí. Pero el día de las golpizas callejeras, estaba claro que había una guerra civil en el sur de Bagdad. El Gobierno iraquí, a través del Ejército iraquí, estaba enfrascado en una campaña de limpieza tribal y sectaria contra los suníes, y el Ejército de los Estados Unidos estaba ayudando e instigando ese intento. ¿No conocían eso los jefes militares? ¿O simplemente nos les importaba la disposición combativa y la moral entre los iraquíes hasta que no se alcanzara el número de tropas que se debían entrenar? ¿Qué, ruego que me digan, querían que dijera?

Para cuando me uní al resto del equipo de regimiento del coronel McMaster en la provincia de Nínive, en el noroeste de Bagdad, estaba exhausto, física y mentalmente. El regimiento estaba sufriendo bajas significativas y ya no entendía para qué estaban combatiendo y muriendo esos hombres. ¿Estábamos ayudando a los iraquíes? ¿Hacíamos que el mundo fuera más seguro? ¿Estábamos salvando vidas a largo plazo, la máxima labor de un ejército, no matando como suponen los liberales de corazón blando? La violencia se estaba disparando. Las tropas norteamericanas nunca antes habían tenido tan baja estima entre la población local. Los objetivos principales de la guerra nunca antes habían estado tan indefinidos. Y aun así, el mensaje desde arriba seguía siendo el mismo: tenemos la estrategia correcta. Tenemos suficientes hombres. Estamos ganando esta guerra.

Como oficial operativo principal de la Tercera Caballería Blindada para nuestra región fronteriza, estaba lo suficientemente alto, a pesar de mi relativo bajo rango, como para poder visitar la Zona Roja (el área del Gobierno iraquí junto a la Zona Verde) y para participar en reuniones de alto nivel con el equipo de trabajo del general Petraeus, así como en sesiones informativas con el general Abizaid, en Mosul, y el general Casey, en Tal Afar. Tras mi regreso a Estados Unidos, acompañé al coronel McMaster al Pentágono a reuniones con el general Odierno y el secretario de Defensa, Rumsfeld, entre otros. Para entonces hacía tiempo que ya estaba claro que los máximos oficiales del Ejército en Bagdad, CENTCOM (Comando Central de los Estados Unidos), y Washington no les estaban preguntando a los oficiales en combate lo que necesitaban, sino que nos estaban diciendo lo que querían. Y querían éxito para así respaldar sus declaraciones. No un éxito real en el campo porque hacía tiempo que la cúpula militar había perdido contacto con los soldados que estaban realmente en el frente. Estaban obsesionados con las mediciones, como el número de detenidos y los muertos en combate (KIA, por sus siglas en inglés) "enemigos", incluso si eso significaba sacar tiempo de trabajos más importantes o enfurecer a la población local. Querían que yo reportara un cierto número de miembros de las Fuerzas de Seguridad Iraquíes que fueron entrenados, incluso si yo sabía que la mitad de esos soldados eran "fantasmas" que nunca existieron o nunca se presentaron, pero que aun así, recibieron cheques de los contribuyentes norteamericanos. Y, fundamentalmente, querían que dijéramos que teníamos suficientes soldados. En varias ocasiones escuché al coronel McMaster decirles a nuestros superiores que no teníamos el personal necesario para la misión. A la semana siguiente escuchaba a esos mismos generales decirle a la prensa: "Los comandantes nos han asegurado que tenemos suficientes soldados para el operativo".

Cuando eres líder en el frente (en posición de combate), tu responsabilidad son los hombres y mujeres a tu mando y junto a ti. Haces todo lo que puedes por esas tropas, porque son tus hermanos y hermanas y si los defraudas, algunos pueden morir.

Para los oficiales superiores en Irak, al menos entre 2005 y 2006, la responsabilidad era con los de arriba, la prensa, el mensaje, el público norteamericano, al parecer cualquier cosa menos los soldados bajo su comando. Y esa es la mayor traición de Irak, la que me desilusionó en Bagdad y Nínive y me tiene indignado hoy.

No puedo hablar por los otros oficiales del equipo de regimiento en la Tercera Caballería Blindada, pero para la segunda mitad de mi segundo servicio ya no sentía que estaba trabajando para el Ejército de los Estados Unidos o implementando un plan de envergadura. Estaba trabajando para los hombres a mi mando, iraquíes y norteamericanos, tratando de mantenerlos vivos. Era un agregado militar que pasaba la mayor parte de mi tiempo en bases operativas de avanzada, pero recientemente había sido un líder de combate y un asesor, y estaba cercano a las tropas. Conocí al soldado raso de primera clase, Joseph Knott, que murió por una bomba al borde del camino. Nuestro ordenanza de regimiento, el sargento mayor John Caldwell, a quien le hizo añicos el cráneo un artefacto explosivo improvisado, era mi amigo y la primera persona que me estrechó la mano cuando llegué a Irak en 2003. El soldado al que le pagué la fianza en Colorado Springs el año anterior sufrió una devastadora lesión en combate. Perdimos tres oficiales en un helicóptero Blackhawk que se estrelló, y los conocía a todos. La muerte no era un número, era algo que me sorprendía en momentos de tranquilidad y me acuchillaba el cuello y entonces se echaba hacia atrás para volver a atacar. Tenía cara y un aliento caliente y salado. Sentía una responsabilidad tremenda con las tropas de la Tercera Caballería Blindada. Tremenda. Sentía que mi trabajo pudo haber salvado sus vidas y me sentía culpable cuando me tomaba una hora de descanso. No bebía. No tenía vida social. No veía televisión o jugaba juegos de video. No creo en estar demasiado cansado para sentir dolor, pero sí creo que si estás herido y te rindes al dolor, incluso por un solo día, vas a hundirte para siempre. Así que durante seis meses arrastré mi espalda rota y mi cabeza adolorida veinte horas del día con la única ayuda de un puñado de Motrin para luego derrumbarme cada noche sin poder dormir.

Finalmente fui ascendido a asistente del coronel McMaster, un puesto significativo para un oficial subalterno. El coronel trabajaba desde las 7 de la mañana hasta la 1 de la mañana, los siete días de la semana, y yo siempre estaba con él. Cuando él se iba a la cama, yo trabajaba cuatro horas adicionales para asegurarme de que el cuartel general del regimiento fuera eficiente, estuviera organizado y que cada componente operativo que el coronel McMaster necesitara para el día siguiente estuviera listo. Trabajaba incansablemente, dormía menos de dos horas por noche y no me sorprendió cuando la valoración oficial de mi trastorno de estrés postraumático, que compiló un doctor con el que trabajé y viví en Nínive, señalaba que yo tenía "expectativas poco realistas sobre otras personas". Nadie podía trabajar tan duro durante tanto tiempo. Nadie podía alcanzar mis altas expectativas. Ni siquiera yo.

Cuando terminó mi período de servicio, no pedí quedarme. Me había ofrecido como voluntario dos veces para el servicio extendido, una en Al-Waleed y la otra en el sur de Bagdad. Esta vez estaba listo para partir. Por mucho tiempo había estado simplemente aguantando, tratando de vivir día a día sin tener una crisis, algo parecido a lo que estaba pasando con los operativos norteamericanos en Irak. Para cuando toqué tierra en Colorado en febrero de 2006 estaba quemado como una tostada. Esa es la imagen que siempre me viene a la mente cuando recuerdo cómo estaba en ese momento: un pedazo de pan ennegrecido y humeante aún atascado entre dos cables calientes.

Cuatro meses después, en junio de 2006, el coronel McMaster terminó su comandancia en la Tercera Caballería Blindada. Como su asistente, era un honor para mí correr a través de un campo durante la ceremonia de traspaso del cargo. No había corrido durante más de un año debido a mis lesiones, pero pensé que una carrera corta no iba a importar. Por fortuna, hubo un ensayo el día anterior. Corrí cien yardas antes de meter el pie en el hoyo de un rociador y me golpeé la cabeza contra el suelo (otra contusión) y me desgarré el ligamento rotuliano de la rodilla derecha. La rótula flotaba en el muslo a seis pulgadas de la rodilla cuando me metieron en un camión, doblado del dolor. Íbamos hacia el Evans Army Hospital a cincuenta millas por hora cuando explotó un extintor y comenzó a rebotar por todo el camión, disparando espuma por todas partes. El chofer hizo un giro violento mientras gritaba, "¡No puedo ver!".

"¡Ponte al costado del camino y detente!".

"¡No veo, no puedo detenerme!".

"¡Hazlo de todas formas!", le grité.

Cuando finalmente nos detuvimos a un lado de la carretera, los dos soldados salieron disparados, tosiendo y vomitando y me dejaron en la parte trasera gritando, "¡Sáquenme de aquí! ¡Sáquenme de aquí!". Cuando por fin encontré el picaporte y salté a la calle, los pulmones me ardían y mi piel y el uniforme estaban cubiertos de una sustancia tóxica blanca. Podía sentir en la boca el retardador de fuego y, créanme, sabía peor que la pasta dental de Martes. Y más implacable. Mientras más trataba de escupirlo, más se me aferraba a la garganta, asfixiándome. Hubiese sido gracioso, de no haberse tratado de mi vida.

CAPÍTULO 7

DURAS DECISIONES

La pena más detestable de todas las penas humanas es esta:
tener conocimiento de la verdad, pero no potestad sobre el suceso.

—HERÓDOTO, LAS HISTORIAS

LA REALIDAD DE LAS HERIDAS DE GUERRA ES QUE SON peores cuando uno está fuera de la zona de combate. Es por eso que muchos soldados con problemas psicológicos regresan por un segundo y un tercer período de servicio, diciendo que "no se podían adaptar" a la vida civil. Tal vez es por eso que me ofrecí como voluntario para pasar unos meses de más junto a las tropas iraquíes en el sur de Bagdad, en el Triángulo de la Muerte. Casi muero a manos de iraquíes traidores y, aun así, me puse en manos iraquíes en uno de los sectores más peligrosos de Bagdad, en parte por responsabilidad y culpa, pero sobre todo para tranquilizar mi mente. No hice caso a mis lesiones físicas y participé en operativos de combate y redadas a pesar del dolor que me debilitaba. Necesitaba esa descarga de adrenalina, la acción, más de lo que necesitaba la seguridad personal.

Lo peor que te puede pasar es tener tiempo para pensar, y eso es exactamente lo que tuve durante los dos meses que estuve en cama mientras me recuperaba de la cirugía del ligamento rotuliano. Mi cuerpo era un desastre. Me inmovilizaron la rodilla. La vértebra que tenía fracturada, en dos años sin recibir tratamiento, había desarrollado "deformidades en los bordes" que dislocaron la alineación de la columna y oprimieron los nervios, causando entumecimientos, dolores y punzadas. Los dolores de cabeza por las contusiones múltiples aparecieron de pronto y duraban varios días. A veces tenía miedo de moverme. Incluso abrir los ojos en una habitación iluminada podía causarme dolores lacerantes.

Mi mente estaba peor. Recuerdos traumáticos, pensamientos turbios, pesadillas. Casi todas las noches me despertaba empapado en sudor, convencido de que estaba de nuevo en el suelo, en Al-Waleed, esperando el cuchillo del asesino. Durante el día, sin tareas que me distrajeran, me obsesionaba la guerra. Caminaba paso a paso por campos de batalla y revivía mis aniversarios: mi primer combate, mi primer cadáver, mi primer muerto el día que escapé de la muerte y otras fechas que nunca se van de la mente del soldado. Finalmente, comencé a investigar. No podía darle la espalda a la guerra, por lo que comencé a leer todo lo que pude sobre los planes de guerra y sus objetivos, desde fríos documentos del Departamento de Defensa (DOD, por sus siglas en inglés) a los informes que escribían los soldados en sus blogs sobre el campo de batalla. Me estaba llevando a la locura, pero no había manera de parar. La búsqueda de respuestas me mantenía cuerdo.

Tras mis dos meses de recuperación, el Ejército me envió a Fort Benning como oficial ejecutivo de la Compañía B, Primer Batallón, Oncena Infantería. Era una tarea de recuperación, porque para entonces todo el mundo sabía que yo estaba mal, pero como todo en el Ejército, la Compañía B no tenía suficiente personal y el ritmo de los operativos era muy acelerado. Mi trabajo consistía en entrenar a seiscientos cincuenta oficiales recién llegados para los servicios de combate, pero había muy pocos instructores para entrenar debidamente a tanto personal de mando. Estaba adolorido, cojeaba marcadamente y necesitaba cuidarme, pero hubiese sido una irresponsabilidad no reventarme por esos hombres y mujeres que iban a la guerra, incluso cuando ya no creía en el Ejército de los Estados Unidos.

No, eso no es cierto. Yo creía en el Ejército. Amaba el Ejército más que nunca y respetaba y sentía cariño por los hombres y mujeres que luchaban por él. Pero no creía en los hombres que dirigían el Ejército o los civiles dirigiendo los resultados desde afuera. Estos oficiales subalternos estaban siendo enviados a una guerra sin suficiente personal y mal planificada. Lo menos que podía hacer era hacer todo lo posible por prepararlos.

Estaba enojado. Mirando atrás, reconozco que esa emoción probablemente definió ese año de mi vida. El TEPT es un trastorno obsesivo; hace a una persona psicológicamente incapaz de superar los traumas de su pasado. El comedor, los uniformes, los ejercicios de entrenamiento: todo provocaba memorias de mis peores momentos en Irak. Cuando no estaba distraído por el trabajo, me perdía en el pasado reviviendo los detalles tratando de ver dónde me había equivocado. La traición y el enojo eran mis consignas, sentimientos que en realidad nunca me dejaron, ni siquiera en mis mejores momentos. Pero también pasé por ciclos de indignación, frustración, impotencia, pena por la pérdida de amigos, culpa, vergüenza, tristeza por la pérdida del trabajo de mi vida y una soledad profunda y constante que parecía envolverme como una mortaja.

Distanciado y atormentado, me mudé a treinta millas de mis compañeros de brigada a un tráiler rodeado por una cerca de siete pies de alto coronada por alambre de púas (ya estaba instalada porque la dueña había tenido problemas con su novio ex presidiario). Supongo que estaba tratando de aislarme del mundo, pero el presente ya estaba perdido y hasta en Salem, Alabama, las memorias de Irak regresaron para enterrarme, provocadas por cosas tan simples como el olor de la comida, un pájaro volando por el cielo y el cuchillo que siempre mantuve a mi lado.

No estaba huyendo de las memorias. En lugar de ello, me sumergí en la investigación que había comenzado en Colorado, pasando doce horas al día entrenando oficiales y ocho horas cada noche estudiando documentos del Gobierno, con una cerveza en la mano o una botella de Bacardi en el escritorio junto a mí. Poco a poco, página por página, convertí mi enfado en una indignación más que justificada y luego en una cruzada por la justicia y la verdad. Yo había sido un guerrero por dieciséis años; esto era un instinto de supervivencia. Porque mi causa era justa, parte de mí sabía que nunca me dejaría arrastrar por la desesperación. Por eso leí millares de páginas de informes del Departamento de Estado y de Defensa, saqué miles de cuentas y anoté mis pensamientos, noche tras noche, tratando de comprender por qué la guerra que viví en Irak era tan diferente a la que presentaban los medios noticiosos —y tan diferente a la victoria que podíamos haber logrado.

En enero de 2007, dos días después de que George Bush anunciara el incremento de tropas, una versión reducida a veinte páginas de mi evaluación de lo que había visto en Irak salió publicada en el *New York Times* como un artículo de opinión titulado "Perdiendo Irak, un camión a la vez". El ensayo se enfocó en dos cosas —la tolerancia de la corrupción dentro de los Ejércitos norteamericano e iraquí y la falta de responsabilidad en la alta jerarquía—, y causó bastante conmoción en la jerarquía militar. Me enteré que decenas de oficiales en servicio activo apoyaron mis conclusiones, incluyendo varios oficiales de alta jerarquía con los cuales había servido. Un profesor de West Point sugirió que solicitara un profesorado. Fui invitado al American Enterprise Institute, el centro de estudios conservador que "extraoficialmente" desarrollara la estrategia del incremento de tropas de Bush, donde participé en discusiones serias con eruditos y estrategas como los generales retirados John Keene y David Barno y el general William Caldwell, actualmente a cargo de la misión de entrenamiento de la OTAN en Afganistán.

Sin embargo, muchos de mis superiores en Fort Benning fueron menos comprensivos, y cuando mis artículos siguieron apareciendo en lugares como los periódicos *Washington Post, Fort Worth Star-Telegram* y *Atlanta Journal-Constitution*, ellos expresaron un serio interés en verme amordazado... o desaparecido. Y para ese verano, por mutuo acuerdo, el Ejército norteamericano y yo terminamos oficialmente nuestra relación. El 11 de septiembre de 2007 recibí oficialmente mi baja honorable, seis años después de los ataques terroristas, diecisiete años después de alistarme en el Ejército a los diecisiete años y sólo días después de que Martes fuera liberado de su propio exilio en una prisión de Nueva York. Hasta en mis peores momentos pude sonreír al ver tantas similitudes en nuestras vidas.

Para entonces, había aceptado un puesto en la Oficina de Nueva York de la Administración de Emergencias. En menos de un mes, me había mudado del pequeño tráiler en las afueras de Salem, Alabama, a un apartamento pequeño en Sunset Park, Brooklyn, un bullicioso barrio de inmigrantes lejos de los enclaves "*yuppies*" al norte. No tenía muebles; mis pocas ropas cabían en un armario pequeño y en una mochila; me sentaba en el piso para usar mi *laptop* y dormía en la alfombra con una sola manta para calentarme, muy parecido al saco de dormir que usé en Al-Waleed. Miré en el armario antes de empezar mi nuevo trabajo, vi los dos trajes nuevos colgando de sus percheros de madera y supe que esto no iba a funcionar.

No es que no me gustara la responsabilidad. Yo sabía planificar. Sabía poner en marcha programas en situaciones de vida o muerte. En Fort Benning había sido responsable de cientos de personas y millones de dólares en equipos, y mis evaluaciones habían elogiado mi "desempeño extraordinario" y sugirieron la promoción a comandante. Yo era un líder; en una emergencia estaría a la altura de las circunstancias. En esos momentos difíciles, yo me destacaba.

¿Pero la rutina diaria? No estaba en condiciones para enfrentarla. Cojeaba; usaba un bastón; pasé por frecuentes episodios de vértigo que terminaron en caídas; sufría de dolores casi constantes. Cuando vi esos trajes, comprendí que un trabajo significaba tomar el metro a la hora pico, entrar en salones llenos de gente y hablar de temas triviales con la recepcionista. Es más, yo no había tenido estas conversaciones superficiales con nadie en más de un año. En Fort Benning me había retraído física y mentalmente, ignorando las invitaciones y las obligaciones sociales. En Brooklyn, apenas abandonaba mi apartamento. Cuando salía, casi siempre era por la noche para comprar cosas básicas, como alimentos envasados. No era alcohólico, pero bebía todos los días para calmar mi inquietud y casi todas las noches para conciliar el sueño. No podía atribuirlo a nada específico —no tenía sueños recurrentes ni ataques de ira, y no escuchaba voces paranoicas en mi cabeza. Simplemente, no era yo mismo. Algunas noches, me tomaba una hora encontrar el valor para caminar una cuadra hasta la licorería.

Renunciar a la posición de la Administración de Emergencias fue la decisión correcta, pero también la más difícil de tomar. La noche que pasé en mi apartamento caminando de un lado a otro antes de hacer la llamada fue una de las más difíciles de mi vida. Yo quería el puesto. Pagaban bien, era interesante y una gran oportunidad profesional. Renunciar a la plaza me pareció un fracaso. No estaba seguro de que conseguiría otra oportunidad.

Pero cuando llamé, me sentí liberado. De hecho, me sentí tan libre como nunca en mi vida. Durante casi cuatro años había ignorado mis problemas. Había trabajado demasiado duro, me había esforzado demasiado para no tener que lidiar con ellos. Había hecho casi lo mismo con la Administración de Emergencias. Pero me contuve. Fui honesto conmigo mismo. Encontré el valor para dejar de simular y aceptar la realidad de mi vida. Ahora, por fin, iba a buscar ayuda.

Mis padres no lo vieron así. Mamá sacudió su cabeza antes de salir de la sala. Mi papá se me enfrentó —yo había viajado hasta Washington por tren para decírselo, un viaje angustioso en mi estado agorafóbico— y me dijo, "Tú no vas a ser uno de esos veteranos acabados".

No era una amenaza. Estaba describiendo la realidad. Mi padre pensó que yo mismo me estaba haciendo esto y él no iba a permitirlo. El sabía que me habían herido en Irak; mis padres recibieron esa horrible llamada del Ejército a media noche comunicándoles que yo estaba herido. Él no se daba cuenta de que esas heridas todavía estaban conmigo, que eran un veneno en mi vida. Pensó que yo estaba sumido en mi propia miseria y que si era un hombre de verdad yo mismo saldría de ella. Mi padre creía que el diagnóstico de TEPT que recibí antes de mi baja honorable era una excusa.

Quería insultarlo ahí mismo, en su propia cara, pero a mí no me criaron así. Y a decir verdad, me sentía demasiado enojado. De muchas maneras, este fue el punto más bajo de mi vida. La traición del Ejército me llegó al corazón, pero perder el respeto de mi papá fue como una cuchillada en el alma. Fue el momento en que la ira tomó el control y mis memorias de Irak empezaron a consumirme. Me había aislado del mundo mucho antes que Alabama, pero esa noche, por primera vez, me sentí totalmente solo.

Estaba en un círculo vicioso, volviéndome ansioso y paranoico. Sin mi familia, no había nada que mantuviera mis pies sobre la tierra. Me aferré a mi justa indignación, pero sin mis padres perdí la esperanza. Todas las noches usaba mi computadora buscando noticias de la guerra y escribí con frecuencia —a veces obsesivamente— sobre mi condición, pero esencialmente había dejado de salir excepto a la licorería, donde compraba una botella grande de ron y cuatro litros de Coca-Cola Diet. Me lo tomaba todo en cuestión de horas o días, y luego regresaba a la licorería totalmente anestesiado para no sentir el mundo. Me salté el Día de Acción de Gracias, encerrándome solo en mi apartamento con Bacardi. No hubo pavo, ni puré de papas, ni relleno, solo una botella del licor ámbar que se vaciaba rápidamente y una sola guirnalda navideña que rutilaba en la oscuridad.

Por la mañana temprano, embriagado por el ron y la tristeza, escribí un ensayo para el programa *This I Believe* de la cadena NPR. En él me referí a mis sentimientos de abandono, de traición, de verme negada la asistencia médica más básica. El ensayo terminó con esto, "Espero conseguir ayuda antes de que sea demasiado tarde".

Yo veo ese ensayo ahora y no sé lo que quise decir. No soy una persona con tendencias suicidas, de eso estoy más que seguro. Pero, como puedo ver ahora, iba acelerado hacia un final. A veces, acostado en mi cama después de tres días sin dormir, luego de haber consumido demasiado alcohol por demasiado tiempo como para estar verdaderamente borracho, pensaba, *Qué bueno sería poderme dormir, ¿y no sería todavía mejor no despertar jamás?*

Seguí en esa marcha penosa, demasiado indignado para darme por vencido. A pesar de haber sido diagnosticado oficialmente con múltiples lesiones, los beneficios por incapacidad se demoraban y mis magros ahorros acumulados después de diecisiete años en el Ejército se estaban agotando. No obstante, tomé un servicio de vehículos (que trabaja igual que un taxi, pero uno puede llamar y pedir el mismo chofer) varias veces a la semana para llegar a la única obligación que me quedaba: el Centro Médico de Asuntos de Veteranos de Brooklyn (VA, por sus siglas en inglés). El servicio costaba $11 la ida comparado con los $2 por el boleto de autobús, un lujo que realmente no me podía permitir, pero tuve que hacerlo porque no podía tomar el autobús. Las caras, los olores, los espacios apretados. Lo traté, pero no pude hacerlo. Tuve que bajarme y caminar. Después de todo, tenía que sonar coherente cuando llegara al Centro Médico, porque me estaban sometiendo a la rutina típica, llenar planillas interminables, hacerme esperar horas, obligarme a ver un médico interno residente distinto cada visita que entraba al cuarto con una sonrisa y decía, "Bueno ¿qué te duele hoy?".

No me gustaba hablar sobre mi estado. No quería hablar de Irak. No me gustaba la gente extraña. Yo era, en otras palabras, el típico veterano herido. ¿Qué es lo que no entendían en el Centro Médico de Asuntos de Veteranos? ¿Por qué no podían darme una medicación o un tratamiento en vez de andarse con tantos rodeos? En realidad estaban faltos de empleados y de dinero, probablemente porque el Gobierno no quería reconocer el daño que estábamos sufriendo en Irak y Afganistán, pero para mí, en mi estado, esto me parecía una afrenta personal. No querían ayudarme. Solo querían que me fuera. Actuaban como si yo no existiera. Era una traición, otras más del Ejército de los Estados Unidos que tanto quise y que con tanto gusto serví.

Ese otoño, fui aceptado a la escuela de postgrado de la Universidad de Columbia. Les dije a mis padres que había solicitado la matrícula allí cuando renuncié a la posición en la Administración de Emergencias, pero sé que no me creyeron. Por eso envié a mi casa la carta de aceptación sin explicar una palabra. Durante meses, la cólera me fue cegando, mezclando la traición de mi padre con la del Ejército, viendo en su cara mientras me insultaba la cara del asesino que vino a matarme. Enviarle la carta de aceptación fue para mí una manera elegante de decirle, "Vete a la mierda".

Las clases comenzaron en enero. Columbia se encuentra en el lado noreste de Manhattan, a más de una hora de Sunset Park, pero mudarme a un lugar más cercano estaba muy lejos de mis posibilidades financieras o psicológicas. El metro fue una experiencia inquietante y desgarradora que frecuentemente me dejó con enormes dolores de cabeza o vomitando en los latones de basura de las plataformas. No es solo que algunas veces sintiera ganas de dar vuelta y regresar al apartamento, sino que todas las mañanas me desesperaba por hacerlo. Pero me contuve. Puede que fuera un soldado acabado —y lo digo ahora con orgullo, sin ninguna pena—, pero no era un fracasado. Columbia era la manera de salir de Sunset Park y de mi vida truncada. En alguna parte de mi subconsciente reconocí que sin la escuela de postgrado no tendría una razón para vivir y entonces sí terminaría solo en mi cama, muerto, y sin que nadie me descubriera durante varios días.

Admito que a veces fui a clase borracho y siempre fui después de darme por lo menos un par de tragos. Muchas veces salía en medio de la clase, me miraba en el espejo del baño, y me acuerdo de verme los ojos hinchados y la cara cubierta de sudor. Las presentaciones que tenía que preparar para mi seminario me dejaban paranoico y ansioso, y maldije mi propia insensatez. Yo había dado presentaciones al coronel McMaster y a sus oficiales superiores. Me había parado frente a los generales en el American Enterprise Institute para asesorarlos en asuntos de guerra. Había tenido en mis manos las vidas de mil hombres. Y mi actuación siempre había sido impecable. Entonces ¿de dónde salía ese miedo de presentar un proyecto de postgrado delante de quince de mis compañeros?

Fuera de la clase, apenas hablaba. Luego me enteré de que mis vecinos en Sunset Park me tenían un poco de miedo. Todavía no sé realmente lo que pensaban mis compañeros de clase. Yo entraba en el aula, sudaba durante la clase, y tan pronto salía iba directo a un bar o una tienda para comprar una lata extra grande de cerveza Budweiser metida en una bolsa de papel. Entre clases, me pasaba treinta horas a la semana en el hospital para Asuntos de Veteranos de Brooklyn, peleando por una cita de treinta minutos con un doctor, una o dos sesiones de terapia y algunas prescripciones. Me dolía la espalda. El dolor de la rodilla desgarrada era insoportable. La cabeza me estallaba y me daba vueltas. Una vez me caí por las escaleras de concreto del metro y perdí el conocimiento. Las jaquecas me tenían paralizado. Estaba progresando, aprobaba las clases, pero el esfuerzo me estaba matando.

Todo llegó a un punto crítico el 7 de mayo de 2008, casi al final de mi primer semestre en Columbia. Por invitación del Proyecto para Soldados Heridos (WWP, por sus siglas en inglés), una organización de apoyo a veteranos, viajé a Nueva Jersey esa noche para ver un concierto de Bruce Springsteen. A pesar de beber Coca-Cola con ron en el bar del vestíbulo para calmar los nervios, sufrí un ataque de pánico en medio del espectáculo y, respirando rápido y físicamente enfermo, tomé un autobús y luego el metro para regresar a mi apartamento. Fue horrible, absolutamente horrible. Me cubrí con el abrigo, puse la mano sobre el cuchillo que llevaba en el bolsillo y me pregunté cómo se me había ocurrido que podría soportar un evento así. ¿Un concierto de Bruce Springsteen? ¿A una hora de la casa? ¿En mis condiciones? Era una cosa absurda.

Por suerte, el metro estaba casi vacío aunque todavía no era la medianoche. Para cuando llegamos a Brooklyn, solo quedábamos en el vagón una pareja de ancianos asiáticos, otro pasajero y yo. Entonces entraron dos jóvenes latinos. Supe inmediatamente que venían a buscar problemas, y como era de esperar uno de ellos terminó lo que estaba comiendo y tiró los desechos en el regazo de la anciana. Entonces comenzó a maldecirla en español. Yo no podía aceptar esa falta de respeto.

"Basta ya", le dije.

"¿Qué dijiste?", me increpó el joven, caminando hacia mí.

"Te dije que recojas tu basura y que te sientes".

"¿Tienes algún problema conmigo?"

"Tú me dirás".

Se lanzó hacia mí, pero ya sabía que iba a hacerlo, así que me puse de pie y lo empujé fácilmente hacia la parte trasera del vagón. Entonces perdí el equilibrio, bien porque el tren se movió, o porque mi bastón resbaló o porque mi espalda cedió y con un dolor cegador de pronto lo vi todo negro.

Me encontraron más tarde, inconsciente en la plataforma F del tren en la Cuarta Avenida y la calle Nueve con un tobillo roto y con sangre alrededor de mi cabeza. Me desperté al otro día en el Lutheran Hospital. Otro daño cerebral. Otro maldito desastre. No se me ocurre una mejor imagen de mi vida en ese momento. Y esta vez, no me hizo ninguna gracia.

Menos de dos meses después, me enteré de los perros.

CAPÍTULO 8

LA IDEA DE LOS PERROS

Estás pasando por una oscuridad en la que yo en
mi ignorancia no veo nada más que
que a ti te ha puesto terriblemente enfermo;
pero es solo una oscuridad, no es un fin, ni el fin.

—HENRY JAMES, CARTA A GRACE NORTON

NO PUEDO COMENZAR A DECIRTE CUÁNTO CAMBIÓ MI VIDA con el correo electrónico que recibí el 1 de julio de 2008. (Que además era un martes. Tendré que agregarlo a mi lista de razones ficticias del nombre de Martes). El Proyecto para Soldados Heridos, la organización de servicio para veteranos con la que asistí al concierto de Bruce Springsteen, me remitió el mensaje. En verdad, ellos remitían mensajes todos los días pero yo casi nunca los leía. Esta frase me intrigó: "Proyecto para Soldados Heridos y cachorros tras las rejas". ¿Cachorros tras las rejas?

El mensaje era casi tan simple como la frase: "Estimados guerreros, por favor sigan leyendo. Cachorros tras las rejas tiene treinta perros al año para dar en adopción, sin costo alguno, a los veteranos de Irak o Afganistán que sufren de TEPT, lesiones cerebrales traumáticas o lesiones físicas. He incluido el folleto de Dog Tags, donde se explica el programa, además de la solicitud para Dog Tags".

Tan pronto leí la descripción adjunta, supe que el programa era para mí. Sufría de una ansiedad social debilitante y los perros estaban entrenados para comprender y calmar los conflictos emocionales. Yo sufría de vértigo y de caídas frecuentes y un perro me ayudaría a mantener la estabilidad. Debido a los problemas en la espalda apenas podía amarrarme los cordones de los zapatos y un perro podría traerme las cosas y recogerlas del piso. Yo era el candidato perfecto. Estaba en malas condiciones, pero al mismo tiempo estaba tratando de superarme. Fui un líder, así que podría manejar la responsabilidad. Fui un trabajador, y por eso nunca me daría por vencido. Y estaba solo. Terriblemente solo.

Pero lo más importante es que me encantaban los perros. En Al-Waleed, una de las tareas más desgarradoras asignadas a nuestra tropa fue la de aplicar la eutanasia a los perros. En la zona había una jauría bastante grande y era como si les hubiera caído una plaga: estaban delgados, sarnosos, cubiertos de furúnculos, llenos de tumores y vomitaban sangre. No era una situación segura, ni para la población local ni para los perros saludables. Y era inhumano dejar que los animales sufrieran. Así que seleccionábamos a los más enfermos y, con el corazón destrozado, les disparábamos en la cabeza. Era un trabajo brutalmente deshumanizante que solo se hacía aceptable gracias al afecto y a la confianza continua de Bruce, un antiguo miembro de la jauría que fue adoptado por el sargento de Estado mayor Snyder, nuestro divertido y amable líder de la sección de morteros. Bruce se convirtió en la mascota de nuestra unidad, un macho alfa que siempre aparecía a tiempo para la comida y para dormir la siesta a la fresca sombra de la base de operaciones. Nosotros estábamos demasiado ocupados defendiendo Irak para ocuparnos de él, así que Bruce cuidaba de nosotros. Su presencia nos levantó el espíritu. Después del intento de asesinato, me calmó ver a Bruce haciendo guardia o dormitando desenfadadamente en la entrada de la base. El era el único ser viviente en quien yo confiaba realmente para alertarme del peligro. Y simplemente me sentía mejor con un perro alrededor —era lo más parecido a una vida normal.

Luego estaba Max, un schnauzer gigante que tuve de niño. Como muchos latinos, mis padres eran muy estrictos y muy interesados en la superación. Mamá me dio lecciones de modales; Papá me enseñó a ser fuerte y a nunca darme por vencido. Eran cariñosos y amables, pero pronto me di cuenta de que su afecto era muy evidente cuando yo triunfaba, pero no encontraba muchos brazos abiertos cuando fracasaba. No los culpo. Querían mucho a sus tres hijos; querían que aprovecháramos al máximo nuestras oportunidades. Ellos se vieron obligados a crecer sin padres, y como vieron luchar tanto a sus madres, no querían ese destino para nosotros. Nosotros nos mudábamos constantemente según mi brillante y emprendedor papá iba ascendiendo en la Organización de Estados Americanos (OEA), así que desarrollé una buena ética de trabajo, pero nunca hice muchas amistades íntimas.

En la escuela secundaria sufrí un acoso brutal. Una vez a la semana, tres muchachos me esperaban para pegarme cuando caminaba hasta las canchas de tenis donde jugaba para el equipo de la escuela. Creo que al principio me seleccionaron porque era nuevo en la escuela. Y siguieron haciéndolo porque nunca los delaté y aunque no era una pelea justa, nunca claudiqué. Recibí sus golpes todos los días y seguí lanzando los míos. Mamá sacudía su cabeza cuando yo entraba por la puerta y me decía con tristeza, "¿Te golpearon otra vez?". Luego ella regresaba a sus quehaceres. Papá nunca se dio por enterado, hasta que tomé prestado su automóvil cuando tenía dieciséis años y los pandilleros le acuchillaron las cuatro llantas. Desde ese momento él intervino y la intimidación se terminó, pero para entonces ya llevaba varios años de palizas.

Durante todos esos malos ratos, mi refugio había sido Max. Nunca lo abracé ni lloré con él ni nada por el estilo. Durante gran parte de mi niñez, Max fue simplemente mi mejor amigo, el perro que siempre quería jugar. Tan pronto me veía salir por la puerta después de cambiarme la ropa del colegio, él salía a jugar. Íbamos juntos a todas partes, al parque, a caminar por el barrio y a vagabundear por las zanjas de drenaje. A mamá no le gustaba tenerlo dentro de la casa porque estaba sucio, o por lo menos eso decía, pero a Max y a mí no nos importaba. Jugábamos afuera, incluso bajo la lluvia.

Cuando Max desapareció durante mis años de adolescencia, después de ocho años juntos, quedé devastado. Colgué carteles en los postes; hice que mi papá me llevara en su auto por las calles locales todas las noches durante una semana. Recibía la paliza habitual de mis acosadores y entonces corría a casa para seguir buscando a mi perro perdido por todo el barrio. Durante meses creí oír los ladridos de Max en el Watts Branch Park en medio de la noche, y recorrí varias millas por el denso bosque buscándolo. Max no regresó, pero yo nunca olvidé, incluso veinte años después en mi apartamento de Brooklyn, lo importante que había sido para mí disfrutar de su compañía.

Veinte años después, quería volver a tener esa compañía en mi vida. No, yo *necesitaba* tener esa compañía en mi vida, aun más que la fisioterapia y que un trabajo estable. Tan pronto recibí el correo electrónico sobre el programa de perros de servicio, escribí a todos mis conocidos en busca de recomendaciones: mis profesores, mis viejos amigos, mi sacerdote, mi terapeuta. Recopilé un registro de mis logros y de mis evaluaciones médicas. Llamé al Proyecto para Soldados Heridos y expresé mi entusiasmo, preguntándoles si había alguna otra cosa que yo pudiera hacer. Incluso antes de la primera entrevista, sabía que iba a ser seleccionado. Esto pasa a veces. Yo sabía que me iban a aceptar en Columbia, así que no solicité entrada en ninguna otra parte. Estaba convencido de que iba a escribir un libro. Sé que llegado el momento viviré en el oeste en una parcela grande de tierra con vistas a la montaña y unos cuantos caballos en los pastizales de atrás. No es que me haya fijado esa meta. Sé que sucederá, y por ello tengo que trabajar para conseguirlo. Eso, supongo yo, es lo que es tener fe.

Yo tenía fe en el programa de perros de servicio. Cuando me reuní con Lu Picard en mi segunda entrevista a finales del verano de 2008, sabía que ella iba a cambiar mi vida. Estaba seguro. Se suponía que el entrenamiento comenzaría en septiembre, y cuando la fecha se pospuso a noviembre me desilusioné, pero no me desanimé. Yo quería mi perro. Quería una nueva oportunidad. La quería ya. Pero no la *necesitaba* ahora mismo. La ansiosa espera por tener un perro de servicio ya me había salvado.

Pero no era solo la idea de tener a Martes. Yo también había hecho otros cambios. Después de ocho meses batallando para recibir el cuidado adecuado en Brooklyn, cambié al hospital para Asuntos de Veteranos de Manhattan. El trayecto por metro era más largo, pero por fin encontré un excelente doctor de atención primaria, un régimen médico para todas mis heridas físicas y síntomas de TEPT y una terapeuta ex Marine que me escuchó y que entendía por lo que yo estaba pasando. En vez de limitarme a leer noticias deprimentes de la guerra, me pasé el verano buscando en Internet información sobre los perros de servicio y mirando fotos de perros golden retriever. Así de entusiasmado estaba yo: me pasé noche tras noche despierto mirando videos de perros en YouTube. Para el otoño, en medio del tramo más crucial de la campaña presidencial de 2008, me sentía como no me había sentido en muchos años. "Esperanza y cambio" era el mensaje de Barack Obama ese otoño y si no entiendes por qué esas palabras significaron tanto para mí en ese momento, entonces no comprendes los cinco años anteriores de mi vida.

Llegué a la agencia ECAD la noche del 3 de noviembre de 2008, el día antes de la elección presidencial. Para muchos veteranos, ese primer día no es una experiencia fácil. Por ejemplo, mi amiga Kim, que conocí en un retiro de veteranos heridos cuando salí del Ejército en agosto de 2007, había sido muy afectada por el tiempo que pasó en la Fuerza Aérea. Nos mantuvimos en contacto por correo electrónico, frecuentemente abordando el tema de manera superficial y, siguiendo mi sugerencia, ella también hizo una solicitud en ECAD y fue aceptada un año después que yo. Pero cuando llegó a las instalaciones en Dobbs Ferry, no se atrevió a entrar. Kim se quedó esperando afuera en la zona de estacionamiento, caminando de un lado a otro, casi con lágrimas en los ojos.

Finalmente, asomó la cabeza y le preguntó en susurros a Lu Picard, "¿Son esos los cachorros?". En las perreras de la parte trasera del salón habían golden retriever jóvenes, pequeñas miniaturas de Martes y de sus hermanos de camada.

Lu asintió con la cabeza.

"¿Quieres verlos?".

Kim caminó hasta las perreras y sin decir una palabra se acostó con los cachorros. Se quedó sola en el piso durante una hora, llorando y abrazando a los perros.

"Ya estoy lista", dijo finalmente.

Yo tuve problemas psicológicos similares, pero mi experiencia en ECAD fue notablemente distinta. Incluso durante el viaje en el tren no podía contener mi excitación. Había otros tres veteranos heridos en el programa e íbamos a convivir en cuartos pequeños en la parte trasera de las instalaciones de entrenamiento mientras forjábamos una relación con nuestros perros. Esto, por lo general, me hubiera aterrado. Después de todo, yo no conocía a esta gente y, de muchas maneras, no podíamos ser más diferentes. La sargento Mary Dague, una mujer joven de Montana, había perdido ambos brazos por arriba del codo después que un artefacto explosivo improvisado le estallara en las manos. El soldado (retirado) Andrew Hanson, un hombre callado y natural de Minnesota, había perdido sus piernas por cuenta de un artefacto explosivo improvisado. El sargento de Estado mayor (retirado) Ricky Boone, un amistoso afroamericano de Yonkers, era un espinal (alguien que tiene una condición debilitante en la médula espinal) con TEPT, un peinado *mohawk* y dos prótesis de brazo que lo ayudaban a caminar.

Y, sin embargo, tan pronto los conocí, me sentí más a gusto con estos extraños que con nadie en un largo tiempo. Quizá fuera la proximidad de los perros. Tal vez fuera la camaradería del combate. También podía deberse a la elección, un tema donde discrepábamos apasionadamente (Mary y Andrew estaban en un bando, Ricky y yo en el otro). Pero a lo mejor simplemente era la esperanza. Y el cambio.

Esa noche me quedé despierto hasta las 4 de la mañana viendo la cobertura de las elecciones, mucho después de que los otros se fueran a la cama. No porque los comentaristas tuvieran opiniones valiosas, sino porque no podía dormir. Ganara quien ganara, mañana George Bush, el arquitecto principal y animador de la debacle en Irak, dejaría de ser presidente. La larga pesadilla para el país y para mí, habría terminado. Y me iba a encontrar con mi perro.

Esperanza y cambio. Cómo no.

Si solo fuera así de sencillo.

TERCERA PARTE

MARTES Y LUIS

CAPÍTULO 9

LA PRIMERA OPCIÓN

Pero después de los fuegos y del furor,
Pero después de la búsqueda y del dolor,
Su Perdón nos abre un camino
Para volver a vivir con nosotros mismos.

—RUDYARD KIPLING, "LA OPCIÓN"

ESTOS NO ERAN PERROS COMUNES. ESO FUE EVIDENTE desde el instante en que Martes y los otros perros de ECAD entraron en el salón. Sus pelajes radiaban; sus ojos brillaban; sus posturas eran perfectas, como los concursantes en un club canino. Tan pronto entraron por la puerta, todo pareció detenerse: los ruidos, las conversaciones, el mismísimo tiempo. Yo llevaba seis meses pensando en este momento, soñando con el perro que cambiaría mi vida, pero esto era más de lo que había anticipado. Se abrió una puerta, entró un perro con un adolescente a su lado y ya no pude quitarle los ojos de encima. En este perro no había nada de prisa ni de inseguridad. Todo lo hacía parecer fácil. Un segundo más tarde, entró otro perro exactamente de la misma manera. Luego otro. Y otro más. Me senté en la mesa en el medio del salón principal de ECAD con los otros veteranos, con la hoja de instrucción que habíamos estudiado todavía en mi mano y miré con asombro mientras los perros caminaban serenamente alrededor de nosotros y luego, con un simple mando, "Salta", se subían en sus cajas verdes. Cuando se sentaron, nadie dijo una palabra.

Habían cuatro golden retrievers, un labrador negro y un labrador amarillo. Cada perro tenía puesto un chaleco y un enorme arnés, pero no parecían notarlo. Todos se sentaron informalmente sobre sus cajas, esperando su próximo mando, como si el desfile alrededor de estos extraños fuera la cosa más natural. Ellos habían salido a entrenar todos los días a la misma hora durante los últimos tres meses y para ellos el día de hoy no trajo nada diferente. Pero para Ricky, Andrew, Mary y yo, el mundo se detuvo cuando esos perros entraron en el salón. Era como ver a tu novia caminando por el pasillo el día de tu boda. El momento se extiende y parte de ti quiere que dure para siempre para poder admirar todos los detalles de la mujer que será tu pareja para toda la vida. Parte de ti quiere correr por el pasillo y abrazarla y decirle, "Olvidémonos de todo esto. Vámonos de aquí ahora mismo, solo tú y yo".

El labrador amarillo había sido entrenado para Mary. Como ella había perdido sus brazos por arriba de los codos, Mary necesitaba un perro dócil que siguiera mandos orales y que no necesitara ser controlado con presión en la correa. Remy era una hembra tímida, pequeña y dulce. Había sido entrenada para trabajar con una correa amarrada al cinturón de Mary y le habían enseñado muy bien a recoger objetos. Remy claramente quería una compañera y ella y Mary se compenetraron instantáneamente. Desde el momento en que se presentaron, la perra se mantuvo al lado de Mary mirándola con ternura.

Yo quería esa misma experiencia con mi perro. Quería momentos especiales de compenetración. Quería el compañerismo y el afecto instantáneos. Pero no quería un perro dócil como Remy. Yo soy una persona obstinada y pertinaz, de carácter fuerte, y eso es lo que buscaba en un perro. Yo quería un líder extrovertido, que proyectara energía y que demandara respeto. Quería que la gente mirara a mi perro y viera la personificación de lo que yo quise ser: un individuo seguro destinado a triunfar.

Pero más que eso, quería ver entusiasmo en mi compañero. Me había retraído emocionalmente incluso antes de mudarme a Nueva York. No había compartido mi afecto con nadie, ni siquiera con mi familia, y me replegué dentro de mí. Por más de un año, no había tocado físicamente a otro ser viviente. Yo quería abrazar a mi perro, apretarlo contra mi pecho y sentir que mi amor era correspondido con creces. Era todo lo que pude hacer esa primera mañana para no lanzarme sobre los perros y comenzar a abrazarlos. Eso es todo lo que nosotros queríamos: jugar, tocar y sentir esa conexión con el animal.

Martes no era ese perro. De hecho, de todos los perros que vi esa mañana, él pareció ser el más reservado. Nosotros solo estuvimos con los perros durante dos horas ese primer día, una media hora con cada perro intercalada con las instrucciones de Lu. Mary ya estaba compenetrada, pero el resto de nosotros seguíamos sin pareja. Al cuarto día, después de que Lu nos viera juntos, se nos asignarían nuestros perros. El primer día lo dedicamos a acostumbrarnos a tener una correa en la mano y a practicar los veinte mandos básicos.

Puede que fuera la misma vieja rutina de entrenamiento, pero estos perros estaban bien adaptados. Ellos sentían que estaba pasando algo especial. Tenían nuevos entrenadores y estos entrenadores les regalaban todo su afecto —no podíamos evitarlo por mucho que quisiéramos— y la mayoría de los perros respondieron con entusiasmo. Antes de llegar la tarde, ya nos tocaban con sus hocicos y nos lamían las manos, y cuando usábamos mi mando básico favorito, "Abrazo", ellos se paraban en dos patas alegremente para que les diéramos un abrazo.

Pero Martes no. Cuando me entrené con él esa tarde, meneó su cola y parecía feliz, pero sin ninguna gran demostración de sus emociones. Los otros perros se habían fijado en mí, esperando mis órdenes, pero Martes miraba alrededor del salón y se despegaba de mi lado sin darse cuenta. Parecía estar más interesado en lo que hacían los otros perros, especialmente Blue, su hermano alfa, con quien tenía una rivalidad amistosa entre hermanos. En ese momento no me di cuenta, pero ahora comprendo por qué Martes estaba tan distanciado esa primera mañana, haciendo simplemente lo que se suponía que debía hacer hasta que llegara la hora de regresar a la comodidad de su jaula.

Después de ese primer día, yo le había echado el ojo a Linus, otro hermano de Martes. Martes y Blue eran energéticos, pero parecían estar más interesados en ellos mismos. Linus era un perro sociable. Trotaba junto a mí con la cabeza erguida, como si disfrutara de mi compañía y no se sentía preocupado por nada. Su confianza me hizo sentirme seguro y su alegre presencia hizo los ejercicios mucho más entretenidos. Cuando algo salía mal, me miraba a la cara como tratando de animarme a probar otra vez. Su energía y su optimismo inagotable lo hacían todo parecer fácil y después de meses de oscuridad eso era exactamente lo que quería en mi perro de servicio: una vida más fácil.

Pero en vez de Linus, me pusieron a Martes de compañero para la sesión matutina del segundo día. Lo que más recuerdo de él esa mañana fue ver cómo su lomo ondulaba de un lado a otro cuando caminaba dos pasos delante de mí. Se suponía que debía caminar a mi lado, pero a mí no me importó. Lo que yo había confundido por negligencia el día anterior, ahora me parecía que era su impaciencia, el deseo de ir a otros lugares y ver qué otra cosa había, aunque todavía estábamos caminando en círculos.

Esa mañana estábamos trabajando en el segundo grupo de mandos, entre los que se incluían "Pata" y "Beso". Estos son logros importantes para una mascota normal, pero para Martes eran cosas fáciles, y por eso seguía distraído cuando puso su pata sobre mi mano. Pero cuando pasamos al beso, se vio obligado a mirarme a la cara. Y cuando lo hizo, de pronto vi una sinceridad en sus ojos pardos que nunca sospeché. Este perro era hermoso. Era inteligente. Pero también era profundo y emocional, y sufría por dentro. Cuando se sentó sobre sus ancas y movió las cejas, casi me suelto a reír, no sólo por la gracia que me hizo sino por la felicidad que sentí. Esto no era una máquina. Esto era un *perro* que desprendía bondad, dedicación y amor.

Nos miramos uno al otro durante unos segundos y sé que Martes me estaba estudiando, evaluando la situación. No era tímido. Y no era egoísta. Algo en la suavidad de sus ojos me dijo que Martes quería establecer una relación conmigo, pero era demasiado inteligente como para enamorarse del primero que sostuviera su correa. Yo desconocía el motivo de su cautela. No sabía que era un perro que podía sentirse herido emocionalmente con facilidad. Ni que había perdido tanta confianza en sí mismo debido a sus múltiples abandonos, que yo tendría que fortalecer lentamente a ese perro inteligente y cariñoso que vi en sus ojos suplicantes. Pero yo sabía que si quería su afecto, tendría que ganármelo y cuando lo lograra, sería más profundo y más significativo que cualquier otra sensación que había tenido con otro perro.

En los últimos diez minutos de la sesión de entrenamiento me pareció estar flotando sobre nubes. Martes y yo metíamos la pata constantemente, pero no me molestaba. Éramos un equipo y Martes un compañero con el cual podía crecer. Cada vez que chocábamos porque le decía a Martes "Aquí" (párate a mi izquierda) en vez de "Junto" (párate a mi derecha), me reía como si fuera un niño. Martes no era perfecto, pero era un perro digno de respeto.

"Me quedo con Martes", le dije a Lu al final de la sesión.

"Todavía no, Luis", se rió Lu. "Solo estamos en el segundo día. Esta tarde te toca Linus".

"No, yo trabajo con Martes esta tarde. Este es el mío".

"Ya veremos", respondió ella.

Pero ella no me detuvo cuando, después de nuestra lección de pistas y mandos, fui directamente a Martes. Por eso supe que había hecho la selección correcta. Cada perro es diferente, un bulto de personalidad y peculiaridades de comportamiento que ningún entrenamiento puede moldear completamente, y por lo tanto siempre hay un perro más apropiado para un cliente en particular. El adiestramiento de un perro realmente no vale de mucho si después no sabes combinarlo con el dueño correcto. Lu era una experta en eso y nunca me hubiera permitido trabajar exclusivamente con Martes si no pensara que hacíamos una buena pareja. Había demasiado en juego: toda una vida para Martes y para mí.

Desde ese momento, Martes y yo fuimos inseparables. Trabajamos juntos en los entrenamientos durante el resto de la tarde y cuando la sesión terminó me pasé diez minutos peinándole el pelaje mientras su cabeza reposaba en mis muslos. Después, caminamos juntos a los cuartos detrás del salón de entrenamiento, nuestra primera interacción social. Me pasé casi toda la tarde en el sofá descansando la espalda o preparando la cena en una cocina pequeña, y Martes se mantuvo a mi lado. Él parecía darse cuenta, sin que nadie se lo dijera, que ahora estaría conmigo y me seguía con un entusiasta sentido del deber que reconocí de mis tiempos en el Ejército.

Cuando nos fuimos a la cama esa noche, yo esperaba que Martes durmiera en el piso. Pero él me siguió a la cama. Por instinto, le pasé un brazo por encima y lo acerqué a mí. En realidad no quedaba otra alternativa. Éramos un hombre de doscientas quince libras y un perro de ochenta libras compartiendo una cama individual, así que lo único que podíamos hacer era dormir pegados. Pero aunque la cama fuera de tamaño matrimonial yo habría envuelto a Martes en mis brazos porque me sentía bien teniéndolo a mi lado.

"Calma, Martes", le susurré mientras él se retorcía, empujando su lomo contra mí tratando de acaparar la cama. "Calma, muchacho". Supe enseguida que no era la primera vez que había dormido con alguien, pero había pasado mucho tiempo y se sentía inquieto e inseguro.

Había sido un largo tiempo para ambos. No me acuerdo ya de cuándo había sido la última vez que compartí la cama con algo que no se pareciera a una botella de ron. Pero no vacilé. Sabía que estaba haciendo lo correcto. Me sentí más seguro ya con Martes a mi lado, como si el presente estuviera más cercano y el pasado cada vez más lejos. Por eso lo abracé, escuchando su respiración y el sonido de su corazón hasta que, con mi cabeza atrapada entre la almohada y la pared por los hombros grandes de Martes, me quedé dormido.

CAPÍTULO 10

COMPAÑÍA

Es mejor estar encadenado con amigos
que estar en un jardín con extraños.

—PROVERBIO PERSA

ME SENTÍ BIEN EN ECAD CON RICKY, ANDREW Y MARY, mucho mejor de lo que me había sentido en mi pequeño apartamento de Brooklyn. Estos eran compañeros del Ejército. Mi gente. Mi sangre. Ellos entendían lo que yo había pasado en el extranjero y en la burocracia del Departamento de Asuntos de Veteranos, y ellos también habían sufrido lesiones que cambiaron sus vidas. Las amputaciones, las lesiones de la columna, el TEPT: todos éramos hermanos en ECAD, hasta Mary, que supongo yo, era prácticamente una hermana.

Hasta en mis peores momentos, siempre me sentí más a gusto entre los veteranos de guerra y desde que me mudé a Nueva York las pocas veces que traté de socializar fue con ellos. Para la Nochevieja de 2007, el Proyecto para Soldados Heridos obsequió a sus miembros un asiento en primera fila (cortesía del Departamento de Policía de Nueva York) para ver bajar la manzana en Times Square. Yo siempre había querido hacerlo, por eso lo solicité y me dieron un pase. Pero a medida que se acercaba la fecha, el evento comenzó a inquietarme. Me preocupaba tanto la muchedumbre y la logística, que comencé a beber el día antes para aliviar la tensión. No el 31 de diciembre, sino la mañana del 30 de diciembre. Para cuando llegó la policía para escoltarnos a Times Square estaba tan embriagado, que toda esa noche fue como una ciudad en el mar, reluciendo en un horizonte flotante el cual nunca estás seguro si es real.

Visité a un veterano en el hospital con el Proyecto para Soldados Heridos. De eso estoy seguro, pero no me acuerdo de cómo lo hirieron. Vi la primera mitad del concierto de Bruce Springsteen, con resultados desastrosos. Asistí a un juego de béisbol de los Mets o posiblemente dos, también con el Proyecto para Soldados Heridos, y totalmente borracho para poder lidiar con la muchedumbre. Por favor disculpen mi imprecisión. Debería saber en cuántos juegos de los Mets había estado, pero hay períodos de mi vida, especialmente durante el año antes de encontrar a Martes, que parecen haberse perdido.

Me acuerdo de otros eventos con una claridad cristalina: el coche bomba suicida en Sinjar, la llamada al rezo en la mezquita de Al-Waleed, el sabor del tabaco de manzana que fumé con mi amigo iraquí Maher. Oigo el sonido de las balas trazadoras sirias en mis sueños, pero no me acuerdo de la fecha del fallecimiento de mi abuela. Durante mi infancia, mi hermano, mi hermana y yo nos pasábamos tiempo en su casa todas las semanas y de niño, ella era mi heroína. Enviudó joven, y por pura fuerza de voluntad sacó de Cuba a su hijo (mi papá) y a su hija (mi tía) en medio de la locura del triunfo de la revolución castrista. Trabajó de enfermera durante décadas antes de volver a la universidad a los cincuenta y cinco años para sacar una maestría en Educación, y luego trabajó para el Departamento de Educación de EE.UU. Separada de los parientes que quedaron en la isla, Abuela fue una parte importante de mi historia. Me contaba cuentos; me enseñó las tradiciones familiares; me demostró, con su ejemplo, cómo ganarme la vida trabajando duro, sin resentimiento, pero también sin olvidar las tragedias del pasado.

Murió durante mi segunda misión en Irak, en mayo de 2005. Me perdí el funeral y la reunión en honor de su vida y ahora ni siquiera me acuerdo del día en que murió, y eso me deja sumamente enfadado, enojado conmigo mismo.

Pero las cosas eran diferentes en ECAD. Esta no era una misión forzada. No me decía a mí mismo, *Oye, zángano, levántate ahora mismo y sal de este apestoso apartamento y demuestra que todavía eres un hombre*, como hice para la Nochevieja o para todos los juegos de los Mets. Decía para mí, *Sé fuerte. Ánimo. Esta es tu vida.*

En los días anteriores a ECAD, debo haber dejado la botella a un lado, sin beber de ella, mil veces, preparándome para lo desconocido. Pero cuando me encontré con los otros veteranos, mis preocupaciones se desvanecieron porque los reconocí. Algunos sin brazos, sin piernas, con un par de prótesis y con ojos recelosos. Estos soldados sufrían. Necesitaban ayuda. Era mi deber como oficial mostrar liderazgo y autocontrol. De pronto, volví a ser el capitán Montalván, un soldado en compañía de soldados y me sentí a gusto. Muy a gusto. Me tomé la responsabilidad tan en serio que para la segunda mañana estaba lamiendo la cabeza negra con el *mohawk* de mi compañero de clase, el sargento de Estado mayor (retirado) Ricky Boone.

A propósito, yo estaba haciéndome pasar por un perro. Eso era parte de nuestro entrenamiento: obedecer órdenes como si fuéramos perros para acostumbrarnos a los mandos. Ricky practicó conmigo todos sus mandos y cuando finalmente me ordenó, "Arriba", la señal para que el perro ponga sus patas frontales sobre el objeto frente a él, pensé, *Qué rayos, haz lo que haría un perro,* y le pasé la lengua por la cabeza.

Así empezó. Ricky medía cinco pies, cuatro pulgadas —está bien Ricky, sé que estás leyendo esto; cinco pies y cuatro pulgadas *y media*— y tenía la constitución de una bola de boliche fortachona. Había sido fiador judicial y soldado de infantería; soñaba con ser cazador de recompensas; era claro que de ninguna manera soportaría mis tonterías. Por eso hizo lo que cualquier soldado endurecido haría: reírse a carcajadas, y luego planear su revancha. Ricky tenía un *mohawk* de indio norteamericano y una debilidad por las joyas de oro (y una preciosa esposa llamada Tammy que, créanlo o no, toleraba ambas cosas) y de pronto salía con una divertidísima imitación de Mr. T antes de zurrarme con el cinturón.

"¡Me compadezco de los tontos, Luis, y tú eres el tonto!"

Fue fácil, increíblemente fácil, para todos llevarnos bien. Pero durante los primero días, esa familiaridad era poco más que una manera de ocultar nuestros nervios. Todos estábamos ahí para comenzar a reconstruir vidas destrozadas y estábamos muy conscientes de las consecuencias que tendría fracasar en nuestro intento. Nada se sintió natural hasta que nos asignaron nuestros perros. Con Martes a mi lado —y después de insistir en entrenarme con él el segundo día, rara vez nos separamos— las cosas comenzaron a calmarse. Esa es la mejor manera en que puedo describir la quietud que vino a mi vida. Durante años mi mente había estado acelerada, arrastrando con ella mi cuerpo desgarrado, pero Martes me mantenía anclado firmemente en el momento, ya que siempre lo estaba tocando, hablando con él, moviéndole su collar o la correa. El entrenamiento era físicamente difícil, sobre todo en mi estado, y pasé mucho tiempo en el sofá cerca de la cocina para descansar la espalda. Martes siempre se sentó a mi lado, mirando el cuarto con un interés casi letárgico o acostado en mi regazo. Para el segundo día, me acostumbré a tocarlo cada vez que hablaba, algo que ni siquiera fue una acción consciente. Desde que regresé de Irak, tan pronto abría la boca algo en mi cerebro provocaba un estado de tensión, y tocar a Martes me relajaba de algún modo.

Así que yo jaraneaba con Ricky y él respondía con su personificación de Mr. T. Su perro, Raeburn, lo miraba totalmente confundido y Martes, viendo la mirada de Raeburn, se volvía a mí como si se preguntara lo que estaba pasando. Entonces Ricky y yo nos reíamos de nuestros perros y de nosotros mismos, y Mary entraba caminando con Remy atada a su cinturón. "Si ustedes dos no paran", nos decía con una sonrisa, "los voy a matar a golpes con mis muñones".

Ese fue un momento importante para ella. No creo que Mary haya bromeado antes sobre la pérdida de sus brazos. Perder una extremidad en combate no es nada agradable. Es súbito, sangriento y sumamente violento, pero también es un proceso largo y doloroso de cirugías y rehabilitación. Mary había perdido sus brazos hacía menos de seis meses. Todavía estaba pasando por una serie de cirugías y sufría mucho. Mary intentaba recomponer su vida a una edad muy temprana: no tenía más de veintiún años y aparentaba tener dieciséis. Su esposo Jared, también soldado, la acompañó en ECAD. Era un tipo íntegro, muy callado, pero cortés. No eran más que una pareja de niños procedentes de un pueblo pequeño de Montana, gente normal e increíblemente amistosa, y te juro que pasé horas queriendo estrecharlos con mis brazos y protegerlos del mundo. Todos queríamos hacerlo. Incluso Martes.

Pero ella también era dura como una roca. Como escribió Mary acerca de sus experiencias en una unidad de neutralización de explosivos en Irak: "Estuve en combate, los francotiradores me dispararon, fui apuñalada, pisoteada, arrollada, me volaron cuatro veces, me lanzaron cohetes, morteros, tuve que limpiar sitios donde acababan de morir mis amigos, un hombre iraquí trató de comprarme y sufrí la ruptura de un quiste ovárico, todo antes de que un artefacto explosivo improvisado me explotara en las manos y se llevara mis brazos". Era una letanía de traumas, heridas y orgullo que sólo un soldado puede comprender y que solo los más fuertes pueden aguantar. Después de experiencias como estas, uno no se da por vencido fácilmente. Pero tampoco habla mucho de ellas.

Y de pronto, en el cuarto o quinto día en ECAD, Mary entró con Remy y nos amenazó a Ricky y a mí con matarnos a golpes... ¡con sus muñones! Lo dijo ella misma: con sus muñones. Ese es el espíritu combatiente de un soldado norteamericano. Es un testimonio del poder de los perros de servicio. Son como guardaespaldas psicológicos. Te hacen sentir seguro y cómodo tan solo con su presencia. Especialmente durante el período de luna de miel, cuando acabas de conocerlos, son la personificación de una vida nueva y mejor. Te dan confianza cuando antes solo había dudas e inquietudes.

Esto no quiere decir que los días que pasé en ECAD con Martes fueran fáciles. Yo tenía clases en Columbia casi todos los días, así que la agenda era agotadora. Prácticas y más prácticas, luego a las clases, tomarme un descanso y entonces seguir practicando. Martes estaba entrenado, pero yo no y sólo tenía dos semanas para aprender los fundamentos de esta nueva vida. Eran horas de frustración, acentuadas por períodos cortos de logros y de regocijo. Martes conocía ochenta órdenes y esto es mucho —para un ser humano. Especialmente uno que sufre de TEPT. Y especialmente cuando Lu seguía elevando sus expectativas.

Cuando finalmente aprendí a decir "Aquí" y "Junto" y nos acostumbramos a caminar juntos, Lu agregó otros mandos. "Dile que se suba en la caja".

"Párate, Martes. Buen chico. Salta".

"Él conoce la palabra "caja". Puedes decir "caja". Ahora dile que mire por la ventana".

"Vamos, Martes. Buen chico. Aquí. Aquí. Ventana".

"Él no sabe lo que es una ventana. ¿Qué piensas que enseñamos aquí, Luis?".

"Arriba, Martes. Esto es una ventana. Ventana. Buen chico".

"Ahora prueba con tu bastón".

"Mira, Martes. Tráeme el bastón. Eso es. ¡Tráemelo! Perfecto. Tráelo aquí. ¡Buen chico!".

Lu y sus empleados trataron como pudieron de causar distracciones. Abrían puertas mientras caminábamos o dejaban caer golosinas delante de Martes, las cuales se suponía que él debía ignorar. Nos dijeron que usáramos la orden de "Adelante", que para Martes significa que los próximos mandos serán dados desde lejos, entonces lo distraían con sillas de ruedas, juguetes para mascar, el cartero (ella quería ver cómo reaccionaría Martes a los extraños), otros perros y paraguas. El mundo es un lugar complicado, así que un paraguas que se abra de pronto era la menor de las distracciones.

Al cuarto día, cuando Ricky y Andrew ya tenían asignados sus perros, comenzamos a caminar alrededor del predio de Children's Village. El próximo día, tomamos una furgoneta que nos llevó al centro comercial local para practicar en público, y luego volvimos para caminar alrededor de la mesa en el gran salón de ECAD, siguiendo la omnipresente línea amarilla pintada en el piso. Eran momentos confusos, llenos de tensión y a la vez totalmente maravillosos. A veces parecía que Martes y yo estábamos progresando. Otras veces parecía que habíamos perdido los mandos básicos que tan bien nos salían tres días antes. Ricky compró un collar de oro para Raeburn y yo me pasé dos días diciendo, en mi mejor imitación de Mr. T (que desafortunadamente se parecía más a Hulk Hogan), "Me compadezco del perro que tenga que salir con Ricky Boone". El próximo día, me tembló la mano cuando la estreché para tocar a Martes y sabía que el contacto con él era lo único que me mantenía con los pies sobre la tierra.

No me di cuenta de lo mucho que habíamos progresado hasta que tomamos el tren hacia un pueblo cercano para nuestra primera excursión larga, una mañana en el parque. Suena fácil, lo sé, pero no lo es. Los parques están llenos de gente que sería una distracción para Martes y para mí por razones totalmente distintas. Yo estaba con los nervios de punta; Martes estaba fascinado con las ardillas. El no poder controlarlo, combinado con la presión de estar en público durante varias horas, me deprimió. Había dejado mi medicación en ECAD y cuando se acercó el mediodía comenzó a dolerme la espalda y a darme vueltas la cabeza. Podía sentir cómo se disipaba el efecto de los medicamentos, y en el momento de dirigirnos a la estación ferroviaria para regresar a Dobbs Ferry ya estaba tan ansioso y tan acobardado que casi me olvidé de que Martes estaba a mi lado.

Al acercarse el tren, yo estaba ya al borde del abismo. Podía sentir el vacío en mis venas y mi cerebro latir contra mi cráneo. Tenía que montarme en ese tren para poder llegar a mi medicación, pero Ricky tenía un problema con Raeburn. Ellos no iban a llegar a tiempo a la plataforma y con la complejidad de los horarios del Metro-North Railroad nadie sabía a ciencia cierta si este era el tren correcto. Con el tren ya totalmente detenido, el sonido a mi alrededor fue creciendo de un murmullo a un jadeo y después a una cacofonía confusa, mientras todos se preguntaban si debíamos montarnos en el tren o esperar a Ricky, o ir a patrullar esa casa o poner una bomba en ese edificio o que si esto... o que si lo otro...

En el pasado, la situación hubiera sido abrumadora para mí, causándome una jaqueca y muchas veces produciendo vómitos violentos. Pero esta vez, en lugar de ponerme más nervioso, miré hacia abajo en dirección a Martes. Él estaba parado serenamente junto a mi pierna derecha, mirándome. Sabía que yo estaba agitado, pero él ni se inmutó. De hecho, estaba más concentrado que en ningún otro momento del día. No me daba ánimo; la relación no funciona así. Simplemente esperaba a que yo tomara una decisión que él pudiera seguir. Así que lo hice. Me monté en el tren y dejé detrás al resto del grupo. Cuando me senté en mi asiento, Martes volvió a mirarme. Sin duda alguna me estaba diciendo *Bien hecho, muchacho*. Mi perro estaba orgulloso de mí y eso me hizo sentirme orgulloso de mí mismo. Cuando llegaron los demás, yo estaba descansando en la cocina de ECAD con Martes a mi lado y con los medicamentos circulando por mi sistema.

"¿Por qué se demoraron tanto?", dije con una sonrisa.

"Debería pegarte con esto", dijo Mary, levantando su muñón.

"Por qué no tomas una silla y te sientas", bromeé

Y entonces, como muchas veces hacía, Mary se sonrió.

CAPÍTULO 11

EL PERRO IDEAL

Nada puede atenuar la luz que brilla desde dentro.

—MAYA ANGELOU

DESPUÉS DEL TREN ME SENTÍ MÁS CONFIADO. HABÍA SIDO una prueba fuerte, pero enfrenté mi ansiedad, y con la ayuda de Martes pude calmarme. Sentía que Martes me respetaba más después de la experiencia, o tal vez él ya se sentía más cómodo teniéndome como su perro alfa. Gracias a esa confianza comenzó a obedecer mejor mis órdenes, y para la segunda semana ya estábamos en pleno entrenamiento. Aprendió perfectamente a caminar conmigo alrededor de la manzana sin problemas. A encender las luces. Sin problemas. A avanzar y detenerse, a subir sobre una silla y volver a bajar, a levantar mi bastón, a cambiar de lado… ¿eso es todo lo que tienes para mí? Podía hacerlo hasta dormido en la pequeña habitación mientras nuestros compañeros de cuarto, Andrew y Blue, roncaban a poca distancia.

Tampoco es que Martes fuera el perro más disciplinado. Obedecía muy bien las órdenes, pero todavía tendía a distraerse. En lugar de mirar directamente hacia delante en la calle, cuando quería impresionar a alguien movía la cabeza de un lado a otro con la lengua afuera. Hacíamos prácticas en las que Lu apilaba diez o doce objetos y yo pedía a Martes que me alcanzara uno en particular.

"Busca la bola, Martes. Muy bien. Ahora busca el calcetín".

No tenía dificultad para identificar el objeto solicitado, pero después de algunas pruebas no resistía la tentación de mostrar su satisfacción corriendo triunfante alrededor de todos los perros y las personas en la habitación, todavía sosteniendo el objeto en la boca mientras sus bellas orejas y el largo pelaje de sus patas flotaban hermosos detrás de él.

"No puedes permitirle hacer eso, Luis", me decía Lu. "Tú tienes que ser el jefe".

Pero entre Martes y yo nunca hubo duda alguna de quién era el jefe. Lu siempre me dice "un perro de servicio debería ser más entusiasta y menos asertivo que su dueño". Ese es su mantra. Bueno, Martes no era más entusiasta que yo, pero no era culpa suya. Ningún perro hubiera podido ser más entusiasta que yo durante esas dos semanas. En cuanto a ser asertivos, sin embargo, nos correspondíamos perfectamente. Debido a los años que pasé en el Ejército, adquirí una mentalidad de líder, además de que fui un soldado duro y testarudo. Y Martes era un copiloto natural. Le gustaba divertirse, ser el bufón del grupo, y esa característica de su personalidad me gustaba mucho. Tomé muy en serio el entrenamiento y siempre prestaba atención a lo que decía Lu, pero también podía ver la sonrisa de Martes detrás del calcetín que llevaba en la boca y no hice demasiados esfuerzos por disciplinarlo. Era un perro despreocupado y hacía sonreír a quien estuviera cerca. No quería privarlo de ser como era. ¿No fue esa una de las razones que me empujaron a elegirlo?

Con la felicidad que me embargaba me resultaba imposible ver el problema. Martes obedecía todas mis órdenes. Era atento y vigilante, se mantenía a mi lado, y siempre se pegaba a mí en la cama, pese a que debo admitir que tal vez lo hacía para evitar que me cayera al suelo. Comparado hasta con el más cariñoso, fiel y afectuoso perro "normal", Martes era un pulpo con los tentáculos fuertemente asidos a mi cabeza. No podía alejarme de él, inclusive si lo hubiera deseado. No podía mirar alrededor sin ver a Martes en mi campo de visión. No podía dar un paso sin sentir que la correa se tensaba porque Martes ya estaba listo para seguirme. ¡Por Dios, hasta me acompañaba cuando iba al baño! (afortunadamente el Ejército dio fin a mi necesidad de comodidad y privacidad). Siempre que sentía la necesidad de un contacto reconfortante, Martes estaba allí. Era mi perro milagroso. Ya dependía de él y lo quería más que a cualquier otro animal que hubiera conocido —y también más que a la mayoría de las personas.

Entonces, ¿cómo podía saber que no nos estábamos conectando, que la relación entre un perro de servicio y su dueño era algo más que obedecer y estar juntos? Me habían dicho que la correa, y no la voz, era la principal forma de conexión. Lu me dijo que Martes percibía a través de la correa todo lo que yo comunicaba: temor, ansiedad, desconfianza, duda, orgullo, poder, respeto y amor. Llegado el momento, cuando la correa se convirtiera en la cuerda umbilical entre nosotros más que un medio de control, también yo podría percibir las emociones de Martes. Había oído hablar de ello, pero no lo había comprendido. Cuando tomaba la correa sentía laxitud y arrastre. Podía sentir cuando Martes quería caminar en una dirección diferente, cuando estaba impaciente por caminar más de prisa, cuando quería detenerse y descansar, y pensé que era así como funcionaban las cosas.

Si hubiera sido capaz de interpretar la correa hubiera sentido... apatía. Bueno, tal vez no exactamente apatía. Martes me quería, de eso no tenía duda alguna. Le gustaba ayudarme porque sabía que eso me hacía feliz, pero no sentía una verdadera conexión conmigo. Es muy fácil analizar el momento en el segundo día que pasamos juntos, cuando vi el potencial en los ojos de Martes. Es fácil imaginar que todo había sido planeado. Martes me había estado observando. Sabía que yo era el elegido y me estaba poniendo a prueba dirigiéndose tan solo a mí, diciendo, *Esto es lo que soy. Soy afectuoso, pero he sido herido y necesito que alguien me acepte tal como soy.*

Pero no funcionó así. Para Martes yo era simplemente un entrenador más, como Brendan o Tom. Ciertamente era un buen entrenador y él lo apreciaba. Después de todo, él permanecía conmigo constantemente, inclusive de noche. Cuando hacía algo bien, yo le daba una golosina como premio, cosa que rara vez había recibido durante el año anterior. Me mostraba en extremo afectuoso con él, cada diez minutos me arrodillaba para darle un abrazo y acariciarle la cabeza y el cuello y decirle: "Eres lindo y bueno, Martes, eres un perro maravilloso y yo te quiero mucho". Eso le encantaba. Henchía el pecho, levantaba la cabeza y curvaba los labios en una sonrisa. Cuando terminaba la sesión de cariño se levantaba alegremente, listo para obedecer la siguiente orden. Yo estaba utilizando la clásica afirmación de contacto y palabra, pero lo hacía con un entusiasmo que nunca había sentido antes. ¿Cómo podía Martes saber que no estaba utilizando una técnica de entrenamiento, que lo estaba acariciando con verdadero amor?

Podía ver la diferencia en los otros perros. Mary y Remy, por ejemplo, habían establecido un vínculo desde el comienzo. Remy no necesitaba recompensas; hubiera hecho cualquier cosa por su amiga. Sin embargo, Mary improvisó un sistema. Hizo que su esposo le colocara una cinta adhesiva de dos caras en los antebrazos, y luego la presionaba contra galletas para perros hasta que diez o doce quedaran pegadas. Cuando quería recompensar a Remy, Mary despegaba una galleta con los dientes y Remy, con una delicadeza que nunca he visto en otro perro, se estiraba y tomaba la galleta con sus propios dientes. Durante un momento prolongado ambos se quedaban inmóviles, unidos por la galleta, hasta que Mary la soltaba y se alejaba sonriendo. Y a juzgar por el vigor con que movía el rabo, Remy quedaba aún más feliz. Era exactamente el tipo de perro que Lu intentaba brindar: un perro bien entrenado y obediente, ansioso por tener un vínculo de afecto. Si bien Remy le echó los brazos al cuello en el momento en que conoció a Mary, a su vez ella hizo lo mismo. Lo sé, Mary no tenía brazos, pero tampoco Remy. Cuando hablo de brazos, me refiero al corazón. Eso que una guerra puede romper o lesionar, pero nunca destruir.

Martes y yo no teníamos esa relación. Nosotros éramos más complicados, o más heridos, si se prefiere. Éramos más como Ricky y Raeburn, que pese a su preferencia por usar joyas iguales como si fueran mellizos, iban camino a formar una relación.

Sin embargo, teníamos un vínculo más cercano que Andrew y Blue, que estaban haciendo un gran esfuerzo por comprenderse. Andrew era divertido, pero también era un tipo callado y tranquilo que nunca causaba problemas. Entre sus videos de la comedia *Hogan's Heroes* y su dosis diaria de *South Park* tenía suficiente. Yo necesitaba un perro activo, amante de salir de la casa y ampliar su mundo; Andrew necesitaba un simple acompañante, y también un perro paciente, porque le habían amputado las dos piernas y, como no hacía mucho le habían puesto prótesis, todavía no estaba en condiciones de caminar bien con ellas.

Blue no era ese tipo de perro. Era el alfa de la camada de Martes, y le gustaba controlar la situación. Eso está bien para un dueño de carácter fuerte, pero no para Andrew, quien era un hombre tranquilo y con impedimentos físicos. Más de una vez vi a Blue tirar de Andrew hasta casi hacerle perder el equilibrio, y por otro lado no mostraba mucha disposición a obedecer órdenes. Pero Andrew lo apoyaba, inclusive cuando se hizo evidente que tratar de encauzar al voluntarioso perro le causaba estrés. Durante algunos días Lu permitió que la relación continuara.

"No tengo paciencia", me dijo Lu, pero eso no era cierto. Lu Picard tiene más paciencia y un corazón más grande que cualquier persona que conozco. Después de todo, se necesita mucha paciencia para entrenar a un perro. Y se necesita paciencia para ayudar a personas lastimadas y temerosas durante el entrenamiento que requieren para cambiar sus vidas. Imaginen a todos los minusválidos que acuden a ella desesperados en busca de una vida mejor, pero que apenas son capaces de sostener una correa. Ella los ayuda. Imaginen a las madres que lloran durante años, rezando por encontrar una manera de ayudar a sus hijos enfermos. Ella aliviaba sus penas.

Piensen en las personas como yo. Todo dependía de Martes. Si no hubiera funcionado, creo que no hubiera podido volver a vivir solo. Tenía tantas esperanzas puestas en encontrar un compañero que volver a Brooklyn sin un perro hubiera sido un golpe irreversible en mi vida. En el mejor de los casos ahora sería un veterano derribado, como lo temía mi padre. Y en el peor de los casos no tendría hogar o estaría muerto. Lu comprendió eso cuando me inscribió en el programa. Vio que esta era mi oportunidad, lo vio con todos nosotros y es por eso que seguía preguntando, "¿Te sientes a gusto con ese perro, Andrew?".

"Sí, señora".

A veces me preguntaba si ella lo presionaba. Me parecía que estaba mal que siguiera insistiendo si realmente Andrew aceptaba a Blue, "¿Estás seguro, Andrew? ¿Estás realmente seguro?".

"Estoy seguro", Andrew volvía a decir. No quería causar fastidio, odiaba tanta atención y creo que lo único que quería era que Lu lo dejara en paz.

Casi al finalizar la segunda semana llevamos a nuestros perros al cine. Era una salida divertida, pero también difícil: debíamos pasar juntos dos horas en un lugar oscuro y reducido. Antes de salir Lu llamó a un lado a Andrew.

"Quiero que lleves a Jackie en lugar de a Blue".

"No, Lu, de verdad estoy muy bien".

"Es una película, Andrew, no un compromiso".

Andrew vaciló, pero terminó aceptando.

Para cuando se encendieron las luces al final de la película ya era una historia de amor. Durante una semana Andrew y Blue habían estado luchando con la correa y tratando de establecer quién era el jefe, pero en dos horas Andrew y Jackie estaban intercambiando caricias como dos adolescentes enamorados. "Toca sus orejas, Luis", me dijo emocionado, "Mira qué suaves son".

Andrew nunca había sentido eso con Blue (pese a que debo admitir que tenía razón, las orejas de Jackie eran increíblemente suaves). Creo que Andrew nunca estuvo más enamorado en toda su vida. De verdad, creo que él y Jackie se pasaron las dos horas acariciándose. Hablando metafóricamente, por supuesto.

Lu había percibido que la relación entre Andrew y Blue no era la deseada, pero Puppies Behind Bars, el patrocinador del programa para veteranos, había limitado sus opciones de perros entrenados. Ella esperó pacientemente, pero al final ignoró la limitación y eligió otro animal. Puso en riesgo su patrocinio y posiblemente el programa para darle a Andrew el perro que necesitaba.

"No te puedo prometer una Ferrari y luego darte un Volkswagen", me dijo más tarde. "No es así como trabajo". Su siguiente frase se quedó grabada en mi memoria. "No puedo decirte que te ayudaré a tener una vida mejor, y luego no hacer nada para cumplir con mi promesa".

Poco después del cambio, íbamos en el vehículo de ECAD a una sesión de entrenamiento al aire libre cuando sentí que algo me sacudía el cabello. Andrew, cuya prótesis a menudo le incomodaba, tenía la pierna doblada hacia atrás y se estaba rascando debajo de la rodilla artificial. "Saca tu pie de mi cara, hombre", le dije empujando los dedos de sus pies. Me miró y sonrió. No digo que haya salido de su mutismo —era un hombre callado por naturaleza—, pero después de eso nunca pude saber cuándo iba a tener un pie de metal en la cara.

Creo que mi aprecio por Martes creció después de ver las dificultades que Andrew tenía con Blue. Inclusive en ECAD me di cuenta de que una relación no puede nacer con el perro equivocado. No quiero decir un mal perro, simplemente el perro equivocado para una persona en particular. Andrew no era un alfa por naturaleza, y por eso necesitaba un perro que se adaptara a su quietud mientras se entretenía con sus juegos de video, no un perro que compitiera con él por el control. Después de observar eso, creo que abracé a Martes diez veces, pensando en lo afortunado que era al tener un perro que me inspirara amor.

Eso no quiere decir que el proceso haya sido fácil. Después de todo, había escogido intencionalmente un perro complicado. El inteligente, el que después de sentarse entre mi asiento en la última fila y la pared posterior del cine se dio cuenta de que el espacio era demasiado estrecho para que yo pudiera sacarlo de allí. ¿Qué hizo entonces? Se puso a correr detrás de los asientos mientras yo trataba de detenerlo, rehusando salir. Ocasionalmente se detenía, y no quiero ni imaginar lo que había encontrado para comer en ese lugar. Finalmente vino gente para vigilar los extremos de la fila, y cuatro de nosotros nos pusimos a tratar de detenerlo. Pasaron varios minutos antes de que Martes se cansara del juego. Finalmente salió con aire despreocupado y una gran sonrisa, como si hubiera sido su momento más divertido de la semana.

Supongo que ese comportamiento era aceptable en ECAD (pese a que Lu no lo consideró de la misma manera), pero conforme nos acercábamos al final de la clase me ponían más nervioso los lapsos de atención y los episodios de travesura de Martes, pese a que no eran tan serios. Finalmente mi frustración llegó al límite en una visita al centro de Dobbs Ferry. Un fotógrafo de un periódico local quería documentar la primera clase de veteranos lesionados que iba a recibir perros de servicio, para lo cual los cuatro teníamos que caminar frente a las vitrinas de Dobbs Ferry con nuestros perros. Los otros perros caminaron con serenidad, de acuerdo a las órdenes recibidas. Pero Martes se comportó… bueno, como Martes. Se puso a presumir, a corretear y a prestar atención a los otros perros y al fotógrafo, en lugar de concentrarse en mí.

Una de las entrenadoras, tal vez avergonzada de las extravagancias de Martes, comenzó a gritar sugerencias. Pero yo estaba decidido a solucionar el problema sin ayuda ajena. Tenía toda una colección de trucos para motivarlo, desde repetir una orden autoritaria para que se calmara hasta enfocar su concentración, pero la entrenadora (que ya no está en ECAD) era un verdadero sargento y seguía insistiendo en que tirara con fuerza de la correa para recuperar su atención. Yo estaba harto de sargentos, y también lo estaba Martes. No quería ahorcarlo con la correa, pero como Martes rehusaba comportarse bien, la entrenadora me acosaba y el fotógrafo estaba esperando, comencé a sentir que se me aceleraba el pulso y me invadía la ansiedad.

Decidí hacer una pausa. Me puse de rodillas en medio de la acera en Dobbs Ferry, tomé a Martes por el cuello y apoyé mi frente contra la suya. Esperé hasta que terminó de calmarse y luego le hablé con voz calmada y suave. No sé exactamente qué le dije, pero le dije que era mi perro, que yo era su amigo y que éramos un equipo. No lo iba a castigar, pero tenía que escucharme. Y si me escuchaba lo amaría por el resto de su vida.

Después de unos segundos supe que Martes me estaba escuchando. Me miró fijamente y lo invadió una calma que nunca había visto antes. Tal vez la parte de él que deseaba ser amado afloró en ese momento. Tal vez finalmente se dio cuenta de que esta no era una relación como cualquier otra que hubiera tenido antes. Había estado como en una cinta para hacer ejercicio, corriendo hacia cada uno de sus adiestradores, pero siempre terminaba exactamente en el mismo lugar: solo. No sabía que yo era la misión para la cual se había estado entrenando, pero en ese momento, finalmente, se dio cuenta de que yo lo necesitaba. Y tal vez en mi corazón y en mi mente, también yo me di cuenta de que esta era una relación mutua, y que también él me necesitaba. Lo único que sé con seguridad es que cuando levanté la mirada, todos nos observaban. El personal, los perros, los veteranos, todos. Inclusive el fotógrafo había bajado su cámara. Más tarde, Lu Picard me dijo que estuvimos juntos durante cinco minutos, pese a que yo hubiera jurado que no fueron más de treinta segundos.

"¿Qué fue lo que sucedió?", me preguntó más tarde.

"Ya estamos bien ahora", le respondí. "Hemos logrado entendernos".

Dos días después Martes y yo viajamos juntos en el Metro-North Railroad para iniciar nuestras nuevas vidas en la ciudad. No puedo describir la alegría que sentí ese día, la facilidad con que manejé cada paso del proceso y el optimismo que sentí con respecto a mi futuro. Todo era diferente. Todo. Y era gracias a Martes. Tuvo un poco de dificultad con el torniquete de la estación de metro —tan bajo, tan sonoro y con esos brazos amenazadores—, pero durante más de dos horas estuvo sentado o caminando a mi lado como un perro de servicio perfectamente entrenado, evaluando serenamente el mundo que lo rodeaba. Pero yo podía sentir su entusiasmo. Podía sentir su alegría. Para esto lo habían entrenado toda su vida: Nueva York era su nuevo mundo. Sé que no debía distraerlo cuando estaba en servicio, pero no pude evitarlo. Al llegar a la terminal de Grand Central me agaché y le di un abrazo.

"Ahora solo somos tú y yo, amigo", le dije. "Ahora somos libres".

CAPÍTULO 12

LA PRIMERA PRUEBA

Comprendo la furia en tus palabras.
Pero no comprendo las palabras.

—WILLIAM SHAKESPEARE, *OTELO*

MI VIDA HABÍA MEJORADO CON MARTES, NO CABÍA LA menor duda. Era agradable tener a alguien conmigo en mi apartamento. Lu había insistido en la importancia de establecer un vínculo con nuestros perros, lo cual quería decir no dejar a nadie tocar a Martes ni interactuar con él durante los primeros dos meses de convivencia. Eso no era nada difícil; de hecho, era ideal. De todas maneras no me gustaba salir de mi apartamento, y ahora tenía la excusa perfecta para no hacerlo. En lugar de salir, Martes y yo practicábamos órdenes. Cuando uno de los dos se sentía inquieto, sea a mediodía o en plena noche, le ordenaba sentarse, quedarse quieto, recuperar un objeto, transportarlo, acurrucarse, hablar —cualquier cosa excepto la palabra "Ocúpate", que le indicaba que era hora de hacer sus necesidades—, hasta que terminaba en el suelo abrazando a Martes y diciéndole que lo amaba. Durante la primera semana esa fue nuestra principal interacción. Si hubiera sido por mí, hubiera permanecido en ese capullo protector durante meses.

Lamentablemente el mundo real estaba fuera, y yo tenía que interactuar con él. Los viajes al Departamento de Asuntos para Veteranos mejoraron mucho desde que me transferí al hospital de Manhattan y encontré un buen médico general, un psiquiatra y terapeuta. Pero las clases en Columbia seguían siendo molestas, especialmente Cobertura de Noticias y Escritura 1.

Había varias razones para sentirme descontento con esa clase en particular, y haciendo gala de mi estrés postraumático me obsesionaba con todo lo relacionado con ella. Me quejaba de que las tareas no eran otra cosa que informes policiales glorificados, no era periodismo. Los profesores estaban demasiado centrados en las noticias locales de Nueva York. La planificación era confusa y contradictoria. Los objetivos eran poco claros y los debates de dos horas de duración no justificaban el viaje: tres horas de ida y vuelta en metro que me causaban angustia y claustrofobia.

Todas mis razones eran válidas, pero también me puse en una situación difícil por negarme esencialmente a seguir el programa del curso. Durante dos años había estado obsesivamente inmerso en asuntos exteriores y política de defensa. Solamente en el último año había escrito editoriales y artículos de opinión para periódicos tan importantes como el *Denver Post,* el *New York Times* y el *San Francisco Chronicle* sobre asuntos relacionados con veteranos de guerra, y con tan grandes cosas en mi mente me pareció difícil reducirme a reglas locales de zonificación y disputas sobre cuántos bocinazos eran considerados excesivos. Dios mío, me preguntaba, ¿acaso estas personas no comprenden que estamos en guerra?

De igual manera, la guerra había vuelto a convertirse en un tema profundamente personal. Después de haber salido de Al-Waleed, la provincia de Al-Anbar había caído en una violencia sectaria, y había perdido la pista de los amigos iraquíes que dejé allí. Tuve algunas noticias de Ali, mensajes cortos para decirme que la frontera era un caos y los iraquíes que conocí estaban muriendo. En 2005 me escribió que su vida estaba en peligro, pero yo no tenía manera de ponerme en contacto y perdí el vínculo con él cuando mi correo electrónico oficial del Ejército fue clausurado. En la primavera de 2008 Ali resurgió con una súplica desesperada. Bajo constante amenaza y temiendo por sus vidas, él y su familia habían huido de Irak. Desde 2006, había estado viviendo en la miseria en una barriada muy pobre de Amman, la capital de Jordania. Jordania había emitido visas de trabajo de seis meses a los refugiados iraquíes, pero se negaron a extenderlas y la visa de Ali se había vencido hacía mucho tiempo. Estaba mendigando cualquier trabajo para alimentar a su familia, mientras que Estados Unidos había negado repetidas veces su solicitud de inmigración. Los funcionarios le dijeron que yo no había completado los trámites necesarios, así que no había ninguna prueba de que Ali hubiera trabajado para las fuerzas de coalición. Es cierto que nunca llené ningún documento para Ali. Él no era un consultor bajo sueldo; trabajaba gratuitamente porque creía en nosotros.

Durante todo el verano, escribí cartas e hice llamadas telefónicas en nombre de Ali, reclamando cada favor que me había ganado en diecisiete años de servicio militar. El coronel Christopher M. Hickey, mi comandante de escuadrón en Al-Anbar occidental y el sargento Eric Pearcy, mi artillero en el Humvee, me enviaron cartas para Ali. Recibí apoyo a la solicitud de Ali por parte de Gene Dewey, secretario de Estado adjunto de los Estados Unidos para la Oficina de Población, Refugiados y Migración durante el primer mandato del Presidente Bush, y también de Fred Schieck, un amigo de mi padre y ex director adjunto de la Agencia de los Estados Unidos para el Desarrollo Internacional (USAID, por sus siglas en inglés), la organización gubernamental que provee asistencia económica y humanitaria de Estados Unidos alrededor del mundo.

Con el ex capitán de Marina de los Estados Unidos, Tyler Boudreau, de quien me había hecho amigo durante mi trabajo en nombre de los veteranos, fundé una organización sin fines de lucro para ayudar a Ali y a otros refugiados iraquíes. Ese agosto, unos meses antes de conocer a Martes, mientras mis compañeros escribían informes sobre asuntos locales de Nueva York, volé con el capitán Boudreau y dos periodistas profesionales para reunirme con Ali y llamar la atención sobre la difícil situación de los refugiados. Quedé aturdido al ver el número de refugiados, 750.000 personas dispersas en las peores zonas de Amman, obligadas a buscar sustento en basureros, en la prostitución y en la esclavitud sexual por falta de permisos de trabajo y los más básicos derechos humanos; pero lo que más me sorprendió fue comprobar que los funcionarios norteamericanos no tenían ningún plan coherente para enfrentar la crisis.

Ali tuvo suerte. Gracias en parte a nuestros esfuerzos, su visa especial y su solicitud de asilo fueron aprobadas. A mi llegada, lo encontré esperando sus últimos documentos. Se mostró indulgente y amable, y profundamente agradecido por todos nuestros esfuerzos. Desde que nos separamos habían sido cuatro años y medio muy duros, llenos de terror y privaciones. Pero ya estaba saliendo de la pesadilla. La invasión a Irak no había dado los resultados esperados, pero no se lamentaba. Seguía teniendo fe en Estados Unidos, seguía apreciando el esfuerzo inclusive después de nuestros imprudentes fracasos.

Yo no fui igualmente indulgente. Ali estaba recibiendo su recompensa después de años de retraso, pero había otros miles de personas que habían trabajado con nosotros y seguían sufriendo. Habían arriesgado sus vidas y las vidas de sus esposas, hijos, padres, hermanos, sobrinas y sobrinos (porque los asesinatos por venganza se extendían hasta ellos) por ayudarnos. Su colaboración había sido vital. La recibimos con gusto, hasta que llegó el momento de corresponder. Es entonces cuando Estados Unidos les dio la espalda. Lo que vi en Jordania no solo fue la traición de un amigo, sino del modelo norteamericano. Habíamos hecho promesas a los iraquíes, promesas explícitas: ayúdennos y nosotros los ayudaremos. Ahora nuestro objetivo como nación era romper esas promesas y mantener alejados a nuestros hermanos islámicos.

Mi presentación en multimedia sobre los refugiados iraquíes, titulada *Salvando a Ali*, está todavía disponible en Flypmedia.com. Al verla ahora me percato de la presión y la tensión de aquellos tiempos. El rostro de Ali está oculto en la entrevista porque entonces todavía era un blanco de represalias. Mi estrés postraumático es evidente durante la entrevista: hablo tartamudeando y evito mirar la cámara, sin poder controlar mis pensamientos. Tengo los ojos enrojecidos y desenfocados, y sudo copiosamente incluso en la habitación con aire acondicionado.

No se trata tan solo de la desesperación de Ali. Durante nuestras conversaciones en Jordania me enteré de que Maher, mi compañero de guerra en la Policía Fronteriza Iraquí en Al-Waleed, había muerto. Entre los iraquíes había sido mi mejor amigo, un tipo simpático, aficionado a contar chistes y, en mi opinión, la más valiosa fuente de inteligencia del Ejército de los Estados Unidos en el desierto occidental de Anbar. Patrullaba con nosotros constantemente, ya que conocía las divisiones tribales y étnicas en esa parte del mundo; nos mostró decenas de escondites de armas y municiones. Era una existencia estresante, especialmente lejos de la base, pero Maher siempre nos hacía reír. Recuerdo una tarde cuando la radio de nuestro Humvee transmitió una canción de Enrique Iglesias, y Maher y yo nos pusimos a cantar con la despreocupación de dos adolescentes camino a la playa. Quince minutos después estábamos apuntando nuestras pistolas contra un grupo de hombres mientras incautábamos su escondite de armas.

Maher se casó en 2004, justo antes de mi partida. Quería que yo estuviera presente en su boda, pero el Ejército no me hubiera dado permiso para abandonar mi puesto. Me mostró las fotos. Shuruq (que significa "brillante" en árabe) era una hermosa muchacha de Ar-Rutbah, el mismo pueblo de donde venía él, y ambos lucían increíblemente felices. Eran jóvenes, estaban enamorados y querían comenzar una familia. Pocas semanas después alguien lanzó granadas de mano contra su casa, derrumbando el techo y destruyendo las paredes. Fue un asesinato, una venganza por ayudarnos en Al-Waleed. Maher y Shuruq perdieron la vida.

Cada vez que iba a la clase de investigación periodística recordaba ese hecho. Cada vez que me daban como tarea explorar un asunto local en algún vecindario de Nueva York, recordaba las historias importantes, el sufrimiento y la traición que estaban siendo ignorados. Me revelaba ante los acontecimientos banales que tenía que investigar. ¡¿Ay, a la junta de tu cooperativa de apartamentos no le gusta el horario de recogida de basura?! ¡Bueno, pues estamos en guerra! Una sociedad se está derrumbando, miles han muerto y 750.000 iraquíes están viviendo en Jordania sin recogida de basura… ni casas… ni visas que les permitan trabajar.

Y Maher está muerto.

Por lo tanto es comprensible que ese otoño no me encontrara bien dispuesto para la clase de investigación periodística, y especialmente para la última reunión del semestre, una fiesta en el apartamento del profesor con comida, bebidas y la presentación de los últimos proyectos de nuestro grupo. Era exactamente el tipo de evento que me espantaba: una reunión social que requería una presentación pública y me producía claustrofobia. Antes de Martes me hubiera dejado temblando. Hubiera necesitado emborracharme un par de días para reunir el coraje de asistir, e inclusive así dudo que hubiera asistido. Con Martes me sentía aprensivo, pero confiaba en salir airoso. Solo habíamos pasado juntos unas pocas semanas, pero mi perspectiva mental ya había cambiado.

Martes y yo fuimos los primeros en llegar. Fue a propósito, porque yo quería observar el apartamento y buscar un lugar seguro donde acampar esa noche. Estaba completamente sobrio, y con Martes a mi lado y mi cuchillo escondido en los pantalones me sentía razonablemente seguro. La segunda persona en llegar fue una bonita muchacha vestida con una falda tubo color rojo, y para mi horror lo primero que hizo Martes fue meter la nariz por debajo de la falda. O sea, necesitamos comportarnos los dos, hacer lo posible por no hacer nada incorrecto. Además fue muy incómodo, especialmente porque después de que llevé a Martes a un lado y le dije que se comportara bien procedió a volver a repetir la travesura mientras Kristina se ponía más roja que su falda.

Nos reímos de la situación. Afortunadamente ella tenía sentido de humor, y además Martes es irresistible con esos dulces ojos color café. Inclusive conversé con ella muy brevemente, y me sentí fortalecido por haber sobrevivido el error de Martes. Por desgracia, la velada se deterioró a partir de ese momento. Para mi horror, el apartamento se fue llenando de personas que apenas reconocía, pese a que habíamos compartido un semestre en clase. Sentí que se me aceleraba el pulso, y la conversación resonaba en mis oídos haciendo imposible que pudiera concentrarme.

Lo peor es que dos de mis compañeros llegaron con sus perros. Supongo que pensaron, *Si Luis puede llevar a Martes, todos deberíamos poder llevar nuestros perros*. Eso me parece totalmente odioso. Es como decir que si alguien llega en una silla de ruedas, todos los demás tienen derecho a utilizar motocicletas. No me importa cuán educado es un perro mascota, ni cuán querido es; no es lo mismo que Martes y yo. Me explico: sé lo importantes que pueden ser los perros, pero la presencia de una mascota es un lujo. El dueño puede querer llevarlos a una reunión, pero no es una necesidad. En cambio, yo necesito a Martes. No puedo sobrevivir sin él.

Los perros fueron un desastre. Estaban visiblemente nerviosos por el ruido y el gentío —lo cual es natural en un perro no entrenado—, y constantemente le ladraban y mordisqueaban a Martes. Él había crecido en compañía de otros perros, por supuesto, pero esos eran golden retrievers exquisitamente entrenados, y estos lo desorientaban por completo. No sabía qué hacer con ellos. No se mostraba dispuesto a jugar, pero los otros lo seguían por todo el apartamento, inclusive después de que comenzara a empujarlos con la cabeza tratando de alejarlos. Yo necesitaba que Martes se calmara y me prestara atención, porque me estaba invadiendo el pánico en esa habitación repleta de gente, pero Martes estaba alterado.

Para cuando llegó la presentación de mi grupo, yo estaba fuera de combate. Cualquiera se hubiera percatado de ello al ver mis ojos vidriosos y abultados, incapaces de enfocarse. Era como si estuviera completamente ebrio, pese a que mi consumo de alcohol no tenía nada que ver. Estaba abrumado, a punto de perder la conciencia y mi mente estaba tan consumida por la ansiedad que todo me daba vueltas y los pensamientos se agolpaban en mi mente: perros ladrando y Ali, apartamentos caldeados y asesinos iraquíes, multitudes descontroladas en Bagdad y bombardeos suicidas, nuestra estúpida presentación y Maher muerto, y por alguna razón cuando me puse de pie para exponer mi parte del reporte del grupo, comencé a dar una confusa explicación de por qué nuestra presentación no era muy buena porque no nos habían dado suficiente tiempo para prepararla.

Alguien de mi grupo gritó, "Eso no es verdad".

Y fue entonces cuando todo se me vino encima. ¿No es verdad? ¿No es verdad? Comprendo por qué lo dijo. Yo estaba socavando su graduación, pero ¿decir que no era verdad? Ese muchacho no sabe cuán cerca estuve de darle un puñetazo, porque en ese momento todo lo que había sucedido desde 2003 estaba vinculado en mi mente y era verdad, todo era verdad incluyendo el hecho de que el profesor no nos había dado tiempo suficiente para crear una presentación significativa y profunda. En ese momento negar cualquiera de esos hechos me pareció una absoluta traición.

No estoy seguro de lo que pasó a continuación. Es más, durante más de un año no recordé nada de esa noche, por eso la secuencia real de esos sucesos es borrosa. Hubo una discusión, eso lo sé, y Martes y yo nos marchamos. Supongo que la presentación continuó. Aprobé el curso, pero abandoné el programa de investigación periodística pocos días después, cuando recuperé la calma, y opté por el periodismo escrito.

No culpé a Martes. Más bien culpé a los profesores por empujarme a una situación imposible. Y me culpé a mí mismo por no comprender mejor mi entorno. Y culpé especialmente a esos dos perros ladradores, porque nos habían sacado de nuestra rutina. Un apartamento caldeado, mucha gente, perros mal educados... era demasiado para esperar otro comportamiento por parte de Martes, especialmente después de solo unas pocas semanas de haber iniciado nuestra relación. Durante el largo viaje en metro para volver a casa, y todavía con la respiración muy agitada, llegué a la conclusión de que mientras las cosas se mantuvieran simples, Martes y yo estaríamos muy bien.

CAPÍTULO 13

DÍA DE ACCIÓN DE GRACIAS

Y pondré a mi padre a prueba,
para ver si me reconoce o no a primera vista,
después de veinte años de ausencia.

—HOMERO, *LA ODISEA*

ENTERRÉ ESA NOCHE EN MI MENTE. PARA UNA PERSONA con TEPT eso no era fácil, pero algo me dijo que necesitaba desechar esos malos pensamientos para poder sobrevivir. Mi mente ya estaba demasiado llena de recuerdos de Irak y de nuestra traición a Ali, Maher y tantos otros, y ese otoño me estaba sintiendo cada vez más preocupado por Afganistán, inclusive publiqué un artículo sobre "las interminables misiones sucias del Ejército". El artículo mencionaba que el Plan Marshall, el esfuerzo de los aliados para construir Europa después de la Segunda Guerra Mundial había estado manejado por el Departamento de Estado. El trabajo de reconstrucción en Irak, debido a la incompetencia del Departamento de Estado estaba a cargo del Ejército, y manejado por soldados. Con tanto tiempo que estaba dedicando a los desastres militares, tanto reales como imaginarios, yo necesitaba estabilidad en mi vida.

Y además Martes y yo teníamos una misión mucho más importante que prepararnos para una clase en la universidad. Ese Día de Acción de Gracias iríamos a pasarlo con mi familia.

La familia siempre fue la piedra angular de mi vida. No me enrolé en el Ejército por problemas familiares, ni siquiera como una vía de escape. Ronald Reagan y su visión de una sociedad fundada en la moral y el trabajo me animaron a entrar al servicio público. Cuando la nación nos necesitó, Bush nos dijo que compráramos lavadoras de ropa; Reagan, al igual que su predecesor Kennedy, nos desafió a dar el ejemplo. Yo elegí el Ejército para ofrecer mis servicios, tal vez como una respuesta a mi papá que fue un economista que luchó contra la dictadura cubana con palabras y números. En mi adolescencia participé en manifestaciones callejeras contra Castro y apoyé a Hermanos al Rescate, que defendía "los esfuerzos del pueblo cubano por liberarse de la dictadura mediante una activa no violencia". No me convencían los métodos de mi papá, aunque nunca dudé de su integridad, inteligencia u honor. Era el hombre que yo admiraba. Crecí deseando ser como él, pero a mi manera.

Cuando regresé de mi primer servicio en Irak, la única gente a la que deseaba ver era a mis padres. Para mí ellos representaban la vida en Estados Unidos. Pero no estaban en la armería de Fort Carson para darme la bienvenida, como todas las otras familias. Era culpa mía. Les había dicho que no era necesario viajar hasta allí, que pronto los vería en Washington, D.C. Pero me equivoqué. Salir del avión de transporte después de un recorrido de combate fue una experiencia profunda, al mismo tiempo estimulante y desorientadora. Era imposible no sentirse embargado por una sensación de felicidad y alivio. Todos corrían para abrazar a sus esposos, hijos, novias, padres… pero a medida que yo avanzaba entre la muchedumbre sentí que esa felicidad se convertía en desilusión. Había salido del mundo que conocí en Irak, pero al no haber nadie que me diera la bienvenida sentí que tampoco formaba parte de este

Durante la "Operación Brush Back" en el sur de Bagdad, me detengo para tomar una foto con unos preciosos niños iraquíes. A pesar de estar lidiando con problemas físicos y psicológicos, mi regreso a Iraq en abril de 2005 tuvo algunos momentos de belleza como este. *Foto cortesía del autor.*

Descansando en mi HMMWV, completamente agotado después de la "Operación Squeeze Play" en el sur de Bagdad. "Squeeze Play", que terminó en junio de 2005, fue la mayor operación militar realizada en conjunción entre la Coalición y las fuerzas de seguridad iraquíes desde la invasión inicial en 2003. *Foto cortesía del autor.*

White Team (mi pelotón) poco después de llegar a Al-Waleed, un puerto de entrada a la frontera entre Siria e Iraq, en 2003. Establecimos una base de operaciones de avanzada (FOB, por sus siglas en inglés) y luego empezamos un reconocimiento del área, y operaciones contra el terrorismo/contrabando, de aduanas, de seguridad y de reconstrucción. *Foto cortesía del autor.*

Un caballero sunita me sirve un vaso de chai. Fue un honor el ser invitado a pasar unos momentos con esta familia, a pesar de que acababa de requisar su hogar. *Foto cortesía de Craig Walker*—Denver Post.

Martes, cuando era un cachorro.
Foto cortesía del autor.

Sargento del ejército Mary Dague recibe un beso de Remy, su nuevo perro de servicio. *Foto cortesía del autor.*

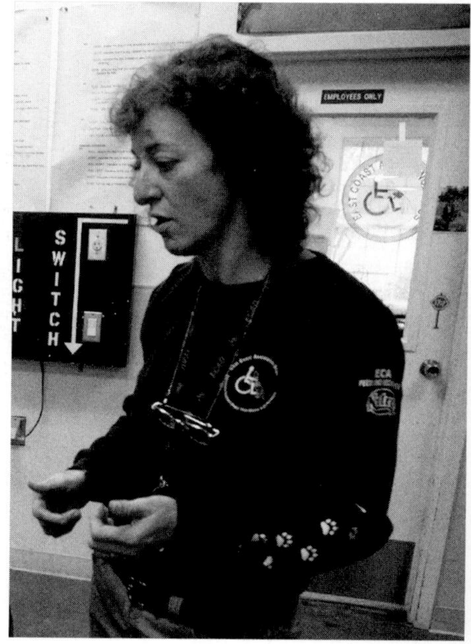

Lu Picard, fundadora y directora de ECAD. *Foto cortesía del autor.*

Cuatro veteranos heridos en Irak —Ricky (izquierda), yo, Mary y Andrew— y nuestros nuevos perros de servicio capturan con orgullo un momento hacia el final del "Project HEAL" (Proyecto SANAR) en noviembre de 2008. *Foto cortesía del autor.*

Dando las gracias a los entrenadores de perros de Puppies Behind Bars en noviembre de 2008. En la foto Martes es apenas visible, está apoyado sobre mis pies. *Foto cortesía de Timothy Lamorte.*

Martes roba un beso en un evento de caridad para ayudar a proporcionar perros de servicio a los veteranos heridos. Mientras que los aniversarios del 11 de septiembre, como este en 2010, traen muchos recuerdos dolorosos, Martes y yo nos sentimos obligados a salir de casa para ayudar a otros veteranos necesitados. *Foto cortesía del autor.*

Martes y yo camino a la ceremonia de graduación de Educated Canines Assisting with Disabilities (ECAD). Un año más tarde, en noviembre 2009, asistimos muy orgullosos a la graduación de la segunda promoción del "Project HEAL" (Proyecto Sanar) de ECAD. *Foto cortesía de Leslie Granda-Hill.*

El senador Al Franken juega con Martes en una fiesta para celebrar su elección al Congreso, mientras yo observo. La celebración del 3 de agosto de 2009 se hizo aún más festiva porque el día anterior, el Senado había pasado el primer proyecto de ley de Franken, la Ley de los Perros de Servicio para Veteranos (SDVA, por sus siglas en inglés). *Foto cortesía del autor.*

Martes y yo bajamos cuidadosamente los escalones en Sunset Park, Brooklyn, a comienzos de 2009. *Foto cortesía de Leslie Granda-Hill.*

Martes y yo caminamos por una calle en Sunset Park, Brooklyn, en marzo de 2009. *Foto cortesía de Leslie Granda-Hill.*

Martes y yo posamos para una foto en nuestras togas y birretes el 18 de mayo de 2010, el día en que nos graduamos de la Escuela de Periodismo de la Universidad de Columbia. *Foto cortesía del autor.*

mundo. Simplemente seguí caminando solo, salí de la armería y me recibió el brillante sol de Colorado.

Al final del segundo viaje de combate no pedí a mis padres que fueran a recibirme. Ni siquiera puedo decir por qué. Supongo que simplemente no tenía ganas de ver a nadie, ni siquiera a ellos. Para entonces yo era un hombre diferente, nervioso, aislado, obsesionado con la guerra... y con el pasado. Creo que en cierta forma no regresé del todo, y eso me hacía renuente a ver a la gente que siempre había amado. Por mucho que traté de esconderles mis cicatrices, mis padres comprendieron. Los padres siempre comprenden. Es por eso que, en un momento de debilidad, Papá me dijo, "Tú no serás otro soldado derribado". Ya no me reconocía, y sentía miedo.

Pocas semanas después me envió un mensaje por correo electrónico urgiéndome a cambiar de idea. Entre otras cosas, me escribió:

> *Estoy sorprendido, triste y consternado (y otras palabras similares)... Tengo que decirte desde el fondo de mi corazón que yo creo firmemente que has tomado una decisión equivocada [al no aceptar el trabajo de Administración de Emergencias] que puede afectarte enormemente en el futuro, y no positivamente. Ciertas señales fueron preocupantes y entre ellas, en mi opinión, la más importante es tu decisión de unirte a grupos de veteranos minusválidos. Esto me preocupa por dos razones: (a) Creo que muchos de los miembros de esos grupos, que supuestamente se apoyan mutuamente, esencialmente caen en la trampa (círculo vicioso) de ayudarse mutuamente a sacar la mayor ventaja posible de los beneficios para los minusválidos, agravando de esa forma su propia discapacidad y fortaleciendo su deseo de vivir de pensiones de desempleo en lugar de luchar para vencer su discapacidad; y (b) también creo que los miembros de esos grupos tienden a hundirse mutuamente hasta el "mínimo común denominador," similar al eslabón más débil en una cadena.*

Le respondí ocho horas más tarde, a la una y media de la mañana, con un mensaje que creo todavía compendia mejor que ningún otro el rumbo de mi vida desde la experiencia de Irak:

> *Papá: Comprendo tus puntos de vista y agradezco tu franqueza, preocupación y cariño.*
>
> *Mucho de lo que dices es lógico y razonable. Ciertamente no quisiera descender hasta el más bajo común denominador de los vivos. Dicho esto, he descuidado algunos temas que fundamentalmente están debilitando mi capacidad y la posibilidad de prosperar y vivir una vida feliz.*
>
> *De hecho, estoy tratando de ser honesto conmigo mismo para poder superar esta situación. Esto incluye no sucumbir al fácil camino de menor resistencia (negación), sino más bien tomar el camino de dificultades que sé me llevará a mi evolución.*
>
> *A pesar del camino que ahora he tomado, que incluye algunos elementos de miedo, me siento más en paz y en consecuencia con una mayor sensación de seguridad de que puedo avanzar de la manera que es realmente acorde con lo que estoy buscando y espero alcanzar.*
>
> *No espero que comprendas totalmente lo que digo, porque para ti mis experiencias son simples historias personales. Para mí son sangre, sudor y lágrimas que consumen mi ser.*

Creo que mi mensaje sonaba razonable, pero yo estaba muy conmocionado. Creo que mi padre nunca se dará cuenta de lo doloroso que fue para mí perder su respeto. Después de eso me encerré en mí mismo. Fuera de enviarles mi carta de aceptación a Columbia, no volví a hablar con mis padres durante meses. No les dije que no iría a pasar el Día de Acción de Gracias con ellos, simplemente no me presenté. Eso no tenía precedentes en la familia Montalván, y probablemente fue lo que me empujó a pasar todo ese fin de semana embriagándome con Bacardi, contemplando la idea de quedarme dormido y no volver a despertar.

Unas semanas después, el 15 de diciembre de 2007, recibí otro mensaje de correo electrónico de mi padre, donde me decía, en parte:

> *Fui donde un psiquiatra que me recomendaron para tratar de comprender qué fue lo que sucedió entre nosotros. Hablamos durante una hora y me recomendó leer algunos artículos y un par de sitios web, que he estado revisando.*
>
> *Si bien mi nivel de comprensión todavía está en las etapas iniciales, ahora me doy cuenta de que no debí enviarte ese correo electrónico, y te pido que me perdones. Respeto tu decisión (de no volverme a hablar), pero si quieres ayudarme a comprenderte estaré a tu disposición en cualquier momento.*

Era una concesión muy importante. Los hombres latinos de la generación de mi padre no acuden a terapeutas. Nunca dicen "No comprendo, por favor ayúdenme". Y muy rara vez piden disculpas. Al día siguiente hablamos por teléfono y pese a que no recuerdo lo que dijimos, recuerdo el alivio que sentí al oír su voz. "Cuenta conmigo —estamos juntos en esto", me escribió la noche siguiente. Sentado en mi apartamento sin muebles, lloré al leer esa línea.

Estaba muy confundido. Todavía estaba molesto con mi padre, pero él me había extendido la mano y yo extrañaba terriblemente a mis padres. No podía soportar la idea de pasar la Navidad sin ellos, y no solo porque temía pasar otro día festivo en mi apartamento sin otra compañía más que el alcohol. Por eso, dos días antes de Navidad hice lo que siempre hacía cuando necesitaba ayuda: llamé al padre Tim.

El padre Tim era un cura jesuita de California. Lo conocí por teléfono después de terminar mi segundo servicio en la primavera de 2006. En ese momento no estaba afiliado a las fuerzas armadas, pero un soldado amigo me dio su nombre. Fue una de esas sugerencias informales, "Yo sé los problemas que estás viviendo, amigo. Este hombre te puede ayudar".

Fui criado practicando la religión católica, y puedo decir esto sin vacilar: el padre Tim era el cura ideal. Conocía la vida militar, habiendo sido capellán para un Cuerpo de Entrenamiento de Oficiales de Reserva (ROTC, por sus siglas en inglés) universitario, y era un hombre muy culto. Poseía cinco títulos superiores incluyendo una maestría en Neurobiología, lo cual le permitía comprender cómo mi cerebro lesionado afectaba mis pensamientos, actos y control de impulsos. Había sido alcohólico y había logrado pasar los doce pasos para controlar su adicción. Todavía luchaba contra ella todos los días porque un alcohólico, al igual que una víctima de TEPT, nunca llega a estar curado. Era muy compasivo, paciente y considerado. Tal vez debido a su pasado nunca censuró mis decisiones ni errores. Sabía escuchar, daba consejos, pero también me guiaba a encontrar mis propias soluciones. Era profundamente religioso y compartía conmigo sus creencias, pero nunca me forzó a estar de acuerdo con ellas como condición para darme consuelo. No sé con cuántos soldados se comunicaba en ese tiempo, probablemente docenas, tal vez más, y sin embargo siempre estaba disponible, de día y de noche. Yo lo llamaba en mis momentos más oscuros, a veces a las cuatro de la mañana, pero nunca se negó a escucharme. Hubo meses en que llamaba todos los días al padre Tim, pero nunca se quejó.

Cuando le conté de la carta de Papá, me dijo simplemente, "Vuelve a tu casa".

Llegué sin previo aviso durante la cena tradicional de Nochebuena. Mi madre me abrazó con las mejillas bañadas en lágrimas. Era doloroso ver la tristeza y el temor reflejados en su rostro, y darme cuenta de cuánto sufrimiento le había causado mi estado. Cuando Papá me abrazó vi que también él estaba llorando. Es entonces cuando me derrumbé, porque nunca había visto a mi padre llorar. Eso es algo más que nunca sucede entre los hombres latinos de su generación.

"Lo siento", me dijo, pero yo no necesitaba decirlo. Nos quedamos abrazados largo rato, dos hombres grandes llorando emocionados, y eso fue más que suficiente.

No diré que las cosas fueron más fáciles después de eso. Yo continuaba en las garras del TEPT y cualquier interacción social, inclusive con mis padres, me dejaba mentalmente agotado. Por eso hablé muy pocas veces con ellos durante el siguiente año. Entre mis clases en Columbia y el hospital para veteranos en Brooklyn me quedaba sin energía. Pero ya no sentía odio hacia ellos. Ya no pensaba que estaban trabajando en mi contra como el Ejército y la sociedad en general. Ya no me sentía traicionado por las palabras de mi padre. A comienzos de mayo de 2008, cuando sucedió el ataque en la estación de metro, toqué fondo. Incapaz de enfrentarme con la burocracia del Departamento de Asuntos de Veteranos y desesperado por recibir los cuidados que necesitaba llamé a mi papá, que vino a Nueva York y me acompañó durante una reunión difícil con la junta hospitalaria. No recibí los cuidados necesarios, inclusive después de la reunión, pero tener a mi padre a mi lado me ayudó a mantener la cordura. Me comprendía, estaba de mi lado.

El viaje a Washington D.C. para el Día de Acción de Gracias no fue peligroso, pero no dejó de ser importante para mí. Mis padres eran mi principal apoyo emocional y quería que acogieran a Martes con cariño. Aun más, quería que Martes los impresionara. Sabía que tenían dudas. Antes le había contado a Papá que Martes reconocía ochenta órdenes diferentes y se mostró incrédulo. "Vaya", dijo riendo, "son más de las que tú reconoces".

Mamá no dijo nada. Más que mi padre, ella comprendía la gravedad de mi situación porque me conocía mejor que nadie. Me había visto tratando de readaptarme a la vida en Estados Unidos; había leído mis artículos y sabía que el último Día de Acción de

Gracias lo había pasado borracho de ron, preguntándome si el Gobierno cumpliría sus promesas antes de que fuera demasiado tarde. Vio los cambios que se operaron en mí, y estaba aterrada. Realmente aterrada.

No creía que Martes fuera la solución. Su hijo estaba sufriendo de enfermedades mentales y físicas, estaba solo y posiblemente vulnerable al suicidio. La idea de que un perro —¡un perro!— pudiera solucionar esos problemas le parecía absurda. No comprendía lo que Martes era capaz de hacer en cuanto a ayuda física. A menos que uno haya visto un perro de servicio balancear, estabilizar y realizar tareas para una persona discapacitada, no puede comprender hasta qué punto eso afecta la vida de la persona. Es un extraordinario cambio que ocurre a diario.

Pero más que eso, mi madre no era aficionada a los perros. Ni siquiera le gustaba mi schnauzer Max. Nunca supo cuánto significaba para mí; tan solo veía el pelo y la suciedad. No comprendía cuánto puede afectar la psicología y el ánimo, o aliviar la soledad y el dolor la compañía de un animal.

Yo quería convencerla de que Martes era una buena idea. No quería que se preocupara por mí, ni pensara que estaba renunciando a otras alternativas por la fe que tenía en él. Me estaba sometiendo a terapia, tanto personal como de grupo con otros veteranos, y tomaba regularmente más de veinte medicamentos para mis diferentes dolencias. Martes era una adición a esos tratamientos, y estaba haciendo una diferencia. Si podía convencer de eso a alguien tan escéptico como Mamá, francamente me sentiría más confiado en mis posibilidades de éxito. Y la confianza es muy importante.

Nada me demostró tanto lo valioso que era Martes como ese viaje a Washington D.C. El hecho es que a Martes le encantan los trenes. Le gustan tanto que debe haber sido conductor de tren en alguna vida anterior. Para mí eso era vital ya que mi situación económica me obligaba a tomar el metro cada vez que iba a Columbia. El metro era una pesadilla para mi cerebro afectado por el TEPT, viajes estresantes dentro de un tubo claustrofóbico lleno de rostros que mi mente estudiaba compulsivamente en busca de signos de malas intenciones. Para Martes eran fascinantes. Yo detesto el subterráneo, pero Martes caminaba alegremente por la plataforma ansioso por el espectáculo. Yo sabía que el tren se aproximaba porque Martes reaccionaba, se alejaba unos pasos para mirar el túnel, entusiasmado y alerta. En cuanto pasaba el primer vagón, Martes levantaba la cabeza y seguía el transcurso del tren con la lengua colgando, lleno de expectativa. Le gustaban los trenes expresos que no se detenían en cada estación, especialmente los que apenas frenaban y pasaban a toda velocidad con gran estrépito. Siempre se quedaba mirando hasta que el último vagón desaparecía, y luego me miraba con aire maravillado, como si hubiera visto un cohete viajando a la luna.

La verdad es que viajar en metro no era muy divertido. Los vagones olían mal, iban atestados y se sacudían y tambaleaban sin un patrón discernible. Además los frenos chirriaban horriblemente en cada parada. Es bueno que no se admitan animales a bordo porque pienso que muy pocos perros podrían aguantar el viaje. Un veterano que conocí llevó una vez a su gato en una perrera portátil. Al final del corto viaje el aterrado animal estaba empapado en su propia orina. Tal vez eso explique el horrible olor en los vagones. Me imagino que es el olor que Martes siente cada vez que pasamos frente a un retrete para perros grandes, comúnmente conocido como hidrante contra incendios. Con la diferencia que a Martes le gusta ese olor.

La verdad es que todo le gusta, es lo que tiene de maravilloso. Inclusive en el metro donde tiene que aguantar orines, multitudes, neoyorquinos descorteses y mis ataques de nervios, Martes parece estarlo pasando muy bien. En la mayoría de las ocasiones hago que se siente en el suelo frente a mí, erecto y alerta con sus hombros entre mis rodillas. Es una barrera física, y podría asirlo en cualquier momento si fuera necesario. Eso nunca parece molestarle; cuanto más nervioso estoy yo más calmado está él, y nunca está tan calmado como en el metro. Puede sentarse durante veinte minutos sin moverse, si eso es lo que yo necesito. Sin embargo el viaje en metro hasta Columbia demoró más de una hora y la inmovilidad terminó por cansarlo. Cuando no hay mucha gente a menudo le permito acostarse en el suelo, o darse vuelta y descansar su cabeza en mi regazo entre las paradas, cuando no hay peligro de que alguien le pise la cola. Cuando hay mucha gente acostumbro tenerlo entre mis rodillas y me inclino hacia delante rodeando su cuello con un brazo, hablándole suavemente al oído. Parece que estoy tratando de controlarlo para proteger a otros pasajeros, pero en realidad lo sostengo para calmarme yo.

El viaje en tren a Washington D.C. fue diferente. En cuanto Martes lo vio, brillando en la estación con docenas de vagones, comenzó a menear la cola con tanto vigor que todo su lomo se meneaba. Tal vez pensó que estábamos regresando a ECAD porque esa fue la única vez que viajamos en un tren de verdad, pero no se mostró desilusionado cuando se percató de que no era así. Simplemente se quedó acostado debajo de los grandes asientos dobles, levantando la cabeza cada vez que alguien pasaba por delante. Le encantó el conductor, lo observaba moviendo las cejas cuando vino a controlar los tickets. Finalmente, en algún lugar al sur de Nueva Jersey, el suave vaivén del tren lo hizo dormir. De rato en rato se levantaba para asegurarse de que yo estaba bien, y se quedaba un rato conmigo mirando por la ventana, viendo pasar los árboles, los postes de electricidad y las pequeñas casas de Nueva Jersey y Maryland. Era una sensación muy agradable tener a mi perro al lado, apoyando su tibio cuerpo en mi brazo. Pero no lo necesitaba. Me bastaba saber que estaba descansando debajo de mi asiento para calmar mi mente.

Me sorprendió ver que la casa de mis padres resultó confortable y natural tanto para Martes como para mí. Tenía un jardín cercado, así que lo dejaba corretear cada vez que teníamos unos minutos libres. Le gustaba dormir conmigo en el gran dormitorio en el piso de arriba y, al igual que a los demás, le encantó el aroma de la cocina de Mamá. Al instante conquistó a Papá, que puede ser un severo juez de caracteres. La primera tarde, mientras mi padre leía su periódico, Martes se acurrucó junto a él y apoyó la cabeza en su brazo.

"No lo acaricies", le advertí al ver que se echaba a reír.

Fue un pedido extraño, lo sé, pero Lu había insistido mucho en que por lo menos durante el primer mes nadie debía interactuar con mi perro de servicio. No se lo podía acariciar ni hablar o distraer mientras estuviera trabajando, lo cual por supuesto ocurría todo el tiempo. Rick y Mary, mis antiguos compañeros de clase en ECAD ni siquiera podían permitir que sus esposos tocaran a sus perros de servicio. No eran mascotas; eran nuestros sistemas de apoyo de vida. Nuestro vínculo era esencial, y Lu no quería que nada interfiriese con la mentalidad de "manada de dos" que necesitábamos para prosperar.

Y así, esa frase se repitió muchas veces ese fin de semana.

"No acaricien a Martes".

"No acaricien a Martes".

"Lo siento, pero no pueden acariciar a Martes".

Mi hermana había venido desde Nueva York con sus dos niños, ambos amantes de los perros, y debo haberles dicho eso cincuenta veces. Christina y yo vivíamos a corta distancia, pero nunca nos visitábamos. Ella tenía su propia familia y yo no quería inmiscuirme. En realidad no quería enfrentarme a ella. No me comprendía y sospecho que la había decepcionada. Tal vez inclusive me tuviera miedo. Y ahora aquí estaba yo, confundiendo totalmente a sus hijos.

"¿Por qué no podemos acariciar a Martes, tío Luis?"

"Porque no es un perro cualquiera. Es mi perro de servicio. Trabaja para mí. Por eso lleva este chaleco rojo, ¿comprenden? Es muy inteligente, me alcanza los zapatos y me ayuda a subir las escaleras y me recuerda que debo tomar mi medicación".

Deben haber pensado que estaba completamente loco.

Mamá era un problema más complicado, pero no traté de forzarla a aceptar a Martes. Claro que pedí a Martes encender y apagar las luces la primera noche. Hice que abriera las alacenas de la cocina ("Abre"), que me alcanzara su plato ("Busca"), y luego que lo colocara sobre el mostrador de la cocina (tres órdenes: "Arriba", "Alcanza" y "Coloca"). No traté de convencerla, simplemente quise que viera qué perro tan extraordinario era Martes. Se comportaba muy bien, nunca ladraba a menos que yo se lo pidiera. Se sentó tranquilo debajo de la mesa durante toda nuestra cena de Acción de Gracias, y solo ocasionalmente apoyaba su nariz en mis rodillas pidiendo cortésmente un trocito de pavo. Después de la primera advertencia nunca volvió a caminar sobre la alfombra favorita de Mamá, que para él debe haber sido su hazaña más importante.

Había producido un profundo cambio en mi vida, y yo sabía que mi madre lo comprendía. Ahora me enfocaba más en el presente y tenía menos tendencia a caer en pensamientos negativos. Dormía mejor, era más sociable y confiaba más en mi cuerpo. Y como sin duda mamá comprobó con placer, bebía menos. Mucho menos. Claro que ese Día de Acción de Gracias consumí una buena cantidad de vino, pero no lo hice por necesidad. No estaba tratando de ahogar mis problemas ni aquietar mi mente. Brindaba con los demás, un sorbo a la vez. Y creo que para mi madre esa fue suficiente razón para agradecer a Martes. Y para tener esperanzas.

"Es un perro muy educado", dijo Mamá al despedirnos. No era amor ni tampoco respeto, pero viniendo de una mujer que me había dado infinitas lecciones de buenos modales cuando era niño, era un buen comienzo.

"Gracias, Martes", le dije en el tren de vuelta a casa, abrazándolo como a un viejo amigo. Uno no sabe cuánto desea la aprobación de sus padres hasta que la ha perdido.

CAPÍTULO 14

AHUMADO

Todo perro debe tener su día.

—JONATHAN SWIFT

DE VUELTA EN BROOKLYN PARA LAS LARGAS VACACIONES escolares del invierno, me instalé en mi pequeño apartamento con mi gran perro. En un arranque de optimismo que arruinó mi crédito, había comprado una cama de doble ancho para que pudiéramos dormir juntos. Ocupó íntegramente una de las dos habitaciones de mi apartamento, por eso comencé a utilizar la cama como escritorio cuando hacía investigaciones sobre la guerra, y en particular sobre la ineficiencia y corrupción de la oficina regional de la Administración de Beneficios para Veteranos (VBA, por sus siglas en inglés) de la ciudad de Nueva York, de la cual yo y miles de otros veranos habíamos sido víctimas. Al final, esa investigación condujo a cambios radicales en la administración. Como parte de nuestro entrenamiento diario, enseñé a Martes a no subir a la cama mientras yo trabajaba, y luego me acostumbré a señalarle el edredón y decirle, "Sube, Martes, sube amigo". Entonces él subía y se acurrucaba a mi lado. Cuando finalmente apagaba la computadora varias horas más tarde, se acostaba a mi costado y yo sentía su tibio aliento en mi rostro. Siempre lo abrazaba y le hablaba. Respondía acariciándome suavemente con el hocico hasta que me quedaba dormido. Entonces él abandonaba mi cama y se acostaba en la suya, en el suelo.

Yo echaba de menos su tibieza, pero no me molestaba que prefiriera dormir en su propia cama. Estaba muy cerca y sabía que me estaba vigilando y escuchándome. Cada vez que despertaba de una pesadilla, desorientado y sin saber si estaba en Sunset Park o Al-Waleed o un lugar bombardeado en el sur de Bagdad, Martes estaba al lado de la cama esperando que alargara un brazo para tocarlo. Cuando yacía despierto mirando el techo, podía oír su respiración que marcaba un ritmo sosegado para mis pensamientos. Después de pocos minutos podía oír que Martes se movía, luego sentía la presión de sus patas delanteras en la cama, y finalmente la tibieza de su aliento. Martes siempre sabía cuándo yo estaba despierto.

Le compré juguetes para perros y pelotas de goma para mantenerlo entretenido. Todavía no me sentía listo para enfrentar el mundo exterior y además era invierno y el parque más cercano estaba a quince cuadras de distancia. Por eso cuando Martes y yo no estábamos practicando órdenes, me sentaba en el sillón y hacía rebotar la pelota de tenis contra la pared de mi sala. A Martes le encantaba perseguirla, pero la habitación era tan pequeña que le bastaba dar cuatro pasos para ir de un extremo a otro. Sin embargo, como era muy inteligente, pronto se dio cuenta de que la mejor técnica era dar dos pasos para tomar impulso y luego con un pequeño salto resbalar hacia la pared, chocando y dando vuelta antes de regresar a mi lado. Podía hacer esto cuarenta, cincuenta veces seguidas sin aburrirse. No era un gran ejercicio, pero Martes siempre regresaba con la cola levantada y una bola —o un calcetín— entre los dientes. Martes me alcanzaba las medias y zapatos cada mañana para ahorrarme el esfuerzo de agacharme forzando mi espalda. No sé cuántas veces, antes de Martes, me arruiné el día porque me lesionaba la espalda agachándome a recoger mis zapatos. Pero fueron muchos. Ahora Martes arruinaba mis medias en lugar de mi día. Le encantaba jugar con ellas antes de entregármelas, y con frecuencia tuve que ponérmelas humedecidas con su saliva.

Cuando salía para algo que no fueran clases en el Departamento de Asuntos de Veteranos, por lo general era de noche. La mayoría de la gente en Sunset Park evita salir después de la medianoche porque la tasa de delincuencia en la zona es alta. No ocurrían tantos atracos y robos, pero los grupos de adolescentes que merodeaban cerca de la Quinta Avenida y otras calles comerciales eran más intimidantes tarde en la noche. Existe la idea de que la gente que sale tarde en Sunset Park no es el tipo de gente con la que uno quisiera toparse.

Personalmente, no me molestaban las noches. El peligro de un ataque no me preocupaba, después de todo, ¿qué podía ser peor que Bagdad? Además me gustaba que las calles estuvieran desiertas. Para mí la mayor dificultad era avanzar por las calles durante el día, cuando había gente por todos lados.

Lo que define un TEPT no es el temor. Esa es una noción completamente falsa. Lo que lo define es una hipervigilancia. Los psicólogos la describen como el síndrome de lucha-o-huida, porque esencialmente es el estado de extrema excitación que las personas normales sienten cuando súbitamente se sienten en peligro, cuando la sangre se agolpa en la cabeza, los músculos se tensan y la respiración se hace más lenta. La persona entra en modo de supervivencia, está lista a huir o luchar por su vida. Para las personas normales esa sensación solo dura unos segundos, pero para veteranos traumatizados por la guerra es un estado casi permanente.

En *Aquiles en Vietnam*, un revelador libro sobre el TEPT, un veterano reprochó a su terapeuta, que es el autor del libro, por su indiferencia ante el mundo. Habían caminado las mismas calles muchas veces, pero el terapeuta nunca se dio cuenta. Por otro lado, el veterano no solo había observado al terapeuta, sino que conocía todos sus hábitos e idiosincrasias.

En Sunset Park me sentía exactamente de la misma manera. La mayoría de las personas caminan por las calles sin ver el mundo que las rodea. Podía verlo en sus ojos, y me sentía al mismo tiempo celoso de su absurdo sentido de seguridad y espantado ante su indiferencia. Analizaba a todos los que pasaban por mi lado, observando las expresiones de sus rostros, su lenguaje corporal, la forma cómo llevaban las manos. Me daba cuenta de la forma cómo vestían y las cosas que miraban. Si alguien me miraba dos veces lo veía como un potencial peligro, y recordaba el incidente no solo unos minutos, sino durante días y hasta semanas.

No era solo la gente. En mi estado de hipervigilancia estaba intensamente consciente de todo lo que me rodeaba. Veía las cosas con gran detalle, oía los sonidos individuales con mayor claridad, percibía olores individuales en el cargado aire de Nueva York. El olor de gasolina y de las alcantarillas, el fuerte aroma de los condimentos de la cocina oriental me recordaba inmediatamente a Irak. Podía *ver* Irak. La mayoría de los veteranos como yo no pensamos súbitamente que estamos en combate ni tenemos retrospectivas visuales como escenas de cine. Yo experimentaba la *sensación* de estar allí: la adrenalina, la excitación extrema, la conciencia de peligro inminente. Mi mente saltaba a cada momento en una ventana superior calculando las probabilidades, mientras que mis ojos escaneaban puertas, autos estacionados y basureros. Especialmente los basureros. Siempre estaban rebalsando con botellas y papeles, el lugar perfecto para una bomba improvisada.

Casi toda la gente odia a las ratas, pero a Martes le encantaban. Estiraba el cuello por encima del borde de la plataforma del metro para observar mejor a una rata. Solamente los trenes y las ardillas le causaban más entusiasmo. No me molestaban las que estaban vivas, pero las muertas me ponían nervioso. En Irak, los insurgentes escondían artefactos explosivos improvisados dentro de animales muertos y por eso nunca me acercaba a uno.

También utilizaban latas de gaseosa. Los insurgentes metían adentro suficientes explosivos como para volarte los brazos o la cara. Lo hacían todo el tiempo. En Sunset Park mi mente estaba buscando constantemente latas de gaseosa. No las evitaba —hubiera sido una locura cruzar la calle sólo para evitar una lata de gaseosa—, pero sabía exactamente dónde se encontraban y no me acercaba a ellas.

No lo hacía conscientemente. Sucedía en ráfagas de milisegundos en la profundidad de mi mente, pero en lugar de quedarse en el subconsciente como sucede con la gente común, las alertas llegaban constantemente a mis pensamientos conscientes. Mi mente se disparaba en una docena de direcciones diferentes a miles de millas por hora cada vez que salía a una calle concurrida. Eso era lo que producía la ansiedad, el constante chequeo, el examen para determinar si necesitaba tomar medidas.

Los medicamentos ayudaban. Las medicaciones adecuadas calmaban mi mente mejor que el alcohol. Pero nada me tranquilizaba tanto como Martes. Verlo frente a mí caminando con calma me serenaba. Después de todo, estaba entrenado para reconocer cualquier cosa inusual y alertarme al menor indicio de peligro. Cuando me sobresaltaba con las sombras, lo veía con el rabillo del ojo y pensaba, *Martes está tranquilo, así que no hay nada allí. Todo está bien.*

Por supuesto, Martes no estaba siempre calmado. Nunca se dejó llevar por el pánico, pero se distraía ocasionalmente, especialmente durante los primeros meses. Era comprensible. ¿Cómo podía un perro, inclusive uno tan bien entrenado como Martes, no distraerse ante la música a todo volumen, luces, vehículos y multitudes en la Quinta Avenida de Sunset Park? Muchos perros de servicio nunca podrían trabajar en Nueva York. Hay demasiados estímulos, demasiado concreto y poco césped. Es un trabajo, cuando menos, único.

Pero conocer las dificultades no me facilitó la falta de concentración de Martes. Cuando se distraía yo me sentía inseguro. En los años siguientes aprendí a interpretar sus reacciones. Sabía cuándo su mente divagaba, cuándo estaba interesado en algo (una ardilla, un árbol con olor a orine), y cuándo estaba alerta a un posible peligro. Conocer el estado de ánimo de Martes me tranquilizó la mente, porque supe que podía confiar en su vigilancia. Ahora puedo caminar por la calle sin temor ni preocupación porque tengo confianza en que Martes me alertará si percibe un peligro. Durante los primeros meses, antes de aprender a confiar en sus instintos, la mayor contribución de Martes fue su presencia. Era mi guía y, al caminar delante de mí, simbólicamente me estaba mostrando la ruta. Era mi escudo contra el mundo, pero también era una diversión. Si alguien me tenía que mirar, primero miraban a Martes y eso era un alivio para mí.

Con todo, yo prefería la noche, especialmente en invierno cuando hacía demasiado frío para que la gente saliera por mucho rato. A menudo durante ese diciembre me abrigaba bien, vestía a Martes con su chaleco de perro de servicio y salíamos a la tienda de conveniencia o a una licorería que estaba siempre abierta, donde la mampara de vidrio a prueba de balas me garantizaba que no entraría en contacto con otro ser humano. Era agradable estar fuera, donde el aire era fresco y donde Martes caminaba alegremente a mi costado, feliz de estirar las piernas después de muchas horas bajo techo. Supongo que a esa hora las calles parecían un poco macabras, con los delgados árboles en mi cuadra que proyectaban sombras sobre las oxidadas barandillas de hierro, el zumbido amarillo del poste de luz en la esquina... las casas donde las mujeres pasaban el día sentadas en sillas plegables tendían a ser oscuras y con la pintura descascarada; se oía música golpeando suavemente desde una ventana abierta. Al final de la cuadra estaba la Quinta Avenida —la de Brooklyn, no la de Manhattan—, que era el área comercial principal. Allí la noche se animaba con la calle y veredas más anchas, y pese a que la mayoría de los edificios estaban cerrados, el alumbrado público evitaba que las sombras se proyectaran hacia la calle. Yo estaba a una cuadra de la licorería, dos cuadras de la tienda de conveniencia que estaba abierta toda la noche, e inclusive en invierno grupos de jóvenes rondaban en las veredas, apoyados en los autos o los escaparates. En su mayoría eran matones, jóvenes con demasiado tiempo libre, pero nunca me preocuparon. Es cierto que yo caminaba cojeando, pero me apoyaba en un gran bastón de madera conocido como un Bubba Stick. Y en mi estado de extrema alerta ya los estaba estudiando desde una cuadra de distancia. Para cuando estaba suficientemente cerca para que me dieran problemas, ya conocía su dinámica de grupo, su estado de ánimo y sus intenciones. De ninguna manera me hubieran podido tomar por sorpresa.

Y nunca trataron de hacerlo. Yo medía más de seis pies y era musculoso, inclusive si lucía desgarbado con mi abrigo negro. Tenía cabello oscuro y largo, barba completa y una expresión sombría, no era precisamente el tipo con quien alguien quisiera meterse, especialmente teniendo un perro grande a mi lado. Martes puede haber sido un dulce golden retriever, pero medía tres pies y tenía ochenta libras de músculo, no había muchos matones callejeros que osaran provocar a un perro como ese. Además ni él ni yo mostrábamos temor o duda. Nunca los miramos a los ojos, pero ellos eran lo suficientemente inteligentes como para darse cuenta de que no era por miedo. En algún lugar subconsciente de mi mente yo estaba listo para una pelea. A veces creo inclusive que la deseaba. Por esa razón guardaba mi cuchillo en el fondo del bolsillo. No quería que estuviese muy fácilmente accesible.

Al salir de la licorería a menudo caminábamos algunas cuadras adicionales por la Quinta Avenida, luego subíamos hasta la Sexta y finalmente regresábamos. En la esquina de mi casa hay un pequeño parque que, según un pequeño letrero verde, se llama Rainbow Park, pero no es otra cosa que un bloque de concreto que contiene una cancha de baloncesto sin redes, y dos canchas de balonmano separadas por una pared de concreto y rodeadas por una valla de tela metálica de veinte pies. Martes siempre tiraba suavemente de la correa cuando pasábamos por el parque Yo sabía lo que me estaba pidiendo, pero no me gustaba la idea. El parque cerraba al anochecer. Los policías patrullaban regularmente la Sexta Avenida, y me harían preguntas si me veían caminando tarde por la zona. Me hubiera gustado complacer a Martes, pero no quería ser sometido a ese tipo de escrutinio.

Entonces me di cuenta de que la cancha de balonmano detrás de la pared de concreto no era muy visible desde la calle. Pensé en eso durante semanas, ignorando el pedido de Martes, hasta que una noche, poco después del Año Nuevo, salimos de la casa y subimos la cuesta hasta la Sexta Avenida. Eran más de las doce, nuestro aliento formaba nubes blancas pero lo único que se oía era el sonido de mi bastón contra el concreto. Martes caminaba unos pasos por delante, tirando suavemente de la correa. No le había puesto el chaleco de perro de servicio, eso lo hacía sospechar que estaba planeando algo diferente y yo percibía su entusiasmo. Cuando vio el parque se dirigió hacia él con un movimiento tan imperceptible que solo alguien con una correa de mano podría haber detectado. Pese a su delicada insinuación, él esperaba que yo prosiguiera hacia la Sexta Avenida, como siempre, pero esta vez pasamos al otro lado del muro. El portón no tenía candado, lo abrí y conduje a Martes hacia la cancha de balonmano. Los postes de luz iluminaban la calle, pero la pared de concreto proyectaba una sombra oscura. Lentamente me arrodillé y solté la correa. Martes me miró fijamente con su sonrisa natural, interpretando mi expresión. Estaba excitado pero esperaba sentado en silencio, como un perro de servicio perfectamente educado. Pasé el bastón a mi mano izquierda y saqué del bolsillo una bola de tenis.

"¿Quieres jugar, Martes?".

Se levantó, listo para salir corriendo pero sin perder contacto visual conmigo hasta que lancé la bola contra la pared de concreto. Martes dio un salto, girando en el aire mientras la bola pasaba por encima de su cabeza. Me reí al verlo correr para recuperar la bola en la esquina, y luego regresar a mi lado con la bola entre los dientes.

"¿Lo hacemos de nuevo?" le dije, lanzando la bola cubierta de saliva.

Se repitió la escena, y para cuando me trajo la bola de vuelta ya estaba casi sin aliento.

Volví a arrojar la bola. Martes salió corriendo detrás, la bola rebotaba rápidamente en la cancha de concreto. La arrojé en diferentes direcciones, tratando de que le pasara de largo cada vez. Esperaba que se cansara, pero cuanto más corría detrás de la bola, más quería correr. En el Ejército tenemos una expresión: "quedar ahumado". Hacíamos ejercicio temprano en la mañana, esforzándonos hasta quedar bañados en sudor. Cuando subía la temperatura el sudor se iba evaporando, hasta que en los días más calientes nuestros hombros despedían una nube de vapor que parecía humo. Para cuando me cansé de arrojar bolas de tenis, Martes estaba ahumado. No era sudor, ya que los perros no transpiran, pero el calor que despedía llegaba hasta su cabeza. Se quedó de pie mirándome a través de una pálida nube, exhalando grandes bocanadas de vapor y con una expresión en la cara que me recordó a los tiempos cuando yo quedaba ahumado, mucho antes de mis lesiones. Era una expresión de cansancio y felicidad. Martes hubiera podido correr durante días enteros.

Durante el resto del invierno continuamos caminando hasta el Rainbow Park, por lo general entre medianoche y las cinco de la mañana, cuando el mundo estaba descansando. Las luces de los postes de alumbrado zumbaban y de rato en rato se oía el suave ruido que hacía un auto al pasar, pero de otro modo no había más que el golpe de la bola al estrellarse contra la pared de concreto y ocasionalmente una palabra de estímulo mientras un veterano desvelado se apoyaba en su bastón en las sombras mientras su perro quedaba ahumado.

CAPÍTULO 15

GATOS Y PERROS

Hay que aprender a amar, una y otra vez;
para ese aprendizaje no hay fin.

—KATHERINE ANNE PORTER

A LOS DOS MESES DE VIVIR JUNTOS, MARTES Y YO NOS LLEvábamos muy bien. Desarrollamos un saludable respeto mutuo, nos fuimos uniendo cada vez más, y Martes empezó a darse cuenta de que lo nuestro era algo más que una relación pasajera. Algunos perros de servicio se sientan a ver la televisión porque eso es lo que hacen sus dueños. Martes, sin embargo, viajaba a Washington, D.C., jugaba en el Rainbow Park y montaba en el metro cada cierto número de días para acompañarme a Columbia y al Hospital de Veteranos de Manhattan. Era un perro activo y eso le gustaba. Y le gustaba todavía más que yo le mostrara afecto y le dedicara atención. Desde que nos conocimos, nunca se mostró deferente conmigo simplemente por ser yo el "líder de la jauría", y pienso que comenzó a apreciarme y a verme como un compañero desde lo sucedido en Rainbow Park.

A pesar de ello, todavía existían unos cuantos escollos, especialmente en situaciones sociales. Yo tenía problemas, y me avergüenza admitirlo, con las personas del Medio Oriente. Si alguien me parecía procedente de esa zona geográfica, mi mente sencillamente se ponía a toda marcha a detectar señales de peligro. Es una actitud racista, lo admito, pero no sentía odio. En absoluto. Quiero mucho a mis amigos iraquíes y siento respeto por el mundo musulmán. Pero es que el cien por ciento de las personas que han intentado matarme alguna vez, que han sido muchas, procedían todas del Medio Oriente. Me pasé casi dos años escudriñando rostros en las provincias de Al-Anbar, Bagdad y Nínive tratando de determinar quiénes serían los próximos en atacar, y una vez en Estados Unidos, no pude dejar de hacer lo mismo. Ese es un síntoma TEPT, es decir, la incapacidad de comportarse en la sociedad civil como si uno no estuviera fuera ya del campo de combate. En mi mente no importaba que los hombres jóvenes con rasgos musulmanes estuvieran bien vestidos y rumbo al trabajo en pleno Manhattan: eso podía ser una distracción. No importaba tampoco que fueran mujeres, especialmente si llevaban la cabeza tapada con pañuelos. Los combatientes enemigos a menudo se vestían como mujeres y además, las propias mujeres han sido capaces de inmolarse y hacerse trizas. Todas esas vírgenes en el cielo eran una cortina de humo; las causas reales de los atentados suicidas, al igual que la mayoría de otras atrocidades que se cometen en el mundo, eran la pobreza, la propaganda, la estupidez y la ira, y esas causas no eran exclusivas del sexo masculino.

Martes, mientras tanto, tenía un problema con los gatos. No les tenía miedo, pero desconfiaba de ellos. Le parecían locos, y su falta de intenciones y acciones lógicas, al menos desde su punto de vista, lo dejaban francamente asustado. Lu me contó, en tono de broma, sobre la cautelosa relación de Martes con un gato que vivía cerca de ECAD, pero en realidad pienso que no decidió su postura en relación a los gatos hasta el incidente en Sunset Park.

Eran más o menos las ocho y media de la noche, una hora difícil para Martes y para mí porque las calles estaban todavía concurridas. Estábamos pasando frente al restaurante George en la Quinta Avenida cuando, de pronto, un gato callejero y sarnoso saltó desde unos matorrales y cayó sobre el lomo de Martes. No exagero: saltó en total modo de ataque, con las garras extendidas, siseando y arañando. Me sorprendí tanto que casi me caigo. Con toda mi hipervigilancia y nunca vi venir al gato. Nos atacó como una fiera. Por suerte, cayó sobre el chaleco de Martes, pero las uñas se hundieron tanto en la tela que Martes no podía sacudírselo. Se retorcía y gruñía, tratando de desprenderlo, pero el gato seguía justo en aquel punto de la espalda al que no puedes llegar, y sin intenciones de soltarse. Intenté desprenderlo empujándolo con mi bastón, pero Martes se movía tanto que fallé varias veces. Por fin, Martes se dobló como hacen los toros en los rodeos y el gato salió volando hasta que aterrizó en cuatro patas sobre los matorrales. Se encogió de hombros, se concentró durante un momento, se dio la vuelta y se abalanzó de nuevo sobre Martes.

"¡Esto no puede ser!" me dije.

El gato estaba a un pie de distancia de Martes, siseando y lanzándole zarpazos. Martes mantenía la cabeza baja, gruñendo como para advertirle que no se acercara. Yo tiraba de la correa, tratando de que Martes no hiriera a aquel animal enloquecido mientras me apoyaba en el bastón para guardar el equilibrio. Y seguía repitiendo, "Fuera, gato estúpido. Lárgate de aquí", agitando el bastón tanto como me era posible. Me imagino que aquello era todo un espectáculo porque pronto se acumuló un pequeño grupo de personas a nuestro alrededor. Todos decían, *Fuera, gato, fuera*, la mitad de ellos en un idioma extranjero y la otra mitad en inglés con un fuerte acento. Un hombre asiático se apareció con una escoba y entre el gato moviéndose en círculos, los escobazos y las embestidas de mi bastón, se armó un número de circo. Finalmente, el gato retrocedió hacia los matorrales, y Martes y yo nos retiramos a nuestro apartamento, en donde él me dirigió una mirada que parecía decirme, *¿Lo ves? Te lo dije —los gatos están locos.*

Así que no fue un momento muy afortunado cuando unas cuantas semanas más tarde entré a una tienda para mascotas y vi en uno de los pasillos a una mujer con un *hijab* (el velo con el que las mujeres musulmanas se cubren la cabeza). Confieso que sentí un poco de pánico. "Por aquí, Martes, por aquí", dije, empujándolo hacia el pasillo opuesto.

Casi al llegar a la esquina, Martes se paralizó. Había un gato en medio del pasillo. ¡Qué horror! ¿Y ahora qué? Martes no daba un paso más hacia delante. Yo, por mi parte, no pensaba retroceder. El gato nos miraba desganadamente, sin ninguna intención de retirarse. Así que Martes y yo nos quedamos inmóviles, arrinconados junto al anuncio de las carnes en lata, esperando a que se marchara la encantadora señora con el *hijab*, proceso que en mi condición, les juro, me pareció que tomó unas tres semanas. Sería una historia digna de avergonzar a cualquiera si no fuera tan emblemática de la forma en que Martes y yo vivíamos en aquella época. Teníamos nuestros propios problemas, como todos los demás.

Pero para equilibrar las cosas, Martes era un perro sociable. Mucho más sociable que yo. No quería saber nada con los gatos, pero sentía una innata curiosidad por todo lo demás, especialmente las ardillas. Una sección del campus de Columbia siempre estaba repleto de ardillas, y al comienzo del nuevo semestre empecé a caminar por allí con Martes para que pudiera observarlas. Él hubiera querido lanzarse a correr. Con la excitación que sentía, casi temblaba —lo que a menudo lo hacía orinarse, aunque no sé si se trataba de una cuestión biológica, simple coincidencia, o una marca intencional de aquel majestuoso santuario para perseguir ardillas—, pero no podía soltarlo de la correa. Él era un perro de servicio; lo más que yo podía ofrecerle era dejarlo soñar despierto con sus correrías.

Y aun así, al llegar enero ya sabía que nuestro mundo ordenado y protegido iba a empezar a cambiar. Durante semanas, cada vez que Martes y yo llegábamos a casa, sentíamos pequeñas pisadas en el apartamento del dueño, Mike Chung, cuyo apartamento en la planta baja estaba situado al frente de la puerta de entrada. Las pisadas comenzaban despacio, luego se sentía un repique más rápido sobre el piso de linóleo que terminaba con un repentino golpetazo contra la puerta que siempre lograba sobresaltar a Martes. Después de un corto silencio, y mucho olfateo por su parte, se escuchaba un rápido movimiento, acompañado de un lloriqueo intenso y arañazos en el suelo, a medida que la criatura del otro lado trataba de cavar como para abrirse paso bajo la puerta.

"Vamos, Martes", le decía, tirando de él hacia la estrecha escalera. Siempre se quedaba rezagado, contemplando la ranura bajo la puerta, pero una vez recuperada su atención, volvía a ser el mismo Martes de siempre, caminando despacio junto a mí para que pudiera apoyarme en él en los escalones.

Un día, mientras trabajaba en mi escritorio, noté que Martes, que reposaba adormilado durante la tarde, se incorporó de pronto, levantó las orejas con atención y miró fijamente a la puerta. Unos segundos más tarde, escuché pasos rápidos en la escalera, seguidos de un jadeo pesado junto a la entrada.

Había llegado el momento. La criatura estaba allá afuera.

Pero nada sucedió, para gran desilusión de Martes. Cuando los ruidos se repitieron, Martes me miró como implorando, pero negué con la cabeza. El animal arañó la puerta, luego se quejó y escuché pasos pesados en la escalera.

No toques a la puerta, pensé. *No toques a la puerta.*

No es que Martes no pudiera tener amigos. Ya habíamos superado los dos meses del período de vinculación, y sabía que me aceptaba como su perro alfa. Mi duda era más bien de tipo personal. Me sentía cómodo con Martes a mi lado, solos él y yo, y no quería que la situación cambiara. Deseaba mantener intactos el tiempo que pasábamos a solas y nuestro refugio dentro del edificio. Sabía que en algún momento tendría que reconectarme con el mundo exterior y que Martes sería mi guía hasta ese momento, pero no estaba listo todavía para eso.

Sin embargo, Martes parecía realmente tan entusiasmado que sabía que no lo podía mantener apartado por mucho tiempo. Lo quería demasiado para hacerle eso. Así que cada vez con menos reticencia, me puse a escuchar las patitas en la escalera, el suave lloriqueo y las intensas pisadas. Algunas veces me alegraba cuando una voz femenina decía, "Ven, Welly. Vámonos". Otras veces me sentía decepcionado. No iba a ser yo quien iniciara el contacto, pero estaba listo para abrir la puerta.

Así que cuando al fin escuché el llamado a mi puerta, me sentí aliviado. Era Huang, la esposa del dueño. "¿Le importaría que Martes jugara con Wellington?", me preguntó.

Bajé la mirada. Junto a ella había un bulldog francés, pequeño y musculoso, un tercio del tamaño de Martes. Era casi todo blanco, con unas cuantas manchas café, las patas encorvadas y la típica cara de un bulldog: hocico aplastado, ojos saltones, mofletes blandos, y el labio inferior fruncido con una determinación tal que no había visto jamás en la vida. Tuve que admitirlo: el perro tenía personalidad.

"Claro que sí", le dije, tratando de no reírme. El dueño camboyano de mi apartamento tenía un bulldog francés con nombre británico y una actitud metropolitana, muy a lo Nueva York. "Martes", le dije mientras me volteaba hacia él, "te presento a Welli…".

De una estampida, Martes salió por la puerta antes de que terminara la presentación. Tampoco se detuvo para el clásico olisqueo con el que los perros entablan amistad. Salió disparado y tumbó a Wellington de espaldas. Welly se enderezó de un salto, dio un rápido ladrido, apretó el labio inferior y saltó sobre Martes que, tres veces su tamaño, lo empujó con entusiasmo hasta hacerlo caer sentado sobre el trasero. Forcejeando en el rellano de la escalera, el pequeño Welly intentaba saltar sobre el grandulón de Martes, quien siempre lograba mantenerlo a raya hasta que, de repente, desaparecieron por las escaleras enroscados en un ovillo de patas, pelajes y hocicos.

Cuando Huang y yo llegamos por fin a las escaleras, Martes ya estaba en pie y saltaba los peldaños de cuatro en cuatro. Wellington le seguía los pasos, pisando sobre cada escalón con sus patitas encorvadas, pero lo que le faltaba en tamaño le sobraba en determinación. Martes me miró desde lo alto de las escaleras, con la lengua afuera y las cejas que subían y bajaban, antes de que Wellington le pegara por el costado, haciéndolo chocar contra la pared. Inmediatamente ya estaban de nuevo en la refriega, rodando y saltando el uno sobre el otro, Martes acostado sobre el lomo y Wellington correteándole alrededor de la cabeza. Con los dientes, Welly le agarró una oreja a Martes; Martes colocó una pata sobre un hombro de Welly. Resoplaron, jadearon y se empujaron una y otra vez hasta que, de pronto, rodaron de nuevo escaleras abajo. Eché un vistazo hacia el fondo y Martes estaba allí sentado, jadeando y con una expresión bobalicona en la cara.

"Martes, ¿dónde está Welly?".

Martes se paró y allí estaba Wellington, desparramado en el suelo y con ojos de loco. El perrito respiraba con dificultad a través de su hocico aplastado, pero encantado con el juego. Se incorporó de pronto y corrió escaleras a arriba, con Martes siguiéndole los pasos y tirándole mordiscos a la cola.

Huang se echo a reír. Yo hice lo mismo. Resultaba muy divertido ver al musculoso perrito corriendo en círculos alrededor de Martes. Wellington tenía la energía, pero Martes era más inteligente, acorralándolo juguetonamente en un rincón y embistiéndolo con la cabeza mientras Welly trataba de agarrar las orejas de Martes con la boca.

"Creo que se caen bien", dijo Huang.

"Creo que tiene razón".

Después de aquello, todo sucedía como en el videojuego de Donkey Kong. Cada vez que entrábamos al edificio, me parecía a mí, la puerta de Mike y Huang se abría y Welly salía a toda carrera. Martes se preparaba para recibir el impacto y lanzaba al perrito al suelo, mordisqueándole la barriguita. Entonces Wellington salía disparado escalera arriba con Martes resoplando en la retaguardia.

Luego los dos venían corriendo escaleras abajo, mientras Mike y yo, y algunas veces Huang, nos parábamos en el rellano a reír.

En una oportunidad, Martes vino rodando por las escaleras cubierto de un polvillo blanco y trozos de yeso. Desde el fondo de las escaleras podía ver el agujero que había abierto al golpear la pared. A Mike le hizo gracia.

"No se preocupe", dijo. "Yo lo arreglo".

Yo era un buen inquilino. Era extremadamente callado —nunca recibía visitas, no tocaba música ni tenía televisor, en raras ocasiones hablaba solo y en voz muy baja, era patológicamente ordenado y siempre pagaba el alquiler a tiempo. Le caía bien a Mike por esas razones, pero hasta que Welly y Martes comenzaron a jugar, no nos habíamos dirigido más que unas cuantas palabras. Después de que empezaron los jugueteos, a menudo nos quedábamos a conversar en el pasillo. Era un hombre agradable, sobreviviente de los campos de exterminio camboyanos, padre de dos hijos ya crecidos y, estoy seguro de que se sorprendería si supiera que, por unos cuantos meses, fue mi mejor amigo en Nueva York. Al menos, era la única persona con la que conversaba habitualmente.

Mike disfrutaba también de mi compañía y lo sé porque tuvo que reparar la pared en lo alto de la escalera diez o doce veces más en los meses siguientes, y siempre lo hizo riendo. "A ellos les gusta", decía. "Déjelos jugar".

Y en verdad les gustaba. Les digo, eran dos perros con mucho entusiasmo y les encantaba perseguirse. Corrían uno hacia el otro, aunque la escalera tenía solamente pocos pies de ancho, y cuando se golpeaban, lo hacían con fuerza. Wellington era pequeño, pero era un bruto con músculos.

"Corre como Emmitt Smith", decía Mike orgullosamente. Y era cierto. Emmitt Smith, el gran corredor de los Dallas Cowboys, tenía un centro de gravedad bajo y un potente estilo al correr, con carreras rápidas y cortas. Welly corría de la misma forma, haciendo que Martes se volteara mientras él se abalanzaba sin descanso de un lado a otro, con la excepción de que tenía las patas arqueadas, era nervioso y movía el trasero incesantemente como si estuviera revolviendo tragos margaritas con el pequeño rabo. Cuando peleaban, se esforzaban por ganar, y cuando se caían por las escaleras, rodaban con fuerza, cabeza abajo, sin dejar de forcejear y sin ánimo de parar hasta que llegaban al suelo.

Pronto me di cuenta de que si Martes y yo necesitábamos ir a algún sitio, tenía que salir una media hora antes por si Wellington nos atacaba. El juego les tomaba unos veinte minutos. Ese era el tiempo que hacía falta para que Wellington cayera rendido, jadeando de cansancio, echándose sobre el piso fresco en la base de las escaleras. Martes se le unía a menudo; para ese entonces también se encontraba exhausto.

Los otros diez minutos, desafortunadamente, eran para limpiar la baba que dejaba Welly en las orejas de Martes. Tenía las orejas grandes y flexibles de los golden retrievers y después de que Wellington las mordía y tiraba de ellas durante veinte minutos, chorreaban saliva como paños de cocina. Martes era mi amigo. No podía dejarlo salir de casa en aquel estado. Aquella baba se sentía fría, incómoda. Y además… asquerosa.

CAPÍTULO 16

ESPERANZA Y CAMBIO

Ganas fuerza, coraje y confianza con cada experiencia en la que realmente te detienes a enfrentarte al miedo cara a cara... Tienes que hacer aquello que piensas que no puedes hacer.

—ELEANOR ROOSEVELT

MIENTRAS MARTES ROMPÍA EL HIELO EN EL PLANO SOCIAL con Wellington y mi optimismo hacia el futuro crecía día a día, decidí asistir a la inauguración presidencial de Barack Obama el 20 de enero de 2009. Desde la perspectiva del trastorno por estrés postraumático, el evento era, en potencia, un desastre igual al de la fiesta en el apartamento de mi profesor en noviembre: un ambiente caldeado, ruidoso y repleto de gente. En lugar de veinte personas, habría unas veinte mil. Por lo menos, no tendría que hacer una presentación en público.

Pero la situación era diferente también. Yo me sentía más a gusto con Martes, y los dos sabíamos manejar las reuniones públicas mucho mejor. Yo ya no era tan inocente en relación a los retos de un perro de servicio, especialmente en una multitud, y estaba mentalmente preparado para afrontarlos. Y quizás lo más importante, en lugar de un sentimiento negativo hacia el evento, estaba eufórico. La era de George W. Bush se había terminado (no voy a decir la era republicana porque las dos tienen poco en común), y estaba entusiasmado con la nueva dirección prometida por Obama. Esperanza y cambio. Cambio y esperanza. En los tres meses después de la elección —los tres meses que me había pasado con Martes— había vivido la realidad de esas dos palabras.

En los años transcurridos desde entonces, al igual que muchas personas, me he sentido decepcionado. Nunca pensé que las cosas cambiarían de un día para otro. La vida me ha enseñado que solamente a través del trabajo duro y continuo, progresando un paso a la vez durante un largo período de tiempo, es que se pueden alcanzar las metas que valen la pena, ya se trate de entrenar un ejército para el combate o aprender a salir adelante con heridas de guerra y un perro de servicio. Creo que el concepto de trabajo duro, al fin y al cabo, fue un obstáculo fundamental para Bush. En realidad él nunca trabajó para obtener sus recompensas, especialmente de joven, por lo que jamás entendió cuánto trabajo duro involucraba, por ejemplo, invadir un país y establecer una democracia en una sociedad profundamente dividida en donde nada parecido había existido antes. Asumió que sería tarea fácil, e hizo sus planes de acuerdo a esa premisa.

El presidente Obama, procedente de la clase media, sí sabía del trabajo duro. Creo que apreció el enorme esfuerzo que nuestros soldados realizan a diario y quiso ayudarlos. Aumentó el presupuesto del Departamento de Asuntos de Veteranos, por ejemplo, lo que alivió el problema de la atención inadecuada a los veteranos aunque, desafortunadamente, eso no se ha resuelto del todo. Pero falló en lo más importante para mí y para muchos otros votantes interesados fundamentalmente en asuntos militares: nunca exigió responsabilidad. Los dirigentes que arruinaron la guerra mediante el egoísmo y una terrible planificación, desde el secretario de Defensa Rumsfeld para abajo, nunca pagaron por sus errores. Los oficiales que realmente crearon el entorno de abuso en Abu Ghraib nunca fueron nombrados, mucho menos castigados. El general Stanley McChrystal, un hombre involucrado en las desmesuradas mentiras sobre la muerte de Pat Tillman —un ex jugador de fútbol profesional convertido en comando del Ejército (que por cierto murió en un fuego amistoso)— fue el líder elegido personalmente por el presidente para la guerra en Afganistán. Era como si el país estuviera contemplando desde un precipicio los restos destrozados de un autobús caído en un barranco, pero Obama, al igual que Bush antes que él, rehusó reconocer que alguien lo condujo hasta allí. ¡Vaya responsabilidad!

Por supuesto, aquello estaba en el futuro. El 20 de enero de 2009, yo estaba celebrando posibilidades —una nueva dirección para la misión militar de Estados Unidos y una nueva vida para mí. Ese fin de semana, en el tren hacia Washington D.C. con Martes a mi lado, me sentía libre. Me dirigía a un tipo de evento que, menos de tres meses atrás, me hubiera producido una ansiedad paralizante, y ni siquiera me preocupaba la multitud. En vez, contemplaba a Martes y me reía. Al perro le encantaban los trenes. Le gustaban el ruido, el movimiento, las personas pasando por el pasillo y el paisaje que veíamos por la ventanilla. Nos movíamos, Martes y yo, en la dirección correcta.

En la fiesta de noviembre en casa de mi profesor, todo salió mal: malos perros, malos recuerdos y el hocico de un perro de servicio en una falda de tubo. En Washington, sucedió exactamente lo contrario. Todo nos salió bien. Martes y yo fuimos invitados por los Veteranos de América de Irak y Afganistán (IAVA, por sus siglas en inglés), así que estuvimos entre un grupo de personas con intereses comunes. La mayor parte del evento tuvo lugar en espacios abiertos, por lo que fue menos claustrofóbico. Martes fue el único perro, con la excepción de los pastores alemanes detectores de bombas que acechaban en cada entrada, así que no había cachorritos de bolso de mano molestos que lo distrajeran.

Y Martes estaba concentrado. Siempre he creído que, como compañero suyo, yo tenía la responsabilidad de darle a Martes una vida que pudiera disfrutar. Yo no sabía cómo se sentiría en su primera fiesta a gran escala —la música, las luces, los globos y las serpentinas—, pero estaba preparado para pasarle suficiente comida por debajo de la mesa como para mantenerlo contento a mi lado. No tendría que haberme preocupado, porque Martes nunca se apartó de mí. Nunca. Ni una sola vez. Ni siquiera cuando el camarero llegó con una bandeja repleta de galletitas para perro en forma de burro (de acuerdo, eso no sucedió). Pero eso sí, montamos juntos en un elevador atestado de gente. Eso es algo en lo que uno nunca piensa, montarse en un elevador lleno con un perro de ochenta libras. En cada piso, la gente avanzaba para entrar y de pronto se detenían abruptamente al descubrir a Martes que los miraba fijamente. "Perro de servicio", les decía. No sé si sabían lo que eso significa. A lo mejor pensaron que se trataba de un perro del Servicio Secreto, o un perro de servicio militar de regreso de un período en Irak, pero nunca me preguntaron. A medio camino, el pobre Martes estaba bien apretado y contemplando traseros, aunque no parecía molesto en absoluto. (Y no, no los olfateó… al menos, eso creo).

En la fiesta, todo el mundo quería conocer a Martes. Cuando supieron que yo era un veterano herido y Martes mi perro de servicio, querían abrazarnos a los dos. No los dejé, por supuesto, no estábamos listos para eso. Cuando me tropecé con dos atractivas mujeres en el bar (literalmente tropecé con ellas, había mucha gente), Martes se comportó como todo un caballero, moviendo las cejas mientras ellas hacían comentarios sobre su belleza y su porte. *Qué diablos*, pensé, *es una fiesta. Qué importa si le pasan la mano.* Martes, por su parte, estaba encantado. Lynette y Jeri eran de Miami, y como soy cubanoamericano con varios familiares residentes en esa ciudad, la conversación fue girando hacia otros temas. Cosas de la vida. Cosas de personas normales. Conversamos durante unos veinte minutos y no me avergüenzo en admitir que fue la mejor y más larga conversación que había tenido con alguien, además de mi familia y el dueño de mi apartamento, en más de dos años. Hasta me dieron un número de teléfono, pero después que pasó la excitación de la fiesta, me acobardé y nunca llamé. Poco después Paul Rieckhoff, el director ejecutivo de Veteranos de América de Irak y Afganistán, me llamó a un lado. Quería presentarme a alguien. Cuando Paul entró a la sección exclusiva de los VIP, Martes y yo lo seguimos. No supe por qué no me detuvieron los porteros, pero era una noche mágica, todo iba bien y nos dejaron pasar sin hacernos preguntas, aunque no éramos VIP ni mucho menos. Me imagino que un hombre con un bastón y un perro de servicio no resulta una amenaza muy grande.

"Ahí está", dijo Paul, dirigiéndose hacia un hombre al otro lado del lugar. Le tocó el hombro —"Hola, Al!", le dijo— y ahí estaba yo, cara a cara con el futuro senador (la elección todavía se estaba disputando en la corte), y antiguo protagonista de *Saturday Night Live* y de *Trading Places*: Alan Stuart Franken. O sea, el tipo era casi un senador, *y* conoció a Eddie Murphy —en los tiempos en que Eddie era la persona más cómica del planeta.

"Te presento al capitán Luis Montalván, un veterano herido de la guerra de Irak", dijo Paul, "y su perro de servicio, Martes".

Como fui descubriendo, Al Franken no había sido solamente un gran *actor* (ejem), sino que se trataba de un caballero amistoso, inteligente y con los pies sobre la tierra. Se mostró genuinamente interesado en mi punto de vista sobre la guerra, y conversamos brevemente sobre mis dos períodos de servicio y mis heridas, tanto físicas como mentales. Se interesó mucho en Martes. Al Franken era un serio apasionado de los perros, y entre historias de los suyos propios, le conté sobre Martes y el impacto que había tenido en mi vida. Y mientras el futuro senador se encontraba arrodillado para acariciar a Martes (¿cómo podía negarme?), le conté lo que significaría para muchas personas que él considerara apoyar la causa de los perros de servicio para los veteranos. Hablamos durante largo rato, pero no le di mucha importancia, incluso cuando me hizo preguntas detalladas sobre el entrenamiento de Martes y el programa que nos había puesto en contacto.

Al cabo de un rato, Franken se marchó, y Martes y yo nos pasamos unas cuantas horas paseando por la sección VIP —de ninguna forma nos íbamos a ir una vez que ya estábamos dentro— en un moderado estado de júbilo. Tantas personas conocidas se acercaron para conversar con Martes que, al final de la noche, realmente me sentía como un VIP —o al menos el compinche de un perro que sí era algo notable. Cuando finalmente los fuegos artificiales estallaron para cerrar la noche, Martes y yo tomamos un taxi a casa de mis padres y, exhaustos y felices, caímos sobre la cama como un par de grandes amigos en un viaje de vacaciones de primavera a Cancún.

"Eres todo un VIP, Martes", le dije, en medio de un bostezo. "Un perro muy importante".

Martes me lamió la cara, un gesto divertido y cariñoso, y recostó su cabeza sobre mi hombro. Casi a punto de dormirme, lo sentí levantarse de la cama y, con los ojos medio cerrados, lo vi llegar hasta la ventana en donde se quedó contemplando el jardín iluminado bajo la luz de la luna.

Unas semanas más tarde, recibí una llamada de Al Franken. Nuestra historia lo había conmovido y quería hacerme más preguntas. Conversamos varias veces más en las semanas siguientes y pronto quedó claro que su interés en los perros de servicio iba en serio. De hecho, estaba planeando presentar un proyecto de ley para proporcionar perros de servicio a los veteranos heridos —si y cuando los casos en la corte terminaran y él se convirtiera oficialmente en un miembro del senado norteamericano. Martes, me di cuenta, era realmente una estrella.

CAPÍTULO 17

EL FONDO DEL AUTOBÚS

¿Estoy tan loco que veo lo que otros no ven, o es la locura de ellos la responsable de todo lo que estoy viendo?

—LEO TOLSTOY*

LA INAUGURACIÓN DEL PRESIDENTE OBAMA FUE UNA EXcepción. En mi vida diaria no me sentía más cómodo que antes entre grupos de personas. Los evitaba tanto como me era posible, tanto como evitaba interacciones sociales, viajes en el metro y visitas a restaurantes. Lo que sí me hacía sentir mucho mejor era caminar por la ciudad de Nueva York durante el día. Aunque ni Martes ni yo pudimos evitar el ataque del gato callejero, a medida que progresaba el invierno me sentía mucho más cómodo con la capacidad de Martes para reconocer el peligro.

---

* León Tolstoy, escritor ruso y autor de las grandes obras *La guerra y la paz* y *Anna Karenina*, sirvió en un regimiento de artillería durante la Guerra de Crimea. Al comienzo de la guerra, el 2do. teniente Tolstoy fue transferido al frente y allí sus "experiencias en la batalla sirvieron de base a su subsiguiente pacifismo y le proporcionaron material para su realista descripción de los horrores de la guerra" en su posterior trabajo literario.

Él tenía unas cuantas manías. Desconfiaba de los vagabundos, por ejemplo, y siempre me alertaba de su presencia. Y comprendo su preocupación. Los vagabundos casi siempre se situaban en lugares poco usuales, como vestíbulos oscuros, detrás de los matorrales o al pie de las escaleras del metro. Tampoco se comportaban como los demás: se sentaban en donde la mayoría de la gente caminaba, gesticulaban al paso de los demás o rebuscaban en los botes de basura. Ya sé que no era lo correcto señalarlos de esa manera, especialmente cuando tantos de ellos eran veteranos heridos con problemas similares al mío, así que trataba de ayudarlos en lo posible. En mis días buenos, conversaba con ellos brevemente y les ofrecía algunas monedas y ayuda. En mis días malos, cuando me sentía demasiado ansioso para interactuar con la gente, pasaba por su lado sin llamar la atención. A menudo me molestaba que Martes los mirara con demasiada intensidad, incluso después de pasarlos, pero no puedo culparlo por eso. Estaba entrenado para detectar personas que se comportaban de manera extraña y alertarme de su presencia. Su señalamiento de los vagabundos, de manera desafortunada, era señal de que hacía bien su trabajo.

Resultaba irónico, entonces, que un tipo de señalamiento similar fuese la mayor causa de trauma en mi nueva vida dependiente de un perro. Comenzó la primera noche, cuando fui a la tienda de la esquina para mi habitual compra de comida después de la media noche.

"No se permiten perros, señor".

"¿Perdón?"

"No se permiten perros".

Expliqué que Martes era mi perro de servicio, no una mascota, y que por ley se le permitía acompañarme en todo momento. Ya había estado en la tienda probablemente unas cien veces. Conocía al empleado que me cuestionaba. Pero esta era la conversación más larga que había tenido con él.

"Está bien, está bien. Siga". El tono no era amistoso, sino resignado. Como si dijera, *Compre y salga de aquí lo antes posible.*

El incidente me molestó. No me gustaba llamar la atención, y no me gustaba tener que explicar que estaba herido. De cualquier forma, nunca me sentí a gusto en las tiendas porque había demasiados rincones ciegos y pocas salidas, y durante mi estancia en Sunset Park sin Martes había reducido mis mandados a un reducido número de lugares, quizás diez, que conocía bien. Me resultaba difícil sentir confianza, así que prefería ver las mismas caras. Establecer familiaridad es fundamental para manejar el TEPT, otra de las razones por las que resulta imperdonable que el Hospital de Veteranos de Brooklyn haga que los veteranos que sufren de ese trastorno tengan que ver un residente distinto en cada cita, especialmente cuando la primera pregunta de ese residente es, "Dígame, ¿cuál es su problema?". Es como si nadie en el sistema comprendiera el aspecto más básico de la condición que causa mayor invalidez entre los veteranos hoy día.

Era una traición en el Departamento de Asuntos de Veteranos, y era una traición en Sunset Park. Así era cómo me sentía cada vez que un empleado conocido me preguntaba sobre Martes. Las primeras veces no le di mucha importancia. Podía apartarlo de la mente en la exuberancia de esas primeras semanas con él. Pero a medida que los incidentes se iban acumulando, a menudo tres o cuatro a la semana, empezaron a afectarme. Las personas en las que confiaba se volvían contra mí. Unas cuantas preguntas no eran problema, pero me bloquearon el paso en la puerta de mi bodega favorita. Me trataron mal en el mostrador del único *deli* en el que me sentía a gusto. Primero fue el empleado que tomaba los pedidos y luego fue uno de los clientes. Un restaurante se negó a darme asiento en el comedor. En otro tomaron mi dinero, me dieron comida, y luego hicieron que el administrador me sacara del comedor. Tenían un aviso en la puerta que decía que no se admitían mascotas, solamente animales de ayuda. Traté de enseñárselo al administrador, pero nos echó de allí de todos modos.

"No, no", me decían los propietarios de los pequeños establecimientos familiares. "No puedes entrar. Un solo pelo de perro y me cierran el local".

"Pero este es mi perro de servicio. Él tiene que entrar conmigo".

"No. Perros en contra de la ley".

"Es mi perro de servicio" les dije, apuntando al chaleco rojo y la cruz médica que lo identificaba como un perro de trabajo. "*No* dejarlo entrar va en contra de la ley".

Yo entendía el problema. Muchos de los empleados eran inmigrantes con un inglés limitado. Otros eran trabajadores de bajo salario tratando de sobrellevar el día. No entendían las peculiaridades de la ley norteamericana y tenían terror del Departamento de Salud e Higiene Mental de Nueva York, uno de los vigilantes sanitarios con más fobia a los perros de todo el país. Pero los propietarios de estas tiendas me estaban discriminando. Violaban mis derechos civiles. Estaban jugando con mi mente. El TEPT es una enfermedad obsesiva, en la que la mente se fija en una idea o una imagen y la revive una y otra vez. Muerte. Desmembramiento. Traición. Cada vez que entraba en una tienda, volvía a sentir todas las situaciones pasadas de discriminación. Sentía cada una de las traiciones sufridas, desde no tener suficientes soldados en Al-Waleed hasta que me sacaran del *deli* la noche anterior. Sentía el "No se admiten perros" como si me empujaran fuera del mundo común, y me rechazaran porque estaba herido, era diferente y menos hombre.

Imagínense que el propietario de una tienda le dijera a un cliente: "Lo siento, no se admiten sillas de ruedas. No queremos gente como usted en este lugar". Horrible, ¿no es cierto? Pues bien, eso es lo que las barreras físicas, como los peldaños, les dicen diariamente a las personas confinadas a una silla de ruedas. Y así es como yo me sentía cada día con Martes, tan vital para mí como lo es una silla de ruedas para un paralítico. Los propietarios, el Gobierno, la sociedad —ninguno me quería allí.

No se trataba solamente de que hirieran mis sentimientos; esos encuentros dañaban mi salud. Además del TEPT, desde Al-Waleed he tenido que lidiar con una lesión traumática del cerebro, el resultado de un golpe inicial y posteriores golpes a la cabeza. Durante años he tenido que vivir con tinitos, un constante zumbido en el oído. Tenía además problemas tan humillantes de memoria que antes de salir del apartamento anotaba siempre en una pequeña libreta adónde iba, por qué iba y cuándo me esperaban. Sombríos momentos de confusión me forzaban a consultar la libretita en casi todas las excursiones, incluso si salía sencillamente a la tienda de la esquina. Recuerdo un día en que me puse a mirar a un hombre que vendía periódicos a la entrada del metro y de pronto me pareció que el mundo me daba vueltas alrededor. Caí rodando por las escaleras y me dañé seriamente el coxis. Antes de tener a Martes, de vez en cuando la mente se me "nublaba", término con el que le describía estos episodios al terapeuta, y me encontraba de pronto a treinta cuadras de mi casa, incapaz de recordar cómo había llegado hasta allí. Era un trecho largo para deambular, especialmente en aquella época en la que cojeaba intensamente, usaba bastón y caminaba con la velocidad de un anciano de ochenta y cinco años.

Lo peor de la lesión cerebral traumática, sin embargo, eran las migrañas. Decirles dolores de cabeza es como comparar un fuego artificial con la bomba atómica. Un dolor de cabeza es un hombre pequeñito dentro de tu cráneo que empuja para encontrar la salida. Una migraña es como si dos manos enormes lentamente te apretaran la cabeza hasta reducirla al tamaño de una pelota de golf, intensificando el dolor poco a poco hasta que finalmente, en un cataclismo infernal, el cráneo te explota y el cerebro se desparrama por todas partes.

Esas explosiones atómicas venían de diversas formas. Era sensible tanto a la luz como al sonido, y a veces, el exceso de cualquiera de los dos bastaba para echar a andar aquel mecanismo demoledor. A veces, el dolor en la cabeza llegaba como una extensión del malestar físico en la espalda o la rodilla. En otras ocasiones, se producía sin razón alguna. Los desencadenantes más constantes eran la tensión extrema y la ansiedad, y la razón más común para este nivel de agitación era la discriminación de los empleados de las tiendas.

No se trataba solamente de las confrontaciones verbales, sino de asuntos más sutiles, como el sentirme señalado y observado. El supermercado cercano a mi casa, por ejemplo, ponía a un empleado a seguirnos a Martes y a mí por todo el local. No sé por qué necesitaban hacerlo, pero probablemente ya se han dado cuenta de que sentirse perseguido no resulta nada bueno para un veterano que sufre de TEPT. Aquello activaba todos mis síntomas: ansiedad, hipervigilancia, alienación, furia, y quizás lo más importante, la sobrecogedora sensación de un inminente peligro o amenaza. Me ponía tenso como una cuerda, y en unos minutos, sentía la presión en la cabeza. En ese punto, sabía que era inevitable que llegara la migraña, así que me apresuraba a llegar a casa, corría las cortinas, apagaba las luces y me acostaba en la oscuridad mientras mi cráneo explotaba. En aquel estado, no podía moverme. No podía pensar. Incluso abrir los ojos me hacía sentir como si me clavaran dos sablazos en el centro del dolor de mi cerebro. Si tenía suerte, la migraña duraba solamente una hora o dos. Esa era de las mejores. El otro tipo de migraña, la mala, duraba dos días. Usualmente me acostaba en la oscuridad, en medio de un dolor absoluto, tratando de no moverme, mientras que Martes, que sabía que hasta el roce de una de sus patas sobre la cama lanzaría oleadas de dolor hasta mi cerebro, esperaba pacientemente al otro lado de la habitación. Recuerdo que una vez el dolor se hizo tan intenso que ya no podía soportarlo. Me arrastré hasta el cuarto de baño y dejé correr la ducha con el agua hirviendo. Me escuchaba a mí mismo gritando, como desde lejos, pero permanecí allí bajo la ducha ardiendo durante veinte minutos hasta que sentí que se me doblaban las rodillas y supe que me iba a desmayar. Regresé tropezando a la cama y dormí durante horas. Cuando desperté, el dolor había desaparecido. La sensación era como si hubiera superado los peores días de una gripe, pero por aquella vez, al menos, estaba curado. La experiencia fue tan intensa y mi sistema recibió un impacto tan grande que no lo he vuelto a intentar.

En vez, no fui más al supermercado. De hecho, dejé de visitar todas las tiendas que cuestionaron la presencia de Martes. Traté de limitar esas experiencias, de poner un muro de separación entre ellas y el resto de mi existencia, porque a pesar de sentir dolor mental o físico probablemente el veinte por ciento de mi tiempo, eso representaba una enorme mejoría en relación a como me encontraba un año atrás. De ninguna manera podía permitir que los días malos e incidentes aún peores —sin importar cuán molestos fueran— socavaran los aspectos positivos de mi vida con Martes. Por primera vez en años me sentía a gusto la mayoría de los días y confiaba en el futuro. No me limitaba a sobrevivir; comenzaba a crear una nueva vida y una carrera productiva. Mis escritos como escritor independiente habían comenzado a despertar interés, especialmente varios artículos sobre la forma en que las acciones del alcalde de Nueva York, Michael Bloomberg, no se correspondían con sus pronunciamientos de apoyo a los veteranos, y pronto comencé a recibir invitaciones para comentar sobre asuntos relacionados con los veteranos.

Antes, mis compromisos para hablar públicamente habían sido como una montaña de grasientas papitas fritas: algo a lo que no me podía resistir, y que siempre me dejaba con náuseas y remordimientos. En marzo de 2008, por ejemplo, ocho meses antes de conocer a Martes, viajé a Washington, D.C. para participar en el mitin Soldado de Invierno (*Winter Soldier*) movilizado por los Veteranos de Irak contra la Guerra (*Irak Veterans Against the War, IVAW*). Como capitán, era el veterano de más alto rango presente, por lo que me sentí obligado a aceptar su invitación de hablar frente a varios miles de personas. Tengo solamente una vaga idea de lo que dije. Había duplicado mis medicamentos para combatir la ansiedad, y encima, había bebido ron hasta las orejas. Esa era la forma en que hacía las cosas en aquella época, si es que hacía algo. El esfuerzo me dejó enfermo en cama durante casi una semana.

Con Martes, hablar en público fue diferente. Además de darme confianza, hizo algo mejor: me dio algo de qué hablar. Después de todo, ¿a quién no le hubiera encantado escuchar historias sobre un golden retriever hermoso y bien entrenado? Eran en su mayoría paneles de invitados y eventos comunitarios, pero me lo tomaba muy en serio porque podía haber una persona en la audiencia, un cuidador, un padre, un paciente con una lesión cerebral traumática o sufriendo de TEPT a quien podría cambiarle la vida. Es cierto que tenía opiniones muy definidas, pero había hecho mis investigaciones. Además era apasionado. Y, gracias a Martes, usualmente estaba completamente sobrio. Todavía no puedo recordar lo que decía la mayor parte del tiempo, o incluso de qué se trataban muchas de las discusiones de los paneles, pero sí recuerdo la mujer a cargo de uno de ellos. Era hermosa, inteligente, de opiniones firmes y con conciencia social, exactamente el tipo de mujer que me gusta.

Así que le pedí que saliera conmigo. No había estado cara a cara con una mujer desde que mi última novia me dejó con una disculpa y un dibujo que había hecho de mi cara, con la mitad cortada y reemplazada por alambres de púa, pistolas y granadas. No había salido con nadie a ninguna parte, ni a tomar un café, en más de un año. Esa es la gran diferencia que Martes hizo en mi vida. Lo cambió todo en mí, hasta mi corazón.

Ella estuvo de acuerdo en encontrarse conmigo en mi apartamento en Sunset Park, una necesidad, ya que nunca hubiera podido sobrevivir una noche en un barrio nuevo. Hice planes para ir a un restaurante libanés que conocía en Bay Ridge, a corta distancia en autobús. El viaje era complicado, al menos en mi condición, pero era una noche especial. Me parecía un momento determinante en mi vida, un regreso a la normalidad, y como siempre, me esmeré al máximo.

La cita comenzó de manera perfecta: la mujer era fantástica. Y Martes le encantaba. Después de pasarme todo el día preparándome para entablar una conversación, pude recuperar mi personalidad sociable habitual. Ella me lo facilitó todo, al igual que Martes. Ni siquiera tuve que entretenerla porque Martes se encargó de eso. El nos proporcionó tema de conversación con el que llenar los incómodos silencios, y eso me ayudó a relajarme y a pasarla bien. Para cuando el autobús asomó por la Quinta Avenida, nos estábamos riendo y pasando un buen rato.

Dejé que mi acompañante subiera primero, hacienda honor al caballero tradicional que mi madre había criado, y luego subí a la pequeña entrada con Martes.

"Perros no", vociferó la conductora.

"Oh, este es mi perro de servicio", le dije con una sonrisa, esperando que me dejara pasar.

"Le dije que perros no, señor".

"Pero este es mi perro de servicio".

Miró a Martes, con los labios apretados.

"Ese no es un perro de servicio".

"¿Qué?".

"He dicho que ese no es un perro de servicio, señor".

"Sí, Martes es mi perro de servicio. Mire su chaleco. Mire mi bastón".

"Un perro de servicio no usa un chaleco así. Un perro de servicio tiene una asa para agarrarse".

"Esos son los perros de servicio para los ciegos", dije, tratando de contenerme. "Este es un perro de servicio para discapacitados".

"Señor, puedo reconocer un perro de servicio cuando lo veo y este no es un perro de servicio".

Saqué mi teléfono celular.

"Entonces llame a la policía", dije muy molesto, "porque no me pienso bajar del autobús".

Me puse a sudar. Y de qué manera. Era invierno en Nueva York, probablemente había treinta grados Fahrenheit afuera, pero sentía cómo el sudor me corría por la espalda. Estaba tratando de impresionar a una mujer hermosa e inteligente, la primera mujer con la que había hablado en un año y no me podía subir a un autobús local. Vaya, ya era suficiente tener que traer a Martes conmigo. Yo lo quiero, pero cuando un hombre necesita traer a un golden retriever a su primera cita para poder funcionar, no estamos hablando precisamente de un gran candidato a novio que digamos.

Miré a la conductora directamente a los ojos. Seguía con el teléfono en la mano. No podía hacer otra cosa. No podía mirar a mi acompañante. Ni siquiera podía mirar en aquella dirección porque sabía que todos los pasajeros en el autobús me estaban mirando, y esa idea le hizo dar vueltas a mi cerebro afectado por el TEPT.

"Por favor", dije bajito. "Estoy en una cita. Por favor déjeme entrar".

"No, señor", me dijo en alta voz, tratando de abochornarme.

"Entonces voy a llamar a la policía", le dije indignado, "porque usted está violando mis derechos. Espero que esté preparada para explicarle a su jefe por qué le impidió la entrada al autobús a una persona discapacitada".

Me dirigió una mirada desagradable y esperó unos treinta segundos para ver si me retiraba, pero al fin me dejó pasar con un gruñido. Me parecía que iba a vomitar y temblaba, pero había ganado. Había conseguido entrar a un autobús local.

Mantente firme, Luis, me dije mientras me sentaba junto a mi amiga y Martes se acomodaba entre mis rodillas. *Mantente firme.*

"¿Te sientes bien?".

Respiré profundo y pasé la mano por la cabeza de Martes.

"Estoy bien", le dije. "Esto sucede algunas veces. ¿Verdad, Martes? ¿Verdad, amigo mío?". Yo le hablo a Martes cuando me pongo nervioso, hasta en medio de otras conversaciones.

"Lo siento".

"No te preocupes", le dije. La miré. Inteligente, bella, comprensiva. Me sonrió, me dio una palmada en el hombro, y...

"Ese no es un perro de servicio".

Miré hacia delante. Era la conductora. Estaba hablando con una mujer sentada en el primer asiento, presumiblemente su amiga, pero con toda intención hablaba lo suficientemente alto como para que todo el autobús pudiera oírla.

No hagas caso, Luis.

"Creo que te va a gustar el restaurante...".

"Llevo manejando este autobús durante mucho tiempo", siguió la conductora, tratando claramente de abochornarme. "Yo sé lo que es un perro de servicio".

Mi mente no coordinaba.

"Creo que tú... bueno, creo que te va a gustar...".

"Los perros de servicio tienen un asa".

Ella era como la voz del TEPT resonando siempre en mi cabeza, volviendo a recordar las traiciones.

"No es un perro de servicio. Yo los conozco bien".

Lo hacía para molestarme, y no paraba.

"Se cree que no sé lo que es un perro de servicio. Yo sé lo que es un perro de servicio".

"No estoy sordo", le dije levantando la voz. "Ese no es mi tipo de discapacidad". Varios de los pasajeros se rieron. Martes se dio la vuelta y me acarició con el hocico. Coloqué mis manos alrededor de su cuello, y él se apoyó sobre mi pecho. Por la reacción de Martes más que por otra cosa, sabía que había estado gritando. Esta conductora de autobús me había venido empujando, molestando, tratando de que yo saltara.

"Lo siento por el perro", le comentó sarcásticamente a la gente en la parada próxima. "El hombre *dice* que es un perro de servicio".

Me refugié en mi interior. Me abracé a Martes y traté de controlar mi ira. Sentía que se aproximaba una migraña, pero la rechacé con la mente. *Unas horas nada más,* pensé. *Unas cuantas horas y se acaba todo.*

Llegamos al restaurante, pero el anfitrión que conocía a Martes no estaba trabajando esa noche, así que tuve que explicar que era mi perro de servicio, que no solamente se le permitía entrar en el restaurante, sino que era ilegal impedirle la entrada. Me enojé, más de lo que debía, pero las cosas no suceden por sí solas. Yo ya estaba profundamente abochornado cuando llegamos al restaurante. La cabeza me estallaba, y sentía náuseas por el estrés. Se trataba de una gran noche y todo se estaba descarrilando. En aquel punto, no había manera de que pudiera separar la forma educada en que el restaurante se negaba a aceptarme y el acoso malintencionado en el autobús, o que me sacaran de un comedor sin terminar mi hamburguesa, o que los dependientes en quienes confiaba no quisieran verme en sus establecimientos nunca más, o ser violentamente atacado con cuchillos por mis supuestos aliados en Al-Waleed.

Quería tener una vida normal. Eso era todo. Una vida normal. Martes me hizo creer que podía lograrla. Y hubiera podido lograrla. Fácilmente. Pero la presencia de Martes, la misma razón que la hacía posible, también me la arrebataba.

Nunca volví a ver a aquella mujer. Le dije adiós después de la cena y, de forma muy diferente a la del caballero que había educado mi madre, tomé un automóvil de alquiler de regreso a casa. Ella se mostró muy educada y comprensiva, pero unos cuantos días más tarde, me envío un correo electrónico para decirme que prefería no salir conmigo de nuevo. Ya era lo suficientemente difícil abrirme a la posibilidad de una compañía humana por primera vez. ¿Después de destrozarme y humillarme en un viaje en autobús? ¿Después de la odisea de una cena? ¿Después del rechazo? De ninguna manera.

La bomba atómica explotó en mi cabeza, alimentada por mi frustración y mi desilusión. Esta vez la migraña me dejó en cama por varios días. Ni Martes fue capaz de consolarme. Pero no se separó de mí ni un minuto, hasta que por fin pude salir de la cama en medio de la noche y llevarlo a caminar a Rainbow Park, en donde lancé pelotas de tenis contra una pared de concreto con todas mis fuerzas, todo el tiempo que pude, hasta que tanto Martes como yo quedamos exhaustos.

Pasó más de un año antes de que pudiera pedirle a otra mujer que saliera conmigo.

CAPÍTULO 18

EL ASA DE MARTES

Y recuerdo que yo... que yo... yo... lloré, sollocé igual que una abuela.
Quería haberme sacado los dientes,
¡no sabía ni lo que quería hacer! Y quise recordarlo.
No quisiera olvidarlo nunca... No quisiera olvidarlo nunca.

—CORONEL KURTZ, *APOCALYPSE NOW*

ME IMAGINO QUE DEBERÍA EXPLICAR LO DEL ASA DE Martes, ya que eso fue lo que provocó la gresca con la conductora del autobús. Después de todo, ella no me miró y asumió que yo no era un discapacitado, como hacen muchas personas. O que no soy lo "suficientemente discapacitado" como para merecer un "trato especial". Ese es parte del reto del TEPT; las heridas no dejan cicatrices visibles, así que muchas personas asumen que no existen. Supongo que tengo la "suerte" de que las heridas de la espalda y la rodilla me obliguen a cojear y a caminar con un bastón, dos signos externos del daño hecho en Irak.

El símbolo externo de Martes es su chaleco rojo, conocido como capa, que siempre usa cuando está en público. Eso es lo que lo distingue como un perro de servicio. Yo le he añadido tres insignias desde que compré el chaleco después de terminar el entrenamiento en ECAD: una de Veteranos Minusválidos de los Estados Unidos

(DAV, por sus siglas en inglés), otra de la Orden Militar del Corazón Púrpura (MOPH, por sus siglas en inglés) y una tercera de Veteranos de los Estados Unidos (AM-VETS). Me siento orgulloso del servicio realizado y esas insignias son una muestra de apoyo para mis camaradas veteranos.

Algunos perros de servicio también llevan un arnés que tiene un asa grande y sólida para usarla en sustitución de la correa. El asa tiene la misma forma que la parte superior de una muleta, con dos barras a los lados, una barra larga transversal y un soporte a la mitad que le añade estabilidad y control. A eso se refería la conductora del autobús. Este tipo de asa resulta excelente para personas con pérdida de visión o con discapacidades físicas porque, como solamente tiene unos pocos pies de lago, mantiene al perro a su lado. Desde esa posición, el perro puede acompañar a su amo, guiarlo a través de obstáculos difíciles y protegerlo de posibles caídas.

Yo nunca usé el asa, aunque tenía serios problemas de equilibrio y de coordinación. Después del asalto en Al-Waleed, pasé de ser un *Terminator* coordinado a un hombre propenso a lesionarse, lo que me provocaba una constante frustración. La mayor parte del problema era físico. Al tratar de compensar mi espalda discapacitada, eso provocó que mi cuerpo perdiera toda su alineación. Eso me costó las lesiones de entrenamiento que sufrí en el verano de 2004, y contribuyó a mi devastadora lesión de rodilla en 2006. Mi lesión cerebral traumática fue también otro factor importante. E igual de grave fue mi pérdida de la confianza. El mundo ya no me parecía inofensivo y no me sentía bien dentro de él. Sentía la necesidad de vigilar cada paso pero, con mi mente continuamente dedicada a la hipervigilancia, no podía concentrarme en mis pies. Las piernas dejaron de confiar en el cerebro y mi cuerpo se rebeló. He tenido una docena de caídas serias desde Al-Waleed.

Martes me ayudó con todas esas dificultades. Se dio cuenta rápidamente de que no me gustaban las aceras rotas, así que tiraba de la correa para alertarme de los cambios en el concreto. Disminuía el paso en terrenos irregulares para dejar que yo marcara el paso. En cuanto me mareaba, sentía mi perturbación y se me acercaba para que lo agarrara alrededor del cuello y encontrara apoyo en él hasta que el episodio pasara. Con Martes en total sintonía con mis necesidades, fui recobrando la confianza. Sabía que él estaría ahí en caso de que tropezara, y esa certeza, además de la alerta de Martes ante resquiebres y peligros, hizo que me cayera menos. Él fue mi gran estabilizador; me ayudó a recobrar el control de mi mente y de mi cuerpo, incluso sin una asa firme de la que agarrarme.

Las escaleras sí eran todavía un problema, pero para eso, el chaleco de Martes tenía un asa de tela. Como las escaleras nunca me tomaron por sorpresa, sencillamente me detenía, le ordenaba a Martes que se pusiera a mi lado, y usaba el asa de tela para mantener el equilibrio. Después de unas cuantas semanas, ni siquiera tenía que decirle a Martes que se colocara a mi lado. En cuanto veía las escaleras, se situaba al lado mío y esperaba a que yo me agarrara del chaleco. Y entonces, con cuidado me brindaba apoyo para subir o bajar los peldaños.

Un asa dura hubiera sido una molestia, o peor, un impedimento, el resto del tiempo. Aunque el equilibrio y las caídas eran un problema, mi problema más apremiante era psicológico. Los espacios públicos a menudo me provocaban períodos de ansiedad, y cualquier tipo de interacción social inesperada —incluso alguien que se tropezara conmigo por accidente— me ponía nervioso y paranoico. Las aceras de Nueva York estaban casi siempre repletas de gente, así que necesitaba a Martes como parachoques. La correa le permitía caminar unos pasos por delante de mí, así que era él quien se encontraba con los peatones caminando en dirección opuesta, haciéndolos desviarse hacia un lado y lejos de lo que mi mente podía percibir como una posible confrontación. Irónicamente, la costumbre que más le preocupaba a Lu Picard —el que Martes a menudo caminara ligeramente en frente del entrenador— terminó siendo su característica más valiosa.

Era todavía más valiosa con las multitudes, que son inevitables en la ciudad de Nueva York, especialmente porque yo montaba el metro para ir al hospital de veteranos y a Columbia. Una multitud en el metro de Nueva York a las horas pico —Dios mío, eso sí es malo. El espacio en la plataforma era estrecho; era un subterráneo; había una vaga sensación de agitación entre los viajeros; y no había ninguna forma de evitar aquello. Esas multitudes me traían recuerdos momentáneos de una situación específica vivida en Irak: la primera vez que me enfrenté a un motín en Al-Waleed.

No quiero que me malinterpreten cuando me refiero a un recuerdo momentáneo o *flashback*. No es que pensara que una multitud poco paciente y multiétnica de neoyorquinos fuera una masa de iraquíes amotinados. El túnel no se convertía en el desierto, como ocurriría en una película, ni el fondo de los raíles se transformaba en el terraplén que marcaba la frontera de Irak. Avanzando entre la gente, a menudo veía destellos de rostros de las multitudes de Al-Waleed, pero no transformaba a hombres de negocios en contrabandistas o madres en enemigos. No eran *flashbacks* visuales sino psicológicos. Lo que experimentaba era la *sensación* de estar parado frente a esa multitud en Irak, pensando que mi vida había terminado.

Eso ocurrió en enero de 2004, poco después del ataque que sufrí en Al-Waleed. Sadam Hussein había sido capturado unas pocas semanas antes, pero la ocupación norteamericana estaba resquebrajándose. Cuando llegó la orden de cerrar la frontera, la cerramos en unos minutos. No hubo explicación, pero la razón podría haber sido cualquier cosa: una maniobra de bloqueo mientras se llevaban a cabo asaltos en Bagdad; el descubrimiento de un gran depósito de explosivos sin detonar (UXO, por sus siglas en inglés) faltantes de un antiguo punto de suministro de municiones (ASP, por sus siglas en inglés) para el Ejército iraquí; o la localización de un objetivo de gran interés (HVT, por sus siglas en inglés). Cualquiera de estas razones podían barajarse como posibilidades. Hay que tener en cuenta que la mayoría de nosotros creía que existían armas de destrucción masiva. Pensábamos que era solo cuestión de tiempo que fueran descubiertas, o peor aún, que fueran utilizadas y que nuestro grupo de cincuenta en Al-Waleed pudiera ser la última y única línea de defensa contra su libre movimiento dentro o fuera de Irak.

No ocurrió nada así de dramático. En vez, después de unas pocas horas de haber cerrado el paso, había cientos de coches y camiones en fila en la frontera. Durante todo un día, esa gente esperó pacientemente, acostumbrada a las demoras burocráticas. Casi al atardecer, algunos comenzaron a bajar de los vehículos para pedir explicaciones. ¿Podrían pasar antes de que cayera la noche? ¿O quizás al día siguiente? No había servicio de telefonía celular en aquella zona tan alejada en el desierto; Irak era una sociedad peligrosa plagada con muertes súbitas y violentas; sus familiares se preocuparían. Aunque se mostraban corteses, desafortunadamente no podíamos hacer nada por ayudarlos. No sabíamos por qué estaba cerrada la frontera. No teníamos idea tampoco de cuándo se abriría de nuevo. Sencillamente, seguíamos órdenes.

No estoy seguro de cuánto tiempo permaneció cerrada la frontera. Estimo que se trató a lo sumo de un par de días, aunque algunos cierres durante nuestra estadía en Al-Waleed duraron más. En Estados Unidos, créanme, hubiera habido una revuelta después de diez horas de cierre; no les miento, lo he visto en los aeropuertos. Los iraquíes, por el contrario, estaban relativamente tranquilos. Soportaron una dura vida bajo Saddam y eso los hizo resistentes. Siempre llevaban consigo suficiente alimento y agua para varios días porque estaban acostumbrados a que sus vidas se vieran interrumpidas.

Sin embargo, al tercer día, los ánimos comenzaron a caldearse. Suspendimos nuestras patrullas y nos quedamos cerca de la base, conscientes de que la primera fuente de problemas era el punto de verificación de la frontera. Para ese entonces, había miles de personas concentradas en una tierra de nadie de dos kilómetros de ancho entre Al-Waleed y la estación de la frontera siria. La mayoría había vivido en sus coches durante días, soportando las frías temperaturas del desierto. El agua y el alimento comenzaban a escasear, y los que tenían una salud comprometida —niños, ancianos y enfermos— estaban sufriendo. El futuro financiero de la gente se echaba a perder en los camiones. Los cuerpos de los muertos se descomponían. La fe musulmana exige que los muertos sean enterrados antes de los tres días después del fallecimiento, y docenas de personas llegaban cada día a la verja, sollozando, explicándonos que traían a sus familiares para ser enterrados. Sabía que era cierto lo que me decían porque podía oler la prueba en el aire; los cuerpos de los difuntos se descomponían en ataúdes de madera prensada.

"*Ana aasif*", les dije. "Lo siento. Veré qué puedo hacer".

Me comuniqué por radio al cuartel general del escuadrón en la base de operaciones Byers, solicitando permiso para reabrir la frontera, pero las órdenes venían desde arriba, y no era posible cambiarlas.

"*Ana aasif*", le dije a los cada vez más desesperados guardas iraquíes que tenían a su cargo controlar a las multitudes. "No los dejen pasar".

Para entonces, los iraquíes empezaron a dejar sus vehículos en masa. Cientos de ellos, según parecía, se apelotonaban contra la barrera que marcaba la frontera. Nos gritaban, agitando los puños, yo no tenía idea de lo que decían, y no tenía otra opción más que virar la espalda y retirarme de allí.

Sería alrededor de la tercera noche, o quizás la cuarta, cuando recibí una llamada desesperada de la policía de la frontera iraquí pidiendo refuerzos. Reuní a cuatro de mis hombres y corrimos al cruce. La escena era caótica. Un caos enorme y compacto. Se asemejaba a uno de esos grandes conciertos al aire libre en los que un mar de gente se aglomera y acrecienta, pero en lugar de elevarnos sobre el caos, como estrellas de rock, parecía que nos hundíamos debajo de él, con la multitud gritando por encima de nuestras cabezas. Era tan obvio que aquella masa humana había llegado al máximo de su resistencia, que dos de mis hombres corrieron directamente hasta la barrera, blandiendo los cabos de los rifles para empujar a la gente hacia atrás. Las caras de aquellos hombres en primera línea, gritando y amenazando a solo unos pies de distancia, eran las que de cuando en cuando vislumbraba yo más tarde en las multitudes de Nueva York.

"¿Qué debemos hacer, señor?", gritaba sobre su hombro uno de mis muchachos más grandes, el sargento Danhouse, todavía agitando su rifle.

Miré a los policías de la frontera iraquí. Estaban parados lejos de la barra, paralizados de miedo. En cuanto comenzara el problema, empezarían a correr. Lo sabía, y la multitud lo sabía también.

Entonces contemplé a los cuatro hombres de mi equipo. No cabía duda. Ellos estaban dispuestos a enfrentar la situación y a luchar.

Habiendo pasado un entrenamiento de control de disturbios cuando era soldado de infantería, yo sabía exactamente lo que tenía que hacer: agarrar a dos o tres de los peores alborotadores y llevarlos detenidos. Eso le quitaba presión a la multitud. Pero no teníamos suficientes hombres ni para llevarnos a los más revoltosos ni para controlar el disturbio. Miré a la cara al hombre que protestaba más cerca de mí. Era un típico árabe de mediana edad, excepto que estaba sucio, tenía hambre y mucha rabia. Vi su desesperación, y supe que los amotinados iban a romper la barrera y cuando lo hicieran, nos pisotearían a muerte. Por un momento, estuvo claro. Vi la cadena reventándose y la multitud precipitándose sobre nosotros, y supe que moriría disparando.

Saqué mi pistola de la cartuchera, con furia en la mirada. Levanté la pistola hacia la multitud. Los hombres que estaban al frente me miraron y se dieron cuenta de que yo tenía el control. Algunos de ellos se dieron la vuelta abriéndose paso hacia atrás, tratando de evadir la inevitable confrontación.

Apunté mi Beretta al iraquí más enojado y vociferante en la multitud. Coloqué el dedo en el gatillo y pensé en los efectos de dispararle. ¿Se calmarían los alborotadores? ¿O los enardecería empeorando la situación? Estos no eran combatientes. Eran civiles frustrados, incluyendo mujeres y niños, y yo estaba listo para dispararles. De hecho, estaba convencido de que estaba a segundos de abrir fuego.

"Tenemos que resistir", les dije a mis hombres, bajando mi pistola y adoptando una posición defensiva.

Ese es precisamente el momento que me asalta cuando me encuentro en una multitud en Nueva York: la sensación de que voy a ser barrido y aplastado, y la conciencia de que voy a morir luchando. En Irak, tuve que resistir. No tenía otra alternativa. Ese era mi trabajo y creía en él. Perder el control de la frontera, en aquel momento, podría haber significado que un colaborador clave de Saddam escapara, o que armas de destrucción masiva se desataran sobre Jerusalén, Jordania o un importante núcleo de operaciones militares en el que estuvieran reunidas miles de tropas.

Ahora veo las cosas de manera diferente. Por supuesto que no había armas de destrucción masiva, y ahora no estoy ni siquiera seguro de que aquella fuera razón suficiente para cerrar la frontera. Sospecho que se trataba del capricho de L. Paul Bremer o algún otro personaje de arriba, una acción que parecía inofensiva —y posiblemente, quizás, útil. No me hubiera sorprendido si, al cabo de unos días, se hubieran olvidado de que habían cerrado la frontera, o de que tenían la intención de rescindir la orden, pero esperaron a la próxima reunión para discutir el tema.

Mientras tanto, era perjudicial cerrar la frontera. Todos los días en Al-Waleed, los iraquíes atravesaban el punto de verificación, salían de sus carros y besaban el suelo. Levantaban los brazos al cielo bendiciendo a Alá, y luego se volvían para agradecernos a nosotros, los norteamericanos, su liberación. Muchos de ellos habían vivido en el exilio durante más de veinte años esperando la caída del dictador. Muchos jamás pensaron que vivirían para ver este día, y prácticamente desgarraban sus *disdashas* de alegría. Yo entendía ese apasionamiento. Haré exactamente lo mismo el día que caigan los hermanos Castro. Llegaré a Cuba de cualquier forma que pueda, y besaré la tierra porque mi patria ya es libre. Seguiré siendo norteamericano porque aquí nací y este es mi hogar, pero me esforzaré hasta la muerte por lograr que el proyecto de la nueva Cuba tenga éxito.

Claro que había terroristas y contrabandistas cruzando la frontera en Al-Waleed, así como camioneros y empresarios, asesinos a sueldo y yihadistas, pero cuando me encuentro en medio de una multitud en Nueva York o en Washington, D.C., o en una reunión en el ayuntamiento de cualquier pequeño pueblo en Estados Unidos, siempre recuerdo que la inmensa mayoría de las personas en aquel motín eran ciudadanos comunes y corrientes que regresaban a casa llenos de entusiasmo, optimismo, y listos para colaborar con nosotros en la creación de un nuevo Irak. En lugar de libertad, encontraron caos. En lugar de un aliado, encontraron una ocupación norteamericana extralimitada, confusa y dirigida de manera incompetente. Encontraron soldados de un Ejército extranjero que permitía que los corruptos "aliados" iraquíes destruyeran las vidas de la gente común. Toleramos nuestro propio proceso corrupto de contratación, pensando que nadie se preocuparía por la desaparición de $10 mil millones en una zona de guerra. Consentimos a contratistas de seguridad arrogantes y pagados en exceso, y luego los escudamos de sus propios crímenes. Pagamos y protegimos a iraquíes inescrupulosos cuya existencia envenenaba al país contra nosotros, porque había poca planificación y muy pocos soldados para buscar y darle poder a los ciudadanos honestos.

Los perdimos. Cualquiera fuera la razón, eso estaba muy claro. No me cabe duda de que muchos de los mismos exilados iraquíes que besaron el suelo y nos abrazaron en Al-Waleed, nos dispararon dos años más tarde en el sur de Bagdad.

Eso también era parte del cóctel que se mezclaba en mi cerebro cuando me encontraba en medio de una multitud: no era solamente el recuerdo de haber estado a punto de ser pisoteado, no era solamente el convencimiento de que me sentí capaz de matar a gente inocente, sino además el sentimiento de culpa por no haber podido proteger y darles poder a aquellos ciudadanos honestos, la traición de nuestros esfuerzos a nombre de líderes incompetentes y corruptos, la inútil espiral de violencia que provocó la muerte de tantos soldados que eran mis amigos y compañeros.

En Nueva York, a diferencia de Irak, a menudo me daba a la fuga. No corría, pero docenas de veces simplemente daba la vuelta y dejaba la estación.

Martes, sin embargo, cambió la ecuación. Con Martes, podía decir, "Hacia delante, Martes". Yo usaba una correa de seis pies, y la orden "Hacia delante" le indicaba a Martes que caminara hasta donde llegara la correa y siguiera adelante. Martes no tenía ningún recelo en caminar entre la gente; iba abriéndose paso como si fuera el Mar Rojo, guiándome, velando por mí, logrando que me sintiera protegido en la zona de seguridad que iba creando.

"Izquierda", le decía. O derecha, o cualquier dirección en que la multitud parecía más manejable, usualmente casi al final de la plataforma.

"Alto", le decía, tirando de la larga correa. "Junto, Martes, junto". Regresaba y se detenía a mi lado, dándome apoyo igual que si hubiera tenido un asa de madera sólida, mientras yo esperaba que los latidos de mi corazón se calmaran y Martes levantara las orejas, la primera señal de que se acercaba un tren. No es que esa fuera la salvación, porque los vagones estaban a veces más llenos que la plataforma, pero yo sabía que siempre, con solo presionar un botón, la correa alcanzaría los seis pies de largo y con ello la zona de seguridad que solamente Martes podía brindarme.

Es por esa razón que yo usaba la correa en lugar del asa fija del perro de servicio. Es por eso que no tengo la apariencia de la típica persona discapacitada con un perro de servicio. Qué lástima que no tuve tiempo de explicárselo a la conductora del autobús.

CAPÍTULO 19

CONVERSACIONES DE MARTES

No camines delante de mí, puede que no te siga.
No camines detrás de mí, puede que no te guíe.
Camina junto a mí y sé mi amigo.

—ALBERT CAMUS

NADA ES TOTALMENTE MALO. ALGO BUENO PUEDE SURGIR hasta del error más abyecto, razón por la cual siempre exijo responsabilidad en el caso de Irak. Podemos hacerlo mejor, y lo haremos, si somos honestos y aprendemos de nuestros errores. El incidente del autobús resultó ser un fallo total en muchos aspectos y tuvo un enorme impacto en mi confianza en mí mismo. Después de la humillación en aquella cita, sentí dudas de poder hablar con alguien durante la mayor parte de esa primavera y me tomó seis largos meses, por lo menos, poder salir de mi cascarón.

Pero el incidente resultó ser también un despertar, el momento que finalmente me forzó a reconocer, pública y privadamente, que yo formaba parte de algo mayor que mis circunstancias personales. Por naturaleza soy una persona sociable, un animal de manada a quien le encanta pertenecer a un grupo. En mi vida, me he visto a mí mismo primero como hijo y hermano, luego como cubanoamericano, luego como soldado y luego, como veterano herido, siempre con la responsabilidad de hablar en nombre de otros como yo. En la primavera de 2009, me di cuenta de que era algo más: un discapacitado.

Puede no sonar como gran cosa, pero es una autorrealización importante. La mayoría de los soldados heridos nunca usa la palabra "discapacitado" y prefiere utilizar términos como "herido", "en recuperación" o "tratando de adaptarse". Para discapacitados recientes, ya sea por un accidente automovilístico, una enfermedad o por artefactos explosivos improvisados en Irak, resulta muy difícil admitir cuán alteradas se han visto sus vidas. La palabra "discapacitado" da por sentado la seriedad de ese cambio.

Esto resulta especialmente cierto en el caso del TEPT. La mayoría de los soldados se pasa años negando que lo sufre, o sus familiares les han dicho que son ideas que tienen metidas en la cabeza. Por supuesto que son ideas en la cabeza, pero se trata de heridas reales de todas formas. Incluso cuando aceptan el diagnóstico, la mayoría de los veteranos asume que el TEPT es temporal. *Yo voy a superar esto,* se dicen. *En un año voy a estar bien.* Todo el mundo sabe que nunca se recupera una pierna perdida en una explosión, pero todo el mundo asume que se puede sanar un cerebro que ha sido dañado. Sencillamente no se puede. Se puede restaurar la confianza. Uno se puede reconectar con el mundo. Puedes vivir una vida plena. Pero la experiencia se queda contigo para siempre.

Eso no tiene por qué ser una carga necesariamente. Tampoco tienes que aceptar la opinión de gente como mi padre, quien me escribió para decirme que los veteranos que admiten que están heridos están "empeorando su propia discapacidad y reforzando su deseo de vivir del desempleo". Yo no quiero vivir de la caridad de nadie, y no soy débil por aceptar y abordar mis heridas. La verdad es exactamente lo opuesto. Durante tres años viví negándome a aceptar mis problemas, enterrándolos en una avalancha de esfuerzo y trabajo. Lo único que conseguí fue empeorar. Cuando finalmente reconocí que era discapacitado, descubrí que una espalda fracturada, una lesión cerebral traumática, y el TEPT no eran sencillamente meras limitaciones en mi vida. También me ofrecían nuevos retos y oportunidades. Mi vida no era la misma después del ataque en Al-Waleed y los posteriores traumas y traiciones, pero no tenía por qué ser peor. La discapacidad le ofrece a la persona algo diferente. Para mí, fue una nueva forma de servicio.

Mi activismo comenzó como terapia. Cuando comencé a escribir sobre los errores de la guerra en 2006, trataba de encontrar una forma de explicar mis sentimientos de culpabilidad, traición e indignación, y de lograr que mis sacrificios y los de los soldados norteamericanos e iraquíes a quienes respetaba —y además, quería y admiraba— valieran la pena y el esfuerzo. Si arreglábamos nuestros problemas estratégicos, confiaba en que podíamos ser exitosos.

En 2007, cuando me concentré en asuntos relacionados con los veteranos, me enfrentaba a sentimientos de traición y descuido provocados por el Ejército al que había servido. Además, batallaba contra el miedo y el aislamiento que destrozaban mi vida. Al unirme a los cientos de miles de otros guerreros heridos (350.000 veteranos de Irak y de Afganistán reciben tratamiento por TEPT en el Departamento de Asuntos de Veteranos), me sentía menos vulnerable ante el sistema —y menos solo.

Martes, me doy cuenta ahora, fue mi primer paso más allá de los derechos de los veteranos. Al adoptarlo, estaba reconociendo que mi condición duraría muchos años más, y que necesitaba ayuda más allá de la consejería y la medicina que me proporcionaba el Departamento de Asuntos de Veterano. En aquel momento, me desesperaba por encontrar una forma de sobrevivir día a día. Pero como una corriente subterránea, en mi mente subconsciente, me estaba moviendo hacia una categoría diferente. Los perros de servicio no eran para los veteranos, eran para los discapacitados. Punto.

Así que cada vez que Martes y yo nos enfrentábamos a la discriminación, volvía a mi terapia habitual: escribir. El Ejército espera que sus líderes hagan correcciones instantáneas y escriban memos para identificar los problemas y recomendar soluciones. ¿Por qué iba a dejar de hacerlo simplemente porque ya no llevaba el uniforme? Si el infractor era un negocio local, como una lavandería o una pequeña tienda de víveres, sencillamente trataba de educarlos. Si el infractor se trataba de una corporación, escribía a sus oficinas regionales o centrales, informándoles de lo sucedido, sus consecuencias físicas y psicológicas, y la forma en que podían mejorar el trato que daban a los discapacitados y a los perros de ayuda. Al igual que mi vida en el Ejército, los correos electrónicos eran parte de mi trabajo cuyo propósito era mejorar la vida de los demás. Estos también me ayudaban a relajarme y, al poner mis pensamientos por escrito, a dejar de regodearme en incidentes pasados y a seguir adelante con mi vida.

Lo del autobús sí fue diferente. Después de aquella humillación, me sentía demasiado tenso y enfermo como para escribir. Me tiré en la cama durante días, incluso después de pasada la migraña, perdido en mis pensamientos. Martes, como siempre, permaneció fiel a mi lado. En los peores días, cuando no podía ni comunicar mis deseos, se metía poco a poco en la cama y, con un suave suspiro, se acurrucaba junto a mí. Me recordaba a Max, mi perro de la infancia, y cómo su feliz presencia me hacía olvidar las palizas que los bravucones me propinaban cada semana. Con Max el alivio había sido accidental. Con Martes, era intencional. Su dedicación y lealtad eran más de lo que podía esperar de parte de mis padres, mis hermanos o de cualquier otro ser humano. Era algo que solamente un perro puede dar. Cuando se acostaba junto a mí y lanzaba profundos suspiros perrunos, era como si me dijera, *Dame tu tristeza, toda la que haga falta. Yo la recibo. Y si nos mata a los dos, que así sea. Para eso estoy aquí.*

Como parte de mi defensa de los derechos públicos, por aquella época tenía el compromiso de hablar en el Hunter College, en

Manhattan. La conferencia estaba dirigida a los proveedores de salud mental, en su mayoría terapeutas y empleados en centros de asistencia comunitaria. El enfoque principal eran los "clientes escondidos": aquellos que necesitan ayuda, pero rehúsan pedirla, una categoría dominada cada vez más por los veteranos a medida que se acercaba el sexto aniversario de una guerra ininterrumpida. Era un asunto importante, y después del contratiempo del autobús, no estaba seguro de encontrarme en condiciones de discutirlo. Al final, estimulado por la paciencia y la fortaleza de Martes, decidí asistir.

No recuerdo si mis palabras fueron planeadas o no. Recuerdo estar parado frente al auditorio y sentir el regreso aplastante de los síntomas de mi TEPT: náuseas, ansiedad, martilleos en la cabeza que hacían que la habitación diera vueltas. Como siempre que me encontraba en problemas, miraba a Martes. Podía intuir su preocupación, pero también su confianza en mí. Había algo en sus ojos, cuando me miraba, que siempre me decía, *Creo en ti, Luis.* Miré de nuevo al público, una multitud sin caras y en penumbra. Entonces, en lugar de hablar sobre asuntos relacionados con los veteranos, empecé a hablar de Martes. Yo había sido alcohólico, había estado atrapado en mi apartamento y casi al borde del suicidio antes de la llegada de Martes. Y ese perro se mantuvo junto a mí. Me ayudó a enfrentar mi ansiedad y mis fobias. Evitó que me desplomara. Monitoreó mi respiración. Era capaz de responder a ciento cuarenta órdenes...

Hice una pausa. "¿Alguien quiere una demostración?", pregunté, asombrado de mí mismo.

"Sí", gritó alguien en medio de los aplausos y las muestras de ánimo.

Había hablado antes de tener en cuenta los sentimientos de Martes en cuanto a su actuación, pero una mirada a sus ojos, siempre vueltos hacia mí, y dejé de preocuparme. Estaba listo para cualquier cosa. Así que comenzamos por lo básico: sentarse, saltar, sacudir, traer, tirar. Al cabo de unas sesenta o setenta órdenes, a pesar de que la audiencia no dejaba de aplaudir después de cada una, me sentía como si Martes y yo estuviéramos solos disfrutando nuestra acostumbrada sesión de práctica. Cuando finalmente le di a Martes un pedazo de papel, y él se lo entregó a un voluntario que esperaba con la mano en alto al final del local, la audiencia le dedicó una ovación de pie. Cuando regresó trotando al escenario, lo saludé con un abrazo entusiasta. Colocó su cabeza en mi hombro, y los allí presentes comprobaron el verdadero afecto que sentíamos el uno por el otro porque los aplausos subieron a otro nivel. Y sé que vieron el afecto, porque después de la sesión varias personas se nos acercaron con lágrimas en los ojos.

La conferencia en el Hunter College abrió la puerta a otras "Conversaciones de Martes", en las que utilicé mis presentaciones públicas para demostrar lo que puede hacer un perro de servicio. Recuerdo varias escuelas secundarias y muchos paneles de discusión. La mayoría de mis apariciones ocurrían en organizaciones de alcance comunitario y centros de vida independiente para discapacitados (ILCs, por sus siglas en inglés). Estas organizaciones iban desde grandes gimnasios auspiciados por iglesias hasta oficinas del tamaño de una cueva, pero todas compartían lo siguiente: eran el primer punto de contacto, el lugar en el que una persona con problemas psicológicos o discapacitada podría encontrar ayuda, y los empleados sabían perfectamente bien el grado de sufrimiento en la comunidad de veteranos. Pero ninguno había visto hasta entonces un animal como Martes. Nunca se habían puesto a pensar en todo lo bueno que podía aportar un perro.

Mis intervenciones no eran siempre iguales, porque el TEPT no es una enfermedad uniforme. Unos días me sentía de maravillas, y mis charlas estaban llenas de energía y optimismo. Otros días me sentía enfermo y ansioso, y me regodeaba en los aspectos negativos de mi vida. No se trataba nada más que de la experiencia en el autobús; docenas de incidentes de discriminación habían moldeado mi interacción con el mundo cotidiano y, algunos días, no podía deshacerme de ellos. Martes y yo hacíamos demostraciones de sus habilidades durante una media hora, y cuando ya se había ganado por completo el favor de la audiencia, les preguntaba, "¿Cómo es que alguien puede discriminar a este perro?".

Y ellos negaban con las cabezas murmurando, *No, no es posible.*

"Pues sí sucede", les decía. "Ocurre continuamente. De hecho, pasó hace diez minutos cuando quise comprar café en la cafetería de la esquina". Lo cual era, deprimentemente, cierto; yo tenía la costumbre de pasar a tomar té o café (en sustitución del alcohol) para calmarme los nervios antes de una charla, y a menudo le ponían reparos a la presencia de Martes.

Poco a poco, a medida que hablaba más sobre Martes, mi perspectiva fue cambiando. Los grupos de veteranos siempre habían dado una respuesta positiva a mi mensaje —de hecho, el apoyo que me demostraban era increíble—, pero la comunidad discapacitada civil era diferente. Las personas discapacitadas que usaban los centros de vida independiente a menudo venían a mis charlas, y muchos de ellos usaban perros de servicio o perros de ayuda. Entre los veteranos, yo era único; en aquel entonces había, sospecho, menos de cincuenta veteranos con perros de servicio en Estados Unidos. Pero en los centros de vida independiente había personas que entendían y habían experimentado retos similares a los míos. Claramente, la comunidad discapacitada tenía una vasta red de alcance y apoyo, porque apenas unos días después de mi primer "Conversaciones de Martes" comencé a recibir correos electrónicos de personas con perros de servicio de todas partes del país que enfrentaban el mismo tipo de discriminación.

Pronto identifiqué un patrón en las respuestas: mientras que yo me mostraba indignado con la discriminación, la mayoría de los que me escribían se mostraban desesperados o resignados. Es cierto que no todos los que tienen un perro de servicio se enfrentan a momentos difíciles en situaciones sociales. Algunos dueños, especialmente los ciegos (ya que la sociedad está habituada a los perros para ciegos), o los que han sido discapacitados por largo tiempo, son capaces de ignorar la discriminación y aceptarla como parte de sus vidas. Pero otros no tienen tanta suerte. Las personas que necesitan un perro de servicio se encuentran, por definición, en un frágil estado mental o físico; es por eso que necesitan al perro. Combatir la discriminación cansa, especialmente para un grupo al cual las tareas o interacciones sociales cotidianas los dejan física y emocionalmente exhaustos. Recibí muchas cartas, muchísimas, de parte de personas con perros de servicio que se sentían derrotados. Su historia de confrontaciones, y el temor de tener que enfrentarse a otra más, los mantenía prácticamente encerrados en casa. Me escribían, principalmente, para darme las gracias por seguir luchando. Esas cartas me llenaban de energía. De repente, ya no estaba solo en Sunset Park, tratando de convencer a los empleados de las tiendas a que me permitieran comprar una pizza que pudiera calentar en el microondas; yo formaba parte de un grupo grande de personas que luchaban por ser aceptadas. Cuando escribía mis correos electrónicos, el mejor resultado no era ni una disculpa ni un cupón para recibir comida gratuita, sino la promesa de un cambio en métodos de entrenamiento y en las prácticas de al compañía. Soy organizado y tiendo a guardar todo por naturaleza. Por aquel entonces, tenía unas cuarenta cartas a compañías cronológicamente archivadas, detallando la ida y vuelta de mensajes. Casi por accidente, me di cuenta, había creado un registro de discriminación subyacente, el tipo que casi siempre se descarta como de menor grado —"No tenían intención de ofenderlo, es que ellos no entienden"— cuando se trata de un solo establecimiento, pero que en su totalidad era claramente un tipo de acoso que desgasta a la gente.

Sabía que este registro era importante. Mostraba, de manera concisa, por qué a menudo perdía la paciencia con empleados de tiendas y anfitriones de restaurantes. En ese sentido, me hacía sentir mejor en relación a mi incapacidad de controlar mis sentimientos de desamparo y molestia, especialmente en los peores días. Pero también me hacía sentir que estaba contribuyendo a una causa. Creía —y todavía creo— que un día habría una seria discusión en el país sobre los perros de servicio. Cuando llegue ese momento, voy a colocar sobre la mesa una pila de cartas de un pie de altura y voy a decir, "Esta, señoras y señores, es la realidad de la vida con un perro de servicio".

Fue una época gratificante. Intensamente gratificante. También fue, simplemente, muy intensa. Con TEPT y con una lesión cerebral traumática, mi mente se veía forzada a revivir, con lujo de detalles, los peores momentos de mi vida. Ahora, mi defensa de los derechos públicos me obligaba no solo a recordar sino a hablar sobre esos traumas. En esencia, tomaba uno de los peores aspectos de mi trastorno y lo incorporaba a mi vida diaria. Le estaba dando un propósito a mis recuerdos, y eso me daba poder. Pero al fin y al cabo, tenía que revivir aquellos recuerdos, por lo que a menudo mis participaciones en público me dejaban sumido en mi propio infierno privado. Terminadas las charlas, me alejaba muchas veces envuelto en una niebla física y mental, con solo la ayuda de Martes para guiarme a casa. No tenía tantos *flashbacks* o migrañas como antes, porque Martes reconocía los síntomas. No importa dónde estuviéramos —en la calle o en mi apartamento, en medio de una conversación—, él me empujaba suavemente con el hocico en cuanto mis ojos se vidriaban y mi respiración se acortaba, sin dejar de empujarme y tocarme con las patas hasta que yo enfrentaba su mirada preocupada. Entonces, me inclinaba hacia adelante, le acariciaba el cuello y le decía: "Estoy aquí, Martes. No te preocupes. Estoy aquí".

Ocurrían tan frecuentemente estos pequeños recordatorios de Martes, que después de cierto tiempo, los daba por descontados. Tenía tantos altos y bajos, tenía tanta predisposición a enfocarme en eventos traumáticos de Nueva York y de Irak, que las interrupciones de Martes se convirtieron en el ritmo de mi vida. Él me mantenía conectado, de hecho, ni me daba cuenta de que me estaba exigiendo demasiado, pensando demasiado y no dándole importancia al sueño y al descanso. No pensaba mucho en eso, ya que mi vida había sido azarosa durante tanto tiempo, hasta que en las horas previas al amanecer de la cuarta noche seguida sin dormir en absoluto, Martes comenzó a llorar. Si alguna vez han escuchado a un animal gemir en la oscuridad, entonces ya saben lo que es escuchar un sonido conmovedor. Aquellos sollozos, tan crudos y auténticos, me cortaron el pecho como una hoja aserrada y entonces, como llave en la cerradura, penetraron hasta lo más hondo de mi corazón insensible. Me levanté de la cama, caminé hacia Martes, y le di un abrazo que se prolongó hasta el amanecer. Entonces, le puse su capa y, juntos, nos fuimos a la sala de emergencia.

Unos cuantos días después, Martes cruzó calladamente nuestro apartamento mientras yo leía un libro, y después de rozarme el brazo con el hocico, colocó la cabeza sobre mi regazo. Como siempre, inmediatamente revisé mi estado mental, tratando de evaluar qué andaba mal. Sabía que un cambio en mi biorritmo había hecho que Martes se me acercara, porque siempre me estaba monitoreando, pero no podía darme cuenta de lo que era. ¿La respiración? Bien. ¿El pulso? Normal. ¿Tenía acaso los ojos vidriosos o estaba distraído? ¿Me estaba acordando de Irak? ¿Se acercaba un mal momento emocional? Creía que no, pero sabía que algo no andaba bien, y empecé a preocuparme… hasta que miré a Martes a los ojos. Me miraban suave y fijamente debajo de aquellas cejas enormes, y en ellos no había otra cosa que amor.

Cuando puse mi mano sobre su cabeza, se subió al sofá y puso su cara a la altura de la mía. Nos miramos durante unos segundos y entonces, lentamente, Martes comenzó a pasarme la lengua. Sí, sobre los labios… la barbilla… la nariz… llenándome la cara de saliva con la lengua que deslizaba lentamente. En ese preciso momento Martes, a pesar de todas sus precauciones, dejó de ser nada más que mi perro de servicio, mi apoyo emocional, y mi tema de conversación. En ese momento se convirtió en mi amigo.

CAPÍTULO 20

DÍAS DE VERANO

Una vez que optas por la esperanza,
cualquier cosa es posible.

—CHRISTOPHER REEVE

AL LLEGAR EL VERANO DE 2009, PARECÍA QUE TODO SE estaba solucionando favorablemente. Ali, mi antiguo traductor de Al-Waleed, había llegado a Estados Unidos procedente de Jordania, y se había quedado a vivir en Nueva Jersey. Se le estaba haciendo difícil encontrar empleo, su apartamento de dos habitaciones era demasiado pequeño para su familia, y tenía una deuda con el Gobierno norteamericano por el costo de su huida de Irak, pero al menos estaba seguro. O, al menos, tan seguro como se puede estar en las secciones urbanas del norte de Nueva Jersey.

Mi situación médica, mientras tanto, iba mejorando. Tenía un excelente terapeuta, un gran médico de cabecera, y mi más reciente curso de medicamentos, más de veinte pastillas para combatir desde la ansiedad hasta el síndrome de intestino irritable, (mi sistema digestivo nunca se recuperó después de Al-Waleed), estaba funcionando adecuadamente.

De hecho, el tratamiento médico de todos los veteranos había mejorado de manera notable a la llegada del verano de 2009. La administración de Obama había aumentado significativamente el presupuesto del Departamento de Asuntos de Veteranos, lo que representó una atención más coherente, aunque todavía con frecuencia inadecuada. Las lesiones cerebrales traumáticas, como la que sufrí en Al-Waleed, comenzaron a aparecer en las noticias, después de que surgió evidencia de que las contusiones de los jugadores de fútbol causaban ansiedad, estrés y depresión a largo plazo. Esos eran precisamente los síntomas que experimentaba yo. A la vez, la nación, y especialmente el Ejército, comenzó a tomarse el TEPT en serio. Todavía existían detractores y líderes militares en todos los niveles que maltrataban a los miembros de servicio afectados por el trastorno, pero la mayoría de la gente comprendía que la guerra, la violencia y la cercanía a la muerte súbita infligían heridas psicológicas que debían ser tratadas. El tratamiento para el TEPT estuvo más disponible y un poco menos estigmatizado, incluso entre oficiales militares y personal de servicio activo. Si me hubieran herido en 2008 en lugar de 2003, el desarrollo de mi tratamiento, e incluso de mi vida, hubiera sido muy diferente y significativamente superior.

Pero, como nación, todavía teníamos un largo camino por recorrer, y yo no iba a permitir que nadie se olvidara de ello.

Entre mayo y julio se publicaron diez de mis artículos en varios lugares, emplazando a Estados Unidos a que no se mostrara satisfecho con la guerra de Irak y la salud de sus veteranos de combate.

En el *Hartford Courant* escribí acerca de las atrocidades que los soldados norteamericanos se veían obligados a cometer en Irak, desde disparar sobre edificios ocupados para inducir, y consecuentemente identificar de dónde provenía la respuesta a los disparos, hasta registros de hogares sin causa probable.

Escribí sobre soldados, como la especialista Alyssa Peterson, una interrogadora del Ejército que se suicidó en septiembre de 2003, después de ser reprendida por mostrar "empatía" con los prisioneros y negarse a torturarlos. Sus palabras, escritas en el informe oficial de su muerte, son perturbadoras: "Dijo que no sabía cómo ser dos personas a la vez… [Ella] no puede ser una persona en la celda y otra fuera de la reja".

Entre otros temas, informé sobre los cientos de veteranos heridos a quienes se discriminaba en el empleo durante una terrible recesión, ya fuera porque sus jefes pensaban que las sesiones de terapia para el TEPT tomaban demasiado tiempo, o debido al estereotipo de que los veteranos heridos en combate eran una bomba de tiempo que podía explotar en cualquier momento.

Denuncié el dato aportado por la RAND Corporation, según el cual de los 300.000 veteranos que sufrían de TEPT (de los 800.000 hombres y mujeres de servicio en el Ejército que han cumplido por lo menos dos períodos de servicio en Irak y Afganistán), menos de la mitad ha buscado tratamiento.

Puse énfasis en la tasa de suicidio entre los veteranos, que ya era impresionantemente alta, pero que no se convertiría en un asunto a nivel nacional hasta 2010, cuando el número de suicidios sobrepasó las muertes en combate.

Mis esfuerzos en la defensa pública iban en aumento más allá de mis artículos. Durante la primavera y el verano, mientras promocionaba su proyecto de ley que establecía un programa piloto para suministrar perros de servicio a veteranos heridos de Irak y Afganistán, el senador Franken mencionaba a menudo su encuentro con Martes en la inauguración de Obama. Incluso habló sobre nosotros en la sala del Senado, logrando que nuestros nombres ingresaran en el Registro del Congreso. Toda esta publicidad condujo a artículos noticiosos a nivel nacional y a invitaciones a eventos caritativos, lo que a su vez se tradujo en relaciones con varias organizaciones que ofrecían recursos a los discapacitados, entre las que se destacaron el Centro de Brooklyn para la Independencia de los Veteranos (BCID, por sus siglas en inglés) y el Centro de Vida Independiente de Harlem (HILC, por sus siglas en inglés). Estaba tan impresionado, que comencé a trabajar con ellos en asuntos mucho más ambiciosos relacionados con aceptación y accesibilidad. Eran gente muy amable y, en retrospectiva, los reconozco como la familia extendida que estaba buscando desde que dejé la vida militar. Es posible que no entendieran mis experiencias en Irak, pero comprendían mis problemas, porque ellos habían atravesado antes circunstancias similares.

La culminación de aquellos esfuerzos, al menos desde el punto de vista psicológico, ocurrió el 23 de julio de 2009, fecha en la que la legislación del senador Franken, La Ley de Perros de Servicio para Veteranos (SDVA, por sus siglas en inglés), se presentó ante el Congreso. La aprobación de la ley poco tiempo después fue una victoria significativa y una inyección de esperanza y orgullo, no solamente porque Martes la había inspirado, sino porque me constaba la capacidad de un perro de servicio para transformar una vida. Ese marzo, Martes y yo habíamos sido los invitados de honor de un evento caritativo en la Animazing Gallery, en Soho, para concientizar sobre los perros de servicio y conseguir donaciones para ayudar a los soldados heridos. El título de un trabajo que escribí sobre el evento para el *Huffington Post* resumía mis sentimientos al aprobarse la ley del senador Franken: "Para los veteranos, la felicidad es un cálido cachorro".

Eso no significa que la vida fuera fácil en Sunset Park. Martes y yo regresamos recientemente por primera vez en dos años para visitar al dueño del apartamento que yo arrendaba, Mike Chung y su bulldog francés, Wellington. El viaje de una hora en metro me causó tanta ansiedad que casi vomito. Si no hubiera sido por este libro, y mi necesidad de reconectarme con aquellas memorias para poder escribirlas, hubiera dado la vuelta y regresado a casa. Cada cuadra, cada negocio evocaba una experiencia negativa, y hubo un lugar en el que la experiencia fue tan atroz que solamente de pensarla me llevó de un vuelco al pasado de forma tan abrupta que me desconecté y no recuerdo los últimos cinco minutos del recorrido. Mientras andaba perdido entre los recuerdos, Martes me condujo fielmente a nuestra calle. Mi antigua casa, por suerte, era una zona segura. Mike se mostró tan de buen humor y tan acogedor como de costumbre, y Martes y Welly retomaron sus juegos exactamente igual que antes, embistiéndose uno al otro y luego corriendo por las escaleras de arriba a abajo. Veinte minutos más tarde, ya estaban jadeando en el piso de la entrada, Welly acostado boca arriba sobre Martes como un preescolar desmayado, mientras que Mike y yo nos reíamos como en los viejos tiempos.

Sin embargo, tan pronto nos fuimos, sentí el recelo, algo que solamente puedo describir como claustrofobia, aunque Martes y yo ya habíamos salido desde la estrecha entrada del edificio al aire libre. Fui cojeando cuatro cuadras fuera de mi camino hasta un *deli* en el que me sentía a gusto, pero allí no se acordaban de mí, y el señor del mostrador me dijo, "Perros, no". Le expliqué y, después de vacilar largo tiempo, y visiblemente contrariado, tomó mi pedido. Pero cuando se volteó a preparar mi emparedado, una señora entró y empezó a quejarse de Martes, así que otro empleado se dio la vuelta y me dijo, "Oiga señor, aquí no se admiten perros".

"Es un perro de servicio".

"Ah, lo siento".

Me sirvieron mi emparedado, pero me quedé encorvado sobre la mesa, murmurando para mis adentros mientras los empleados del *deli* me miraban ansiosamente, esperando que me marchara. Martes sabía que se tenía que quedar sentado a mis pies —era más fácil así, cuando no llamaba la atención—, pero me miraba fijamente todo el tiempo, con ojos compasivos. No, la vida no fue fácil para mí en Sunset Park. En lo absoluto.

Pero hubo buenos recuerdos también —excelentes recuerdos, para ser exactos— y una trayectoria ascendente en mi vida, especialmente con Martes. Nuestra relación había entrado en una nueva fase en la que podíamos ser un veterano discapacitado y su asistente, y a la vez, un hombre y su perro.

De hecho, recuerdo como si fuera esta misma mañana la primera vez que llevé a Martes a la carrera de perros en Sunset Park, el gran espacio verde a quince cuadras de distancia de nuestro apartamento que daba nombre a nuestro vecindario. A los perros se les permitía andar sueltos sin correa durante unas pocas horas en la mañana, así que nos levantamos temprano e hicimos un viaje especial. Vi las orejas de Martes levantarse cuando escuchó los ladridos, pero traté de engañarlo y, al llegar a la primera entrada, seguí de largo. Después de una breve vacilación, y un profundo suspiro, Martes ignoró los sonidos y se concentró en la acera que tenía por delante. Cuando doblé por la segunda entrada, abandonó su actuación de perro bueno y prácticamente me arrastró —"¡Suave, Martes!"— por la corta escalera. Sunset Park era una colina inclinada hacia la calle, con una pared alta en la base. Cuando llegamos a lo alto de la escalera pudimos ver por primera vez a los perros en la colina, corriendo y jugando, mientras que sus dueños permanecían de pie, divididos en pequeños grupos en lo alto. El camino de concreto no era muy empinado, pero la subida era lenta para una persona con bastón, por lo que Martes caminaba siempre al frente de la correa, apresurando el paso.

En la cima, me detuve a recuperar el aliento. Sunset Park no es uno de los parques más pintorescos de Nueva York —es más que nada pasto y bancos, atravesado por sendas de concreto, arbolitos plantados recientemente y botes de basura—, pero la vista desde la cima es una de las mejores de la ciudad. Más allá de una torre blanca y tres grúas en la ribera de Brooklyn que parecen hormigas en la lejanía, se alza la Estatua de la Libertad a dos pulgadas de alto en el centro del puerto de Nueva York y de cara al mar abierto. Debajo de la estatua, casi siempre se puede divisar el *ferry* de Staten Island, una sombra oscura deslizándose en las aguas resplandecientes, una estela blanca abriéndose paso hacia los brillantes rectángulos y sombras grises del bajo Manhattan. La vista se extiende más allá de las torres que sirven de base al Puente de Brooklyn, con su red de cables, hasta llegar al centro de la ciudad. Aparece como si la mitad de la parte sur de la isla no midiera más de cinco pies de largo y medio pie de alto en el punto en el que el edificio Empire State atraviesa el horizonte. El panorama era una perfecta metáfora de mi vida en ese momento. Yo era parte de Nueva York, pero había una distancia entre nosotros. Me di cuenta de que regresar a mi vida anterior era solo cuestión de tiempo. Quizás por eso, aquella mañana, Manhattan nunca me pareció tan hermosa.

Martes, por supuesto, no se daba cuenta de aquello. No sé si los perros pueden ver tan lejos —Manhattan se encontraba a más de dos millas de distancia—, pero aunque hubiera podido, no estaba interesado en el paisaje. Aquella mañana, tan solo se sentó y me miró fijamente, esperando el próximo movimiento. Cuando me incliné y le desabroché el chaleco, comenzó a agitar la cola y a mover las patas.

Hasta ese momento, solamente le había quitado la capa en el apartamento o después de la medianoche, cuando Martes y yo caminábamos detrás de la fila de casas de Rainbow Park. Esto era nuevo: a pleno día, con gente cerca, con otros perros. Le toqué el costado mientras desabrochaba la segunda hebilla. Sentí el temblor, y sabía que Martes estaba listo. No sé si lo he mencionado, pero me muevo con bastante lentitud. Siempre he sido una persona metódica. "Lo lento es fluido y lo fluido es rápido", como dicen en el Ejército, y me gusta hacer las cosas bien desde el principio. Después de todo, nunca sabes cuándo estarás frente a tu única oportunidad de hacer algo. Desde que recibí las heridas físicas, me he vuelto todavía más preciso. O quizás es que me lleva mucho más tiempo hacer las cosas al grado de perfección que me exijo a mí mismo.

Cuando por fin terminé de quitarle el chaleco, Martes temblaba expectante. Podía darme cuenta, por la velocidad y ángulo de su cola, de que estaba listo para lanzarse a toda carrera, pero sin embargo, me miró de nuevo moviendo las cejas mientras analizaba mi expresión. No tuve ni que asentir. Leyó en mis ojos que quería que corriera.

"¡Vete a jugar!", le grité, y antes de que me salieran las palabras de la boca, Martes se dio la vuelta y salió disparado colina abajo, alcanzando a los perros más rezagados y corriendo con tal abandono que pensé que con seguridad resbalaría y seguiría rodando hacia abajo como una gran bola de pelaje. Pero a medio camino antes de llegar a la base de la colina, desaceleró y retrocedió, corriendo colina arriba, bajando la cabeza para impulsarse. Entonces, cambió de dirección y alcanzó al grupo de perros y se puso a corretear y a jugar con ellos. ¿Han visto alguna vez a un golden retriever correr con total abandono en una mañana soleada? ¿Han visto la excitación en su cara, la pura alegría que siente mientras corre mucho más rápido de lo que, al parecer, le permiten sus patas, con la lengua colgándole hasta las rodillas? ¿Pueden imaginarse lo que debe haber sido aquella ocasión para Martes, que con tres años de edad nunca había tenido la oportunidad de correr de esa manera?

Yo lo sentía. Era una ola de excitación que le brotaba del alma, mientras que se patinaba, se detenía y luego arrancaba en otra dirección, siempre con un perro pisándole los talones. Los otros perros también presintieron todo aquel entusiasmo reprimido, de forma tal que, de pronto, el grupo entero se puso a correr a toda velocidad y a jugar con una alegría feroz. Sospecho que los dueños también sentían aquella contagiosa energía, pero yo estaba demasiado nervioso sin Martes a mi lado como para mirar en aquella dirección.

Pero no me sentía paranoico. Y tampoco me sentía abrumado, aunque era la primera vez que Martes y yo nos separábamos en los ocho meses desde que lo adopté. En vez, me sentía transportado. No lo esperaba, pero cuando vi a Martes corriendo y jugueteando con los demás perros, sentí como si fuera yo mismo el que estuviera corriendo y saltando, haciendo cosas que mi cuerpo físico ya no era capaz de hacer.

Unos cuantos meses después, en agosto de 2009, mi solicitud de alojamiento como estudiante graduado en Columbia fue finalmente aprobada. Había tenido que esperar durante todo un año, ya que la única forma en la que hubiera podido pagar el alojamiento en Columbia era aceptando un compañero de vivienda, algo con lo que yo no podía lidiar. Fue mi madre quien me sugirió la idea de indagar en la Oficina de Ayuda a los Discapacitados, una idea que, me gusta creer, indicaba que ella comenzaba a aceptar las nuevas realidades de mi vida. Mi terapeuta, mi sacerdote, mis médicos y Lu Picard de la ECAD me ayudaron con las recomendaciones y el papeleo.

Eso es algo especial en relación a ECAD. A todos los proveedores de perros de servicio se les requiere recertificar todos los años a sus perros en su entrenamiento en acceso público. La mayoría de los proveedores, como ECAD, también tienen un sistema de seguimiento para continuar en contacto con los dueños y sus perros. ECAD fue un paso más allá, brindándome su apoyo en todo momento. Sus miembros se mostraron siempre accesibles y dispuestos a ayudarme con mis necesidades. Incluso hoy día, todavía los llamo por lo menos una vez a la semana para pedirles consejo. ¿Puedo darle a Martes este alimento? ¿Cuál es el método disciplinario adecuado para este problema en particular? ¿Qué debo hacer con respecto a la discriminación? La mayoría de las veces, hablo directamente con Lu. Ella está siempre muy atareada entrenando perros y buscándoles la pareja perfecta entre personas necesitadas, pero siempre está disponible, en cualquier momento que la necesite.

Cuando llegó el momento de la mudada a Manhattan, Lu incluso me ofreció su camioneta. Mientras ayudaba a Lu y a su esposo (y a unos cuantos voluntarios) a montar en ella mis escasas pertenencias, sentí que Martes y yo nos mudábamos a circunstancias mejores. Y a medida que conducíamos por la autopista de Brooklyn-Queens, Martes con la cabeza fuera de la ventanilla y con las orejas flotando en el aire, mi vida anterior comenzó a dispersarse, junto con parte de mi furia y mi frustración. Después de dos años de esfuerzo, pensé, mi vida real después del Ejército estaba a punto de comenzar.

CAPÍTULO 21

CHOQUE Y ARREGLO

Yo paseo con calma, con ojos, con zapatos,
con furia, con olvido,
paso, cruzo oficinas y tiendas de ortopedia,
y patios donde hay ropas colgadas de un alambre:
calzoncillos, toallas y camisas que lloran
lentas lágrimas sucias.

—PABLO NERUDA, "CAMINANDO ALREDEDOR"

SUPONGO QUE ERA INEVITABLE QUE MANHATTAN NO LLEnara de inmediato todas mis expectativas. Me había imaginado el albergue estudiantil como un caldo de cultivo social, en el que personas con intereses comunes se encontrarían en los pasillos y, casi por necesidad, forjarían entre sí amistades y relaciones. De hecho, el albergue estudiantil para graduados de Columbia era igual a un típico edificio de apartamentos de Manhattan, lleno de pequeños estudios y apartamentos de una sola habitación aislados detrás de puertas cerradas. De vez en cuando me encontraba con compañeros de clase en el enorme banco de buzones de correo localizado en el pequeño pasillo de entrada, pero de lo contrario, nunca los veía. Los incidentes de acoso y discriminación no se terminaron tampoco, ya que la presencia de Martes era cuestionada en todas partes, desde la cafetería de la esquina hasta la oficina de Kinko's en la calle. Resulta que Martes y yo terminamos estando más aislados en Manhattan que en Sunset Park, en donde teníamos por lo menos a Mike y a Welly.

Tampoco había considerado cuán profundamente afectada se vería mi mente, todavía luchando con el TEPT, con el cambio de rutina. *Con el paso del tiempo*, hubiera podido gustarme más Manhattan, y *con el paso del tiempo*, hubiera podido sentirme más cómodo allí, pero durante esos primeros meses el lugar estuvo desprovisto de nuevas experiencias, y la incertidumbre me provocó un estado de ansiedad. Lidiar con un lugar nuevo significaba reconocimiento y vigilancia (R&S, por sus siglas en inglés). ¿Qué ventanas estaban usualmente abiertas? ¿Qué gente pasaba usualmente por el edificio? ¿Cómo lucían los empleados de las tiendas de la localidad? ¿A qué hora se recogía la basura, y quién lo hacía? Tenía que familiarizarme con lo ordinario para poder identificar lo extraordinario. Y en un lugar como Manhattan, lo ordinario resultaba complicado. Por primera vez desde que Martes y yo selláramos nuestro lazo emocional en la primavera, mi hipervigilancia funcionaba a toda marcha.

Por una desastrosa coincidencia, mi mudada a Manhattan también coincidió con el colapso de mi red de apoyo. Martes era el baluarte de esa red, por supuesto, pero había otra gente vital para mi progreso. Mi terapeuta, Michelle, había estado desarmándome y reconstruyéndome de nuevo psicológicamente durante un año y medio, desde el verano en el que adopté a Martes. Ella era una ex miembro de la Marina y una mujer extremadamente inteligente (por alguna razón, me di cuenta, no podía compartir mis experiencias emocionales con un terapeuta masculino), además de alguien a quien podía confiar mis más profundos miedos y secretos personales. Desafortunadamente, al final del verano, se trasladó fuera del estado. Alrededor de esa misma época, mi médico de cabecera se vio forzado a retirarse por razones de salud. Aquello fue tan devastador como la pérdida de Michelle, porque el médico de cabecera es el eje del tratamiento en el sistema del Departamento de Asuntos de Veteranos. Y por último, aunque no menos importante, mi maravillosa psiquiatra se mudó a California con su familia. Sin mi trinidad de asistencia médica no disponía de nadie de confianza con quien discutir mis problemas o que supervisara mi salud. Sin las aprobaciones médicas, no podía ver a especialistas ni lograr que me despacharan mis recetas. De repente, después de un año de excelente cuidado médico, estaba de nuevo enredado con la burocracia del Departamento de Asuntos de Veteranos, en manos de médicos internistas para solucionar los problemas más urgentes y teniendo que resignarme al rápido sistema de "entra y sale" de los "proveedores de cuidados de la salud".

Me tomó dos meses conseguir un nuevo médico de cabecera, y mientras más se demoraba el proceso, más ansioso y beligerante me sentía. El grupo de medicamentos indicado en un caso médico como el mío, requería supervisión y reajustes continuos ya que los medicamentos empezaban a interactuar con el tiempo. En el otoño, Ambien, la medicina que tomaba para dormir, dejó de hacer efecto después de un año de tomarla. De hecho, estoy casi seguro de que se convirtió en la causa de mi desvelo, porque cuando la tomaba me sentía tenso. Durante mi primer mes en Manhattan, dudo que durmiera más de dos horas por noche. Mis otras medicaciones se iban acabando y, sin un médico que me hiciera nuevas recetas, comencé a tomar medias dosis para que no se me agotaran. El dolor de espalda, las diarreas y el vértigo regresaron, y los malos recuerdos se me amontonaban en la mente. Empecé a tener alucinaciones, no sé si por falta de sueño o por falta de medicamentos. Por la noche, miraba por la ventana, que daba hacia un pasillo iluminado, o me dedicaba a navegar por Internet en busca de noticias, o simplemente me tendía en la cama con los ojos abiertos, tenso y preguntándome, por primera vez desde que Martes me acompañaba, adónde iba mi vida.

Aquella vez era diferente porque, además de mis síntomas habituales, experimentaba algo que no había sentido desde mi confrontación con mi padre: un profundo desencanto. En el Ejército, se nos enseña a manejar las expectativas. Es importante que la persona sepa de lo que es capaz, tanto a nivel individual como de grupo, y que haga planes de acuerdo con eso. Extralimitarse debido a objetivos poco realistas puede tener consecuencias fatales, tanto para el jefe como para sus tropas.

Al mudarme a Manhattan, me equivoqué en el manejo de mis expectativas. Asumí que había llegado a un estancamiento permanente en Sunset Park, y cuando no puede sostener mi nivel de confort —y mucho menos elevarlo, como esperaba— me sentí peligrosamente decepcionado. Me sentía decepcionado por mi aislamiento, por mi continua ansiedad, por mi fracaso al no poder integrarme en las actividades de la universidad. Pero más que todo, me había decepcionado a mí mismo. ¿Por qué no podía controlar mis propios demonios? ¿Por qué no podía dejar atrás el pasado? Sabía la respuesta: estaba seriamente enfermo y odiaba aquella enfermedad que se apegaba a mí tan tenazmente. Y aun así, a pesar de saberlo, no podía quitarme de encima la decepción. Y todavía me castigaba a mí mismo por no haber cumplido mis propias expectativas.

En el pasado, cuando caía en la desesperación, llamaba al padre Tim, el sacerdote jesuita que por aquel entonces era una leyenda entre los círculos de apoyo clandestinos de Alcohólicos Anónimos y TEPT. Mis llamadas a California a primera hora siempre habían calmado mi ansiedad, y sus sabias palabras siempre me habían ayudado a poner mis recuerdos en perspectiva. Pero en aquel otoño, después de años de ser la voz en el teléfono para hombres que habían servido en el Ejército como yo, el padre Tim decidió incorporarse al Ejército. Sabía que iba a ayudar a más soldados en su nueva capacidad de capellán militar oficial, y que sin lugar a duda, ese era su llamado, pero cuando se trasladó a Irak y más tarde a Kosovo, en Europa Oriental, perdí la forma de ponerme en contacto con él en cualquier momento que fuera necesario. En mis momentos más difíciles, conversaba todos los días con el padre Tim. Ahora, solamente estaba disponible unas pocas horas a la semana y en las condiciones tan precarias en las que me encontraba, no me sentía digno de usar tanta cantidad de su ya escaso tiempo libre.

Lo cual dejó solamente a Martes, mi compañero, mi otra mitad, mi amigo. Sabía que la situación era difícil. Me daba cuenta por Martes. Estaba exhausto por la preocupación y la falta de sueño, su postura era fláccida en lugar de alerta. Muchas veces no tenía ni energía para levantar la cola, y más de una vez lo vi con la cabeza baja como si estuviera durmiendo sentado. A final del verano le empezó por primera vez una tos —que probablemente se contagió al entrar en contacto con los perros en Sunset Park— que más tarde, en el otoño, se convirtió en bronquitis. Lo llevé al veterinario para que le dieran antibióticos, y aunque la tos le mejoró, seguía arrastrándose durante el día y, cuando creía que no estaba mirando, me miraba con ojos ansiosos.

Nos hacía falta algo: un talismán, una rutina, salir del atolladero. Para mi sorpresa, el secreto resultó ser el aseo. Cepillar a Martes siempre había sido parte de nuestro diario ritual. Era mi responsabilidad, después de todo, que luciera impecable, porque lo llevaba a lugares en los que otros perros no eran bienvenidos. ¿Cómo podía pedir que lo aceptaran si no me había esforzado en hacer que la situación fuera lo más cómoda y agradable posible? ¿Podía realmente exigirle a un restaurante que admitiera a un perro sarnoso? ¿O inclusive a un perro promedio? Si hubiera llegado a su establecimiento con un perro descuidado, hubieran tenido, en mi opinión, todo el derecho de pedirme que me fuera. Era mi deber como dueño de un perro de servicio, asegurarme de que Martes no estuviera simplemente pasable, sino mucho mejor arreglado y educado que el mejor de lo perros mascota.

El acicalamiento de aquellos primeros meses en Manhattan, fue mucho más profundo y prolongado que nunca antes. Nos sentábamos, durante horas a veces, Martes a mis pies o acostado sobre mis piernas, mientras yo me concentraba en las largas y lentas cepilladas y en lo sedoso que se ponía el pelaje de Martes. Siempre empezaba por el lomo, dejando correr el cepillo y los dedos por los costados, por el vientre, hasta llegar a la cola, sintiendo los latidos de su corazón. Le cepillaba la cola, por arriba y por debajo, en donde el pelo se le enredaba más. Le cepillaba la cabeza, comenzando por las cejas y progresando lentamente hasta llegar atrás, en medio de las orejas. Lo sujetaba suavemente por los hombros y le daba cientos de cepilladas delicadas en el pelaje espeso del cuello y el pecho mientras que Martes se apoyaba en mi hombro con los ojos cerrados. Cuando ya le parecía suficiente, se acostaba de espaldas para que le cepillara las axilas y el vientre, y luego las patas. Y aunque no parezca mucho, era una especie de comunión entre nosotros, una ceremonia solemne de unidad. Nos pasábamos mañanas enteras, acostados en el suelo, con Martes bien apretado a mi costado y mi brazo pasando de un lado a otro, hipnóticamente, mientras tiraba con los dedos de cada nudo y enredo de su pelo.

Teníamos también un ritual después de salir a la calle. Tenía, por supuesto, mis cursos en Columbia y aquel semestre tuve varios proyectos de grupo que me forzaron a encontrarme con mis compañeros de clase fuera del aula, así que no importaba si me sentía mal o no, tenía siempre algo que hacer. (Y eso no incluye los viajes a la zona cercada para perros a tres cuadras de distancia en Morningside Park). Cuando regresábamos al apartamento, siempre dedicaba unos minutos a cuidar de Martes. Tenía una caja de toallitas húmedas junto a la puerta de entrada y, después de quitarle el chaleco y colgarlo, le limpiaba con ellas las patas. Había aprendido en el Ejército la importancia de las toallitas húmedas, una de las invenciones humanas menos valoradas. En Al-Waleed, a menudo nos frotábamos con ellas ya que no había otra forma de bañarse. Lo llamábamos el baño de las putas, porque eliminaba lo peor del hedor entre una misión y otra. (Lo siento por la imagen. Éramos soldados, para nosotros no era ofensivo). Casi todos los soldados que conocía llevaban siempre consigo las toallitas húmedas, incluso en patrullas largas. La arena de Irak se colaba por todas partes, y las toallitas eran la mejor forma de quitarla de los pliegues en los brazos, la frente, los labios, las fosas nasales, las orejas y cualquier otro rincón del cuerpo que puedan imaginarse. También eran una excelente forma de limpiar las armas. Me pasé muchas noches, y muchos recesos durante las patrullas frotando mi carabina M4 y mi pistola Beretta de 9 milímetros con toallitas húmedas. Si no fuera por ellas, hubiera habido muchísimo equipo trabado en Irak, y probablemente, muchos más soldados muertos también.

(Por supuesto, el Ejército no las suministraba, así que teníamos que comprar las toallitas de nuestro propio bolsillo. Si quieren enviarles algo útil a las tropas, mándenles toallitas húmedas).

En Manhattan, limpiaba las patas de Martes tan cuidadosamente como limpiaba mi arma en Irak. Le frotaba cada punta de los dedos y cada uña por separado antes de limpiar la planta. Y no se trataba solamente de dejar la suciedad de Nueva York fuera del apartamento, sino de la salud y la comodidad de Martes. Las piedrecitas, las astillas y la mugre tendían a acumularse en las grietas de las patas, y no quería que se le desarrollara una infección.

Martes se mostró siempre paciente con su lavado de patas, levantándolas una por una cuidadosamente. No es que fuera su actividad favorita, pero la toleraba. Cuando yo terminaba, corría a su tazón con agua si tenía sed, o al pie de la cama, en donde empezaba el cepillado.

Cepillaba a Martes en cualquier lugar, pero nuestras mejores sesiones eran en el suelo al pie de la cama. Cuando Martes me veía reuniendo los accesorios, siempre se exaltaba. No era una exaltación muy agitada, era una exaltación al estilo de Martes, como la calma que se siente al anticipar un prolongado baño de espuma. Él me ayudaba a reunir las cosas con un júbilo lacónico, moviendo desganadamente la cola de lado a lado. Cuando por fin me sentaba con las piernas cruzadas en el suelo y los objetos de aseo regados a mí alrededor, Martes lentamente se acercaba y se acomodaba en mi regazo.

Siempre comenzaba por las uñas, que le recortaba una vez a la semana. Le recortaba el pelo entre los dedos de las patas y por debajo, en la planta, en donde se acumulaban semillas, tierra, y todo tipo de basura acumulada en las aceras. Después lo cepillaba, dejando correr primero el cepillo y luego mis dedos por todo el cuerpo. Presionaba en busca de lugares sensibles y cualquier señal de heridas o bultos, asegurándome de que no fueran más que músculos tensos o picaduras de insectos. Cuando un día le encontré un quiste en un costado, esterilicé una cuchilla de afeitar, lo abrí, extraje el contenido y entonces le tapé la herida con una venda. Curábamos muchas heridas en Al-Waleed, ya que la tienda de auxilio médico más próxima se encontraba a sesenta millas de distancia, así que esta pequeña operación era nada en comparación. Los soldados de combate saben lo importante que es mantenerse en óptimas condiciones físicas, y mis hombres nunca dejaban desatendidos los pequeños problemas (exceptuando los mentales, por supuesto).

"Tienes un poquito de sangre, Martes, un rasguño en tu pata delantera", le decía, hablándole de continuo en un tono parejo. "Ahora me voy a la parte de la barbilla, Martes, nada más un brochazo debajo de la barbilla". Tenía una manera peculiar de pegarse a mi cuando le cepillaba la barbilla y las axilas y mecía el trasero de tal forma que siempre me hacía reír. "Muy bien, Moopy, ahora voy a la barriguita". El apodo era una combinación de Martes y Snoopy. No sé ni cómo empezó, pero en aquel otoño se convirtió en un término afectivo. "Eso es, Moopy. Muy bien, Moopy".

Después de cepillarlo le limpiaba las orejas, no solamente por los bordes, sino también por dentro. Se ponían grotescamente sucias con el aire de la ciudad, y en cada limpieza utilizaba unos ocho a diez hisopos de algodón que se llenaban de mugre. Martes nunca se quejó, ni una sola vez, de que le limpiara las orejas. Tampoco se quejó de que le cepillara los dientes con un equipo especializado cuya mejor descripción era un listoncito cubierto con una pasta arenosa con sabor a pollo. De hecho, le encantaba. Tan pronto sacaba el tubo de aquella pasta, Martes se sentaba con una sonrisa grande, para facilitar la tarea de frotársela por todos los dientes. Después, se pasaba la lengua por los bordes de la boca, buscando el menor rastro de aquella pasta mientras le pasaba la mano durante unos minutos de calma. Todo aquello formaba parte de nuestra rutina; yo le daba a Martes un buen masaje antes y después de cada etapa en nuestro ritual de aseo.

Al final, después de terminar nuestra conversación y guardar todos los accesorios de limpieza, Martes lucía de maravilla. De hecho, prácticamente brillaba, y cómo él era la mejor parte de mí, asumo que yo también lucía mejor. Al menos, me sentía mejor —más relajado, más contento, más concentrado en el momento— y eso no solo se reflejaba en el resto del día, sino también en el estado de ánimo de Martes: su sonrisa relajada y la forma en que me empujaba dos veces; luego se frotaba contra mi hombro y me pasaba la lengua como devolviéndome el favor, antes de acomodarse a dormir la siesta en el piso fresco del cuarto de baño.

CAPÍTULO 22

LAS PEQUEÑAS COSAS

No podemos hacer grandes cosas,
solo cosas pequeñas con gran amor.

—MADRE TERESA

ME RESULTA DIFÍCIL CUANTIFICAR LO QUE MARTES HACE por mí. Debo decir, ¿qué es lo que no hace? Cada mañana, tan pronto me despierto, se acerca a mi cama. Lo primero que veo cuando abro los ojos es su hocico recostado sobre las mantas; lo primero que escucho es el suave murmullo de su respiración y el sonido de la cola tamborileando contra la cómoda. Una vez que se convence de que no voy a dormirme de nuevo, se dirige hacia los pies de la cama —su punto de lanzamiento—, salta hacia la cabecera y se acurruca a mi lado. Lo acaricio durante diez o quince minutos, mientras cualquier ansiedad o mal sueño se esfuma por la ventana. No hay nada tan relajante en la mañana como acariciar a un perro.

Cuando estoy listo para comenzar el día, Martes me trae los zapatos. Antes me traía las medias también. Abre la gaveta, pero se demora mucho en decidirse por un par, para no mencionar que babea un poco, así que yo misma las selecciono. Lo cepillo primero, un ritual importante incluso en mis días buenos, y entonces le doy su comida mientras me peino y me cepillo los dientes. Después de comer, Martes ejecuta su baile feliz, agachándose en sus patas delanteras y levantando el trasero, golpeando la alfombra con la cabeza y los hombros, contoneándose y raspando con las patas, primero por un lado y luego por otro. ¿Han visto a un perro hacer eso alguna vez? Es un espectáculo vigorizante, ridículamente alegre y cautivador. Sospecho que Martes se frota para mudar el pelaje o para marcar el sitio con su olor, reclamando este apartamento como propio, pero resulta una descarga de endorfinas para los dos. Cada mañana salgo del apartamento con una sonrisa, y luego vuelvo a sonreír cuando dejo caer la correa al salir del ascensor en la planta baja y Martes corre hacia la alfombra del vestíbulo y repite su baile una vez más. ¿Hay otra mejor forma de comenzar el día?

Hace cosas comunes, por supuesto: me ayuda a mantener el equilibrio en las escaleras, camina junto a mí en el mundo exterior y permanece alerta ante posibles peligros, desde vagabundos entre los arbustos hasta rajaduras en las aceras. Cuando me siento abrumado, él está ahí para calmarme mientras lo acaricio. Cuando quiero hablar en clase y necesito dominar mis nervios, le doy una mirada a Martes. Cuando tengo una sesión de terapia intensa, Martes se levanta del lugar en el que me espera, debajo de una mesita de esquina, y se para a mi lado hasta que se reduce la tristeza, la angustia o la culpa. Ese es uno de los regalos de un perro de servicio; está presente, a mi disposición, incluso en lugares en los que no se admiten otros perros. Cuando empiezo a deslizarme por el agujero negro que producen la ansiedad o la fobia a los espacios abiertos, incluso en un restaurante, basta con que Martes me toque con su hocico para devolverme a la realidad con los ojos llenos de optimismo y el atractivo de su lengua jadeante.

Él puede llevar a cabo todas las tareas para las que ha sido entrenado: abrir puertas y gabinetes, encender luces, alcanzar un medicamento, bastones, objetos caídos, periódicos y casi cualquier otro objeto de menos de diez o veinte libras. Pero mis heridas físicas han comenzado a sanar y ya no lo necesito tanto para esas cosas. A menudo, solamente necesito su coraje para hacerme atravesar el umbral de la puerta, porque con agorafobia y TEPT, el primer paso es el más difícil de todos. Dos veces durante aquellos meses después de mudarme a Manhattan, planee viajes desesperados a casa de mis padres en Washington, D.C. Mi padre, especialmente, había dado un vuelco total desde el otoño de 2007. Había estudiado el TEPT y seguía trabajando consigo mismo y en nuestra relación después de admitir su error. En lugar de mi peor crítico, al llegar al otoño de 2009 era mi más ardiente seguidor. Deseaba estar a su lado en mis momentos de prueba, pero el miedo a las multitudes y a los trenes entre mis padres y yo me detenía ante la puerta. Martes me arrastró hacia afuera, y una vez en Penn Station, todo marchó relativamente mejor. Martes tomó control de la situación y me guió hasta casa durante unas cuatrocientas millas.

Es mucho más que su comprensión de lo que soy y de lo que necesito, aunque eso es importante. Con una palabra, Martes puede guiarme a docenas de lugares. Puede ser mi suplente o un espejo de mi corazón. Aquel otoño se comportó como un niño en casa de mis padres, desconcertado con tanta alegría. Papá, creo, es la única persona sobre la que ha saltado. Le encantaba meter la cabeza por debajo del brazo de Papá para leer el periódico y descansar en su cómoda butaca. Esa alegría y confort me eran de incalculable valor. Me recordaban que este era un lugar seguro para mí. Que estas eran personas que me querían y que, a pesar de todo, se interesaban por mi bienestar.

Es esa sociabilidad, ese deseo de interactuar con el mundo, lo que tiene tanto valor para mí. Donde quiera que está, Martes emana felicidad y afecto. Le gusta que le presten atención; hay algo en él —creo que es algo en su mirada o quizás en esa risa bobalicona— lo que invita a la gente a acercársele. Después de clase, e incluso ya fuera en el campus, muchachas bonitas que no conozco le dicen, "Hola, Martes", y sonríen. La gente lo saluda por la calle o se detiene para decir, "Qué hermoso perro". Todavía detesto ir al hospital de veteranos, pero hasta en mis peores días, cuando no quiero ver a nadie, la vivacidad y el afecto de Martes me hacen salir adelante. Lo veo sentado junto a mí, observándome, y sé que quiere un abrazo. Así que le doy uno y el zumbido de las luces y las paredes sucias no me parecen tan mal.

En mejores días, cuando no me siento forzado a sentarme silenciosamente y retirarme lo antes posible, le doy un empujoncito y le indico con la cabeza a otro veterano que se encuentre cerca. Los ojos de Martes, cuando te miran a la cara, son tan inocentes y juguetones que te atraen sin remedio. Es casi imposible de ignorar.

"¿Quieres acariciarlo?", pregunto.

Soy bastante bueno para detectar cuando alguien está afligido. Me doy cuenta de cuándo un veterano quiere estar solo o cuándo está perdiendo la cabeza. (Algo que, me temo, sucede con demasiada frecuencia). No puedo recordar ni una sola vez que alguien no haya querido acariciar a Martes. Usualmente, eso conduce a varias preguntas sobre él y luego a "Me recuerda a mi perro".

Quizás se trata del perro que lo espera en su apartamento. Quizás es el perro callejero que su unidad recogió en Da Nang o Tal Afar. Quizás es un perro de su infancia. Cualquiera sea el vínculo, Martes es un tema de conversación, una forma de regreso a la humanidad en una deshumanizante sala de espera institucional.

No muy a menudo, pero unas cuantas veces, he notado a alguien sentado solo al otro lado de la habitación y la he atravesado con Martes para verlos. Siempre se trata de un veterano más joven que me recuerda a otros soldados con los que tuve el honor de servir. Quizás me recuerdan a mí mismo, no hace mucho tiempo atrás, sentado debajo de esas mismas luces mortecinas, tratando de contenerme hasta recibir la próxima ronda de medicamentos, sintiéndome solamente un número, uno muy alto, y que no le importaba mucho a nadie.

"¿Te gustaría conocer a Martes?"

Nunca olvidaré la forma en que un joven soldado dudó, y luego extendió la mano y frotó la cabeza de Martes sin decir palabra. Martes comenzó a inclinarse en su dirección, pero luego lo pensó mejor y volvió a sentarse. El joven acarició a Martes durante unos minutos sin siquiera mirarme. Cuando retiró su mano, yo ya sentía la espalda adolorida y tensa con mi peso apoyado en el bastón.

"Gracias", dijo, y me miró. Entonces se refugió, casi visiblemente, de nuevo dentro de sí mismo. Quizás pensaba en su período de servicio. Quizás pensaba en un perro que conoció alguna vez. Quizás pensaba en un amigo que perdió. No lo sé. Cuando cruzamos la habitación de nuevo, Martes y yo nos miramos, diciéndonos sin palabras que comprendíamos lo ocurrido y volvimos a nuestros asientos en silencio.

Eso es confianza. Eso es creer en tu perro de servicio y confiar en lo que vale. Pienso que momentos como ese surgieron del beso de Martes esa primavera, y de ese primer día en el parque de perros, y de la convicción de que después de meses de intenso trabajo me había ganado su respeto. Resulta cómico, porque cuando lo digo pienso en el joven Martes, el feliz cachorro de ECAD. Como él, nunca me había dado cuenta de que faltaba algo en mi corazón. Entonces Martes me aseguró, como solamente puede hacerlo un perro, que me amaba incondicionalmente y nunca se apartaría de mi lado.

Son las pequeñas cosas, al final de cuentas, las que crean los vínculos. Como eliminar la piedrecita de la pata cuando lo veo cojear. O encontrar un lugar seguro para que alivie sus necesidades cuando lo veo agacharse. Es tirarle pelotas de tenis y jugar a tirar de la cuerda o morderle las orejas llenándome la boca de pelos porque eso es lo que le gusta, el jugueteo perruno y fuerte de la jauría. Es la forma en que Martes recoge un objeto tan pronto se me cae, y lo sostiene con una suave mirada que dice, *Aquí tienes, amigo. Yo te protejo.* Tan pronto me siento mal, Martes viene a mi lado. Cuando lo veo incómodo, lo dejo todo y le dedico tiempo.

Recuerdo cuando Martes fue atacado por un pitbull en Sunset

Park. Sucedió en una mañana típica; Welly y Mike estaban con nosotros, y Martes corría como un descorazonado delantero de fútbol frente a un sobreexcitado Emmitt Smith. Vi al pitbull acercarse con un joven puertorriqueño, pero no le di importancia al asunto hasta que el dueño zafó la cadena y el perro se lanzó a correr colina abajo en dirección a Martes y se le tiró al cuello.

Me eché a correr inmediatamente, hincando el bastón en el suelo. Hay una diferencia entre pelearse jugando y la agresión, y tenía la experiencia suficiente con otros perros y con Martes como para darme cuenta de que aquel no era un saludo amistoso. El pitbull embestía por debajo del pecho de Martes, retorciéndose y maniobrando para pegarle un mordisco limpio al cuello, pero si el perro pensó que Martes era un objetivo fácil, se equivocó por completo. Martes podía ser un perro bien entrenado, cuidadosamente cepillado y limpio, un seguidor y no un alfa, pero era un potente luchador. Se lanzó en un ataque defensivo y ambos perros se lanzaban al cuello del otro y se revolvían salvajemente, cuando de repente tiré mi bastón y me sumé a la refriega, agarrando al pitbull por el cuello.

El perro todavía intentaba lanzarse, tirando mordiscos al aire, cuando otra mano apareció y lo tomó por el collar. El pitbull se lanzó hacia adelante, tirando a su dueño al piso, y por un segundo nos encontramos todos forcejeando y empujando hasta que el joven encontró un punto de apoyo para detener a su perro. Le solté el cuello y su dueño comenzó a gritarle "¡Calma! ¡Calma!". Dirigí entonces mi atención a Martes, que se arrastró hacia mí y se recostó sobre mis piernas, jadeando por el esfuerzo.

Dejé correr los dedos por el grueso pelaje bajo la barbilla, buscando heridas. Mi mano izquierda ensangrentada dejó marcas rojas en su pelaje dorado, pero no pude encontrar nada malo ni en el cuello ni en la garganta. Le palpé el hocico y las orejas, y luego la cabeza. Martes me observaba con las cejas fruncidas. Sabía que se estaba recuperando de una descarga de adrenalina porque su cuerpo temblaba, pero no había preocupación en sus ojos. Seguían mirándome con suavidad, sin desviarse, como para juzgar su propia condición leyendo las reacciones en mi cara.

"Lo siento. Perdóname. Es el perro de mi esposa".

Miré hacia atrás brevemente. La sangre corría por el hocico del pitbull y corría por el brazo del joven. Volví a atender a Martes, tocándole todo el cuerpo con las manos, aplastándole el pelaje buscando señales de mordidas. Nada. O el perro había mordido a su dueño o Martes había conseguido herir a su atacante, porque la sangre no era nuestra.

"Todo está bien", le dije a Martes, pasándole la mano por el cuerpo para calmarlo. "Ya pasó".

Apoyó su cabeza en mi pierna. Estaba temblando, pero me daba cuenta de que se sentía seguro.

"¿Estás loco?", dijo una voz. Miré de nuevo por encima del hombro. El joven se había marchado ya, pero Mike estaba ahí parado en su lugar. "¡Uno no se le tira así encima a un pitbull!"

No estaba loco. Era un soldado. Y un soldado nunca abandona a un compañero en apuros, no importa la situación o las probabilidades. Saltar en defensa de Martes fue algo instintivo. En el Ejército, la unidad más pequeña es un equipo de amigos, dos soldados que se cuidan entre sí y se sienten responsables el uno del otro. Martes y yo formábamos un equipo, y por nada del mundo iba a dejar que un pitbull le hiciera daño a mi amigo.

Pero si ese fue el momento en que di prueba de mi devoción por Martes, como me gustaría pensar, fue la situación con mi viejo amigo de ECAD, la sargento Mary Dague, la que probó cuán indispensable era Martes para mí. En la primavera de 2009, unos seis meses después de recibir a nuestros perros, Puppies Behind Bars acusó a Mary de no cuidar bien de Remy. Estaba pasada de peso, decían, y era demasiado sociable para ser un perro de servicio, así que amenazaron con quitársela.

La noticia me enfermó. Y no lo digo metafóricamente. Cuando escuché que Mary podría perder a Remy, vomité. Un artefacto explosivo improvisado le había volado los brazos menos de un año atrás, y en los seis meses desde ECAD había sufrido cuatro dolorosas cirugías y una extensa terapia de recuperación en el Brooks Army Medical Center (BAMC), en Fort Sam Houston, Texas. Sé que probablemente aquello era difícil para Remy, ver a su amiga en cama de esa forma, y que la perra probablemente no había recibido el ejercicio que necesitaba, pero había sido todavía más difícil para Mary. Mucho, pero mucho más difícil. Remy era su cuerda de salvación. Lo sé porque las había visto juntas durante dos semanas, y por la forma amorosa en que Mary mordía galletitas para perros pegadas con cinta adhesiva a sus muñones, y se las ofrecía a Remy con los dientes. Perder a su perro de servicio, en ese nivel de su recuperación, hubiera sido devastador.

Pero no me sentía mal solamente por ella. Solamente de pensar que pudiera pasarme algo semejante, que pudiera perder a Martes, me dejaba completamente vacío por dentro. En el verano de 2009, se me había presentado una inesperada oportunidad de viajar a Cuba para participar en, digámoslo así, actividades contra el Gobierno de Castro. El viaje requería introducirse en el país y viajar ligero, así que no podía llevar a Martes. Casi no hice el viaje por esa razón, pero al final, me decidí a hacerlo. Dejé a Martes en las manos amorosas y capaces de Lu Picard, y me fui a cumplir un sueño de juventud. El viaje casi me mata, no por nuestras acciones —no hubo violencia, ni planeada ni accidental— sino por la separación de Martes. Tanto es así que sospecho que esa separación y su costo psicológico contribuyeron a mi crisis nerviosa ese otoño.

¡Y eso que el viaje solamente duró diez días! ¿Perder a Martes para siempre? No, era inconcebible. Puede que no pueda cuantificar todo lo que Martes hace por mí, pero sí les puedo decir cuál es el total de la suma: no puedo vivir sin él.

(Y no se preocupen. Mary pudo quedarse con su perra. Y con orgullo les informo que ella y Remy todavía viven muy felices juntas).

CAPÍTULO 23

PARA VETERANOS EN CUALQUIER LUGAR

El mejor remedio para aquellos que sienten miedo, soledad o infelicidad es salir afuera, a un lugar en donde puedan estar en silencio, a solas con el cielo, la naturaleza y Dios. Porque solo entonces uno siente que todo es como debe ser, y que Dios desea que la gente sea feliz, en medio de la sencilla belleza de la naturaleza.

—ANA FRANK

AL ACERCARSE EL FIN DE AÑO, ME SENTÍA MEJOR CON MI mudada a Manhattan. Ya tenía un nuevo médico de cabecera, un nuevo psiquiatra y un nuevo tratamiento con medicamentos. Me tomé un descanso de la defensa pública de los veteranos y de los discapacitados, y pronto llegaría mi receso de las clases. Un episodio con un profesor, en el que discutimos acaloradamente si a los reporteros se les debía permitir hacer lo que estimaran necesario en la zona de guerra, se convirtió en el momento decisivo de aquel otoño. Después del incidente, me abracé a Martes y, en el curso de unos pocos días, sentí que la tensión se aliviaba. Me iba sintiendo más cómodo en las clases y más familiarizado con los ritmos de mi barrio. Para el Día de Acción de Gracias, ya frecuentaba los tres restaurantes a lo largo de Broadway con mesas en el exterior, en las que podía contemplar el tráfico y los transeúntes mientras me relajaba con una taza de café. Tom's Restaurant, el querido restaurante del programa televisivo *Seinfeld*, en la esquina de la calle 112, se convirtió prácticamente en mi segunda casa. Las camareras griegas siempre gritaban, "Hola, Martes" tan pronto entraba por la puerta y nos dirigían a un estrecho reservado de formica en el que Martes se acurrucaba a mis pies, invisible para el resto de los clientes a excepción de la punta del hocico que sacaba solamente para pedir una salchicha. A Martes le encantaban las salchichas de Tom's.

Le gustaban tanto que a veces le pedía una cadena de salchichas completa. Claro que tenían grasa, pero como se las daba una o dos veces a la semana, imaginaba que no podían hacerle daño, y que Martes se las merecía como premio. Fue importante ganarme su respeto, como había sucedido aquella primavera. Me hacía sentir feliz darme cuenta de que podíamos pasar un tiempo juntos en parques públicos y áreas para perros como habíamos hecho durante el verano. Pero me cambió la vida probar su amor en una crisis importante, en la que Martes sacrificó su propia salud y felicidad por quedarse a mi lado. Cuando le pedía que descansara, en lo más profundo de mi ansiedad, él no se marchaba. Cuando gritaba de desesperación, ahí estaba él antes de que me brotaran las palabras, como si pudiera leerlas en mi mente. La batalla real no fue con el pitbull en Sunset Park, cuando vine al rescate de Martes. La batalla real era conmigo mismo, en mi apartamento, y allí Martes vino a rescatarme a mí.

Por lo que quizás el momento escogido por el reportero de AP (The Associated Press) no fue el más propicio. O quizás no. Quizás resultó mejor que su llamada ocurriera durante un buen momento de mi vida aquel invierno porque, a pesar de que en calidad de veterano franco y abierto recibía llamadas frecuentes de reporteros que muchas veces cuestionaban varias de mis posturas políticas, nunca había recibido una llamada de un profesional tan hostil ni tan personalmente insultante. Nunca había hablado ni conocido personalmente a este reportero, pero él actuaba como si me conociera —y "sabía" que no me habían herido en Irak.

Así que le colgué el teléfono.

Unas horas más tarde, me mandó un correo electrónico reconociendo que yo había sido atacado, apuñalado y herido en Al-Waleed, pero asegurando que el especialista David Page, quien había ultimado al atacante herido, así como oficiales en mi cadena de mando, habían dado diferentes versiones del incidente. (Nada sorprendente, dadas las circunstancias). Incluso puso en entredicho si hubo dos atacantes, aunque el informe oficial y las declaraciones juradas indicaban que sí fueron dos. Entonces utilizó el dato de que yo "había regresado de servicio en cuestión de días, con poca dificultad aparente", para saltar a una acusación de fraude.

"Sin lugar a dudas, el TEPT es algo subjetivo", escribió. "Dos personas de pie, una al lado de la otra, pueden verse afectadas por el mismo evento de maneras completamente diferentes. Pero me han dicho también que es uno de los trastornos psicológicos más fáciles de fingir".

En mis años de defensa de los derechos públicos, se habían usado muchos términos peyorativos para dirigirse a mí. Mis artículos habían sido atacados y mi sitio web ensuciado con arengas pornográficas contra mis ideas y opiniones. En estos días, eso forma parte del proceso de salir adelante y exponerse a la opinión pública a favor de una causa en la que uno cree. Habrá críticos, lo cual está bien, y muchas de esas críticas serán personales y vengativas, lo cual no está bien. ¿Soy traidor por criticar el esfuerzo de guerra? ¿Un comunista? De acuerdo, ya sé por dónde vienen esas críticas, pero estoy en desacuerdo, con todo respeto. ¿Pero que fingía mi enfermedad? Eso no lo entendía. ¿Por qué razón un reportero de la Associated Press haría una acusación tan infundada? ¿Es que como cultura, hemos ya caído tan bajo?

Supe cuáles eran sus intenciones cuatro meses más tarde, cuando publicó un artículo el 1 de mayo de 2010 titulado "In Tide of PTSD Cases, Fear of Fraud Growing", ("En la marea de casos de TEPT, crece el miedo al fraude") en el que insinuaba que los veteranos perpetuaban un fraude masivo contra el Departamento de Asuntos de Veteranos. El artículo, en el que no se me aludía en absoluto, no incluía ninguna prueba de fraude sistemático, sino afirmaba simplemente que "expertos" aseguraban que el fraude *podría ocurrir*. La única "prueba" del reportero era un informe de 2005 en el que una cuarta parte de los reclamos por discapacidad por TEPT estudiados por el Gobierno, carecían de documentación adecuada para justificar un factor estresante. De hecho, según indicó Veteranos por el Sentido Común (VCS, por sus siglas en inglés) al refutar el artículo, el comunicado de prensa gubernamental oficial sobre ese estudio de 2005 decía: "Los problemas con estos archivos parecen ser de naturaleza administrativa, como documentos faltantes, y *no fraude*", (yo puse el texto en itálica).

"Ante la ausencia de evidencia de fraude", continuaba el comunicado, "no queremos que nuestros veteranos pasen por la ansiedad que generaría una amplia revisión de sus reclamos por discapacidad". Y aun así el artículo de AP utilizó el informe para afirmar exactamente lo contrario, llegando incluso a decir que si los hallazgos fueran extrapolados a la totalidad de los pagos de "compensación cuestionable" del Departamento de Asuntos de Veteranos, aquel año habrían llegado a unos $860 millones.

Hasta la inclusión del doctor Dan Blazer de la Universidad de Duke, el "experto" que se citó afirmando que el TEPT era una de las "condiciones [psiquiátricas] más fáciles de fingir" resultada dudosa. Según indicó *Veterans Today* en otra refutación el 7 de mayo, el doctor Blazer es un psiquiatra geriátrico especializado en problemas mentales y físicos de las personas de edad avanzada, y no tiene afiliación pública con las fuerzas armadas. Era, en el mejor de los casos, una figura marginal y no uno de los cientos de expertos confiables en TEPT que podrían haber sido consultados.

No sigo elaborando el punto por razones personales, aunque las acusaciones del reportero resultaban dolorosas y, no me cabe duda, en otro momento de mi vida me habrían abatido con rabia, ansiedad, paranoia y desesperación. Hoy día, las consecuencias están todavía aquí conmigo. En mi enojo, publiqué su correo electrónico en mi página de Facebook que de alguna manera llegó hasta Gawker.com. En una entrada de Mara Gay en AOL.com que me identificó como un bloguero del *Huffington Post* —me siento orgulloso de haber publicado artículos en ese sitio, pero mis escritos han aparecidos en otras publicaciones también— se aseguró que "[el reportero de AP, Allen] Breed parece estar a punto de demostrar que Montalván es un perfecto fraude". El título original del artículo, ahora etiquetado como "War, Lies and HuffPo: Vet's Tall Tale Coming Undone" ("Guerra, mentiras y el HuffPo: el gran cuento del veterano se deshace") contenía incluso la palabra "estafa". La palabra fue retirada de AOL.com al día siguiente, pero no antes de que otros sitios web recogieran la versión original.

Mucho peor que los ataques personales, eran las actitudes dañinas intrínsecas en el artículo de Breed. *Veterans Today* estaba en lo correcto, creo yo, cuando lo llamó, "un ataque deliberado a los veteranos norteamericanos" por parte de un reportero con "un fetichismo por el Valor Robado". La premisa subyacente del artículo era que facilitar el proceso de discapacidad hacía que el fraude cometido por veteranos que fingían estar enfermos fuera casi inevitable (a pesar de no ser demostrable todavía). No niego que existe el fraude. El informe del Inspector General para 2008-2009 encontró alrededor de cien casos de fraude por año entre casi un millón de veteranos que reciben beneficios de discapacidad (o solamente el 0.01%), y este informe cubrió la parte final de la administración de Bush, que se distinguió por su esfuerzo en negar reclamos.

De hecho, el problema real es el opuesto al problema del que se especuló en el artículo: las dificultades del sistema del Departamento de Asuntos de Veteranos significan que cientos de miles de veteranos se rinden y dejan de recibir la ayuda que tanto necesitan, con consecuencias devastadoras para sus vidas. Aunque el artículo se dilató con lujo de detalles en los casos de tres veteranos convictos por reclamar beneficios fraudulentamente, *ninguno de los cuales había servido en el Ejército o presentado solicitudes de discapacidad en los últimos quince años*, descartó el suicidio de un veterano de Nuevo México que colocó una carta del Departamento de Asuntos de Veteranos junto a su medalla Corazón Púrpura antes de matarse, catalogándolo como mera manipulación emocional. El artículo insinúa que resulta una tragedia que un veterano asegure haber estado en la ofensiva Tet en 1968 cuando no llegó a Vietnam hasta 1969, pero ¿que a alguien le importe que un galardonado con el Corazón Púrpura se suicide después de haber sido rechazado por el Departamento de Asuntos de Veteranos durante la guerra más reciente de nuestro país? No, claro que no. Eso es cosa de llorones blandengues.

Esta obsesión con el fraude —incluso ante el hecho de cientos de suicidios de veteranos pidiendo ayuda a gritos, sin mencionar el alcoholismo rampante, el aislamiento, la indigencia y la muerte anónima— es una derivación de la actitud ejemplificada por mi padre cuando me dijo que buscar ayuda para mis discapacidades representaba descender al "mínimo denominador común" de la humanidad y asociarme con gente cuyo propósito real era "ayudarse unos a otros a sacar la mayor ventaja posible de los beneficios de discapacidad". Existe la creencia de que los que sufren de TEPT fingen sus síntomas por naturaleza, y que si en realidad fuesen más fuertes, como los verdaderos guerreros, sus aflicciones se curarían. Fue una actitud muy dañina la de mi padre, porque aunque nunca consideré el suicidio seriamente, sus palabras me llevaron al valle de la muerte, en el que contemplaba a menudo mi final y, muchas noches, deseaba que llegara.

Resulta más peligrosa todavía cuando esa actitud posa como noticia en una asociación respetable como la AP, porque les da legitimidad a dichas creencias. Envalentona al oficial de la vieja guardia que abusa de sus soldados por la "cobardía" de su daño psicológico. Inspira a la madre o al padre amoroso, aterrorizados por el cambio en su hijo, a mostrarle "amor duro", traducido en negación e incredulidad, en lugar de ayuda para su sufrimiento. Estimula al joven veterano a creer que sus problemas son cuestión de debilidad, que los hombres de verdad no sienten dolor, y que admitir las pesadillas, la ansiedad y el comportamiento antisocial es un bochorno para él y para su familia.

Y todas esas situaciones, que se repiten día a día en este país, tienen devastadoras consecuencias en el mundo real.

Pero el artículo me dio ánimos, también. No el artículo en sí, por supuesto, sino la reacción que provocó. Veteranos y sus seres queridos de todas partes del país, y de todas las guerras modernas, se pusieron de pie y dijeron que no. No vamos a regresar al horror de Vietnam, cuando nuestros veteranos con cicatrices de guerra fueron objetos de burla y de aislamiento. No vamos a volver a la imagen del soldado que regresa a casa como una carga para la sociedad. No nos vamos a detener para juzgar a la distancia el trauma de las balas disparadas o la sangre en el uniforme; no vamos a participar en los concursos entre generaciones para determinar a quién le tocó lo peor; no vamos a permitirle a la sociedad regodearse en unos cuantos ejemplos negativos cuando un millón de hombres y mujeres le han dado todo a este país y han regresado dañados por lo que han visto y hecho. Quizás el TEPT se dispara con un solo incidente, un factor estresante, como se conoce en la comunidad psiquiátrica, y quizás el ataque en Al-Waleed fue el factor estresante en mi caso, pero como he ido aprendiendo en los años subsiguientes, no fue ese momento solamente lo que me dañó. De hecho, aunque tengo recuerdos específicos que surgen con mayor frecuencia, como el bombardero suicida en Sinjar, o el motín en la frontera en Al-Waleed, creo que lo que más me traumatizó fue la experiencia total de estar en una zona de combate como Irak, en la que siempre estás rodeado de guerra y nunca sabes cuándo o cómo llegará la violencia. Al igual que muchos compañeros veteranos, ahora comprendo que la descarga diaria de adrenalina de una guerra sin trincheras ni uniformes, más que los infrecuentes estallidos de violencia sangrienta, es lo que finalmente daña la mente del soldado moderno.

La guerra no es como la vida diaria. En la guerra, cada soldado experimenta el trauma de forma rutinaria y toma decisiones muy por encima de lo que podemos imaginar en la existencia civil. En enero de 2004, por ejemplo, la policía de la frontera iraquí arrestó a un joven que conducía un camión lleno de medicamentos falsos. Una unidad de contrainteligencia del Ejército de los Estados Unidos integrada por dos hombres —un traductor de categoría tres y un sargento de la inteligencia militar— rotaba regularmente a través de los puestos fronterizos en la parte occidental de Irak, y casualmente se encontraban en Al-Waleed cuando trajeron al joven detenido. Los dos hombres interrogaron al chofer durante una hora, pero como se negó a colaborar, lo lanzaron al piso de concreto, le elevaron las piernas, le taparon los ojos, le llenaron la boca con un trapo y le vertieron agua por la boca. Durante diez minutos, observé a interrogadores del Ejército de los Estados Unidos torturar al estilo *waterboard* a un chofer de camión, sus gritos de agonía y terror apagados por el trapo húmedo en la garganta.

Ese incidente dejó una cicatriz en mi mente. Todavía escucho el agua salpicar, y especialmente aquellos gritos desesperados y amortiguados por el trapo. Todavía veo su cabeza sujetada por dos manos fuertes, los tendones contraídos, y las venas que le sobresalían del cuello. Es una mancha negra en las fuerzas de la coalición. Ojalá no lo hubiéramos hecho. Pero la imagen no me persigue, no como otras tantas cosas que hice y que presencié. No me culpo a mí mismo por no detenerlo. El acto no violó el protocolo del Ejército, como lo había aprendido, y al no haber otras órdenes que lo contradijeran, tenía que atenerme al juicio de los interrogadores. Ellos sabían lo que hacían. No se preocuparon por las consecuencias ni llamaron al cuartel general para solicitar permiso de usar severas técnicas de interrogación. Este método de *waterboarding,* así parecía, era una herramienta regular de su trabajo.

El chofer del camión no era un terrorista. Después de meses en Al-Waleed, sabía reconocer un fanático. Había estado frente a ellos y podía reconocer el odio en sus ojos. No se parecían ni a ti ni a mí. Este era un joven contratado para conducir un camión desde Siria a Irak. Una mula. Dudo que hubiera sabido lo que había en el camión. ¿Someterlo al *waterbording*, entonces, fue un error?

No lo sé. La medicina falsa, después de todo, es letal. La carga del camión, especialmente en las sórdidas condiciones de Irak, podría haber contribuido a docenas de muertes. Niños inocentes podrían haber muerto. ¿Cuántos? No lo sé. ¿Cuántos otros camiones estaban involucrados en el círculo criminal? ¿Hasta dónde se expandía el mercado negro? Puede que el chofer no lo supiera, pero el hombre al que le entregaba la mercancía probablemente sí. Este chofer podría haber sido la clave para impedir la muerte de cientos de inocentes.

¿Es una decisión difícil la de balancear el comportamiento civilizado con las vidas inocentes? Bueno, ni siquiera se aproximó a la más difícil de mis decisiones en la zona de guerra. Probablemente tomé decisiones mucho más difíciles aquella misma semana. En septiembre de 2005, en el Centro Conjunto de Comunicaciones (JCC, por sus siglas en inglés) de Tal Afar, o durante la Operación Restauración de Derechos, recibimos el aviso de la policía iraquí de que las mujeres que huían de un sospechoso ataque terrorista no eran mujeres en absoluto, sino insurgentes armados disfrazados. Como oficial encargado del JCC, di la orden de acordonar el edificio, y luego ayudé a coordinar un ataque de la Fuerza Aérea norteamericana para volarlo a raso. No *creía* que hubiera civiles en aquel edificio, no se *suponía* que había civiles en aquel edificio, pero *podría* haberlos, y es por eso que me alejo de las mujeres musulmanas que se cubren la cabeza con pañuelos, y todavía veo al edificio en mis sueños.

Una y otra vez, entregué detenidos a nuestros aliados iraquíes, aunque todo el mundo sabía que torturaban, pedían rescate y ejecutaban a los prisioneros. *Waterboarding* no era nada —nada— en comparación con lo que los iraquíes habían soportado en los últimos veinte años. Hablé con docenas de iraquíes durante mis dos períodos de servicio, y cada uno de ellos o había sido torturado por los hombres de Saddam Hussein, o tenía un amigo o familiar que había sido torturado o había desaparecido. Y no estoy hablando de diez minutos de infierno, como en Al-Waleed, me refiero a semanas de recibir puñetazos en el rostro o ser golpeado con barras de metal, meses de vivir en un agujero inmundo. Es por eso que la práctica de *waterboarding* nunca funcionó en Irak: porque el iraquí promedio ya había sufrido muchísimo más que eso.

Y es por eso quizás que el *waterboarding* no me persigue y obsesiona, pero sí tengo un enorme conflicto con haberme alejado de una cárcel militar llena de prisioneros suníes en el sur de Bagdad durante mi segundo período de servicio. Los torturados se convirtieron en torturadores; nunca se puede experimentar el acto desde uno y otro lado sin que uno no cambie. Sabía que algunos de los guardias en la cárcel del Ejército iraquí habían sido torturados, y sabía que, en retribución, torturaban ahora a sus prisioneros, probablemente con técnicas perfeccionadas por Saddam Hussein. Sabía que algunos serían ejecutados tan pronto yo me diera vuelta. También sabía que no existía documentación de ninguno de los prisioneros, ni interrogatorios oficiales, como tampoco había evidencia de su culpabilidad. Algunos eran, sin duda, insurgentes; otros eran hombres inocentes arrestados en las calles simplemente por su pertenencia a una secta religiosa. Separarlos tomaría días, e incluso así, probablemente sería imposible. Cualquier tribunal real con seguridad los hubiera puesto en libertad. Pero yo no podía hacerlo. Y mientras trataba de solucionar este problema, otras unidades de mi batallón iraquí arrestarían a otros hombres, los mantendrían en otras celdas y los ejecutarían sin juicio alguno. Otras unidades iraquíes saldrían a combatir sin recibir entrenamiento, planificación o refuerzo adecuados, lo que los llevaría no solo a su propia muerte, sino a la muerte de civiles debido a su pánico y su descuido. Disponíamos de seis consejeros norteamericanos para doscientos cincuenta soldados iraquíes escasamente entrenados, lo cual estaba bien en una base militar, pero resultaba ridículo en medio del Triángulo de la Muerte.

Así que tomé la decisión de marcharme, justificándola diciéndome a mí mismo que aquella había sido la decisión que ya había sido tomada por los más altos oficiales del Ejército de los Estados Unidos. Miré a aquellos suníes a los ojos, y los dejé en manos del Ejército iraquí con la hueca amonestación de que los tratasen bien. Aquellos hombres en la celda ni pestañaron, pero yo sí, y esa es la razón por la que todavía los veo sentados en hileras parejas, murmurando oraciones mientras las moscas vuelan a su alrededor, pacientemente aguardando su suerte.

Esa es la guerra. Es sucia. Es violenta. Es traumática. Es más real que la vida corriente porque la muerte hace que la vida sea tangible, y mientras más cerca se está de la presencia de la muerte, más se experimenta el pulso de la vida. En Irak, la gente moría a diario por las decisiones de los soldados. La gente moría por decisiones que mis soldados o yo tomábamos, y podía sentir el poder y la responsabilidad resonando en las venas a diario. Así que pueden cuestionar mis acciones si quieren. Ciertamente, exijan una honesta explicación. Pero por favor, no me digan que el ataque de Al-Waleed no fue lo suficientemente traumático, o que mis heridas no fueron lo suficientemente severas o que los detalles no fueron lo suficientemente sólidos como para que sintiera todavía el sufrimiento psicológico. No le digan eso a ningún soldado, especialmente a un amigo o a un hijo.

La actuación del reportero de AP me dolió, lo admito. Las insinuaciones negativas desgarraron mi mente y me dejaron agotado. Me causó enojo y confusión el hecho de que mis heridas y mi registro de servicio fueran ridiculizados y que el dolor y el esfuerzo de los últimos siete años fueran tomados por fraude. Pero para entonces, gracias a Martes, estaba resuelto. Para entonces, tenía buenos recuerdos que podía mezclar con los malos: Martes lamiéndome en la primavera; nuestro verano en el parque para perros; la forma en que nos reímos, como una familia real, cuando Martes metió el hocico por debajo del brazo de Papá. Puse todo mi corazón en el claro compromiso de la comunidad de veteranos de cambiar actitudes; y el vuelco en la actitud de mi padre sirvió para demostrar que el cambio, potente y real, era posible. Cuando comenzaron las acusaciones, después de todo, a quien le pedí ayuda fue a Papá. Él siempre me brindó su ayuda. Siempre. En los peores momentos de aquellos tiempos, hablábamos por teléfono todas las noches.

Y entonces, con calma en mi corazón y en mi mente, podía contrarrestar los malos recuerdos recordando los buenos tiempos. Como la víspera de Navidad, cuando Martes visitó la casa de mi hermana en Manhasset por Nochebuena, la gran cena familiar con la que se celebra esa época. Me había separado de mi hermana desde mi primer período de servicio en Irak, pero aquella noche nos reconectamos en algún punto de los corazones y me sentí bien. Realmente bien. Durante horas, nos reímos con su familia política, tomamos vino, comimos las comidas latinas favoritas, como el pernil (cerdo asado), tamales, y arroz y frijoles negros junto con los platos tradicionales americanos como batatas dulces, zanahorias y maíz. Me había perdido el nacimiento de sus dos hijos, Lucy y Lucas, cuando estaba en Irak, y no nos habíamos visto mucho en los años siguientes. Pero aquella noche las velas resplandecían, las decoraciones despedían su brillo plateado y dorado, y éramos de nuevo una familia. Contemplé la exuberancia de los niños con afecto, y me reí a carcajadas cuando jugaron con Martes a los escondidos alrededor del árbol de Navidad.

Para cuando Martes y yo salimos del tren en Manhattan, mucho después de la medianoche, había empezado a nevar. Las calles estaban desiertas, y Martes caminaba tranquilamente a mi lado con el hocico alzado al aire para que la nieve le cayera en la cara. El pelo le brillaba con copos de nieve, y la forma en que sacudía la cabeza y los hombros mientras caminaba recibiendo la blanca nieve me recordó tanto al baile de Snoopy que casi podía escuchar la música del tema de Charlie Brown en aquellas calles silenciosas mientras nos dirigíamos a casa. Dentro del apartamento, mi árbol plástico de Navidad, de tres pies de alto, estaba colocado sobre la perrera de Martes, con parpadeantes lucecitas de color. No dije ni una palabra ni encendí una lámpara. Tampoco necesitaba hacerlo. Le limpié las patas a Martes con las toallitas húmedas, me quité los zapatos y entonces, bajo el brillo de la luz sintética de mi árbol navideño, me acurruqué felizmente en la cama junto a mi gran y fantástico perro.

CAPÍTULO 24

UNA VIDA TRANQUILA

Los estudiantes que logren la Unidad
se moverán hacia la Dosidad.

—WOODY ALLEN

MI ÚLTIMO SEMESTRE EN COLUMBIA NO FUE FÁCIL —después de todo, fue por aquella época en que la mayoría de las falsas acusaciones contra mí comenzaron a aparecer en Internet, y esa fue una época muy, pero muy sombría—, pero tenía paz, al menos en comparación con años anteriores. La defensa pública dejó de ocupar un lugar central en mi vida, y empecé a dedicar más de mi tiempo a interactuar directamente con soldados activos y veteranos, casi siempre por correo electrónico. Muchos me conocían gracias a mis artículos, entrevistas y eventos, pero otros consiguieron mi nombre a través de compañeros veteranos.

Esa primavera, por primera vez, empecé también a recibir noticias de soldados con los que había servido fuera del país. Ellos se habían negado a aceptar los efectos del combate, pero cuatro años después de su regreso de Irak, se dieron cuenta de que sus vidas se habían convertido en un caos. Habían perdido novias y esposas, hasta hijos, y algunos ya ni les hablaban a sus padres. Me contaron de discusiones que no entendían, de trabajos de los cuales se iban porque no resistían estar en el edificio ni un minuto más. Estaban ansiosos, recelosos y enojados por cosas que nunca los habían enojado antes. Se ofuscaban. Dudaban de sí mismos. Estaban solitarios y confundidos, incapaces de dormir, desilusionados. Algunos estaban planteando volver a alistarse en el Ejército, principalmente porque se sentían perdidos en la vida civil.

Les escribí a todos por correo electrónico. Y hablé con muchos por teléfono. Supongo que la situación despertó al capitán del Ejército de los Estados Unidos que hay en mí. Me sentía responsable por esos hombres y mujeres, especialmente hermanos que había conocido en Irak, y nunca los dejaría solos en su dolor. No era fácil, pero es que ser capitán nunca lo fue. Estos soldados hablaban del tipo de experiencias que me perseguían desde mi primer período de servicio, y aquellos ecos trajeron de regreso memorias horribles. Con los muchachos que conocía era peor, ya que las conversaciones a menudo giraban alrededor de eventos con los que yo también batallaba. A menudo, podía sentir que su ansiedad subía por el teléfono como un contagio; a veces me parecía como si les aliviara la carga llevándola sobre mí.

En cierto sentido, se trataba de otra forma de terapia personal. Me sentía solo, incluso después de llevar seis meses en Manhattan, y me había acostumbrado de nuevo a la solidaridad de los soldados. Echando un vistazo a mi apartamento ahora, no es una sorpresa para nadie. Puede que hubiera querido formar parte de una universidad, ser un escritor y erudito, pero siempre he sido, ante todo, un soldado de Estados Unidos. Tengo bibliotecas repletos de libros, pero el ochenta por ciento son de temas militares o de guerra. En el cuarto de baño tengo enmarcados varios anuncios de ron con fotos de Cuba, pero en el área principal del apartamento las decoraciones de las paredes son recuerdos de mi época de servicio, incluidos varios certificados y premios. Sobre mi cómoda, tengo una repisa con las medallas de servicio, incluyendo la Estrella de Bronce (*Bronze Star*) con el grupo de hojas de arce, el Corazón Púrpura (*Purple Heart*), la Medalla de Recomendación del Ejército con Valor (*Army Commendation Medal with Valor*) y varios grupos de hojas de arce. En la cocina, fuera de la vista, guardo tres cuchillos, incluida la afilada hoja de doble filo y tres pulgadas de largo que llevé conmigo todos los días durante tres años después de salir del Ejército.

Mi apartamento tipo estudio, a un grado sorprendente, es un microcosmos de mi vida. Basta mirarlo, aunque sea una sola vez, para comprenderme. Es un cuarto pequeño, con cocina y un baño diminuto. La única ventana da hacia un pasillo interior de diez pies de ancho y, como estoy en el segundo piso, está protegida con una pesada reja de seguridad. El espacio lo domina la cama tamaño *queen* que compré antes de adoptar a Martes, y que deja solamente unos cuantos pies para caminar por cada lado. Mi escritorio está en la esquina, entre las bibliotecas y la cómoda, pero no tengo ni un sofá ni una butaca. No hay espacio y no los necesito tampoco. Los sofás son para las visitas, y he recibido muy pocas visitas sociales en el apartamento. Ni siquiera tengo una mesa de cocina. Paso la mayor parte de mi vida en la cama, ya sea con un libro o la *laptop* y, por supuesto, con Martes.

He conocido a varios soldados que han dejado el Ejército y se han vuelto unos desaliñados, jurando que nunca volverían a tender la cama al estilo militar. Yo soy exactamente lo opuesto. Habré dejado el Ejército, pero el Ejército nunca me ha dejado a mí. Todavía tiendo la cama cada mañana al estilo militar, con las esquinas de las sábanas y las colchas dobladas y metidas bajo el colchón. Todavía enrollo y guardo mis medias en rollos de combate, coloco mis libros en perfecta alineación y sitúo mi *laptop* en el centro del escritorio. Conservo mis medallas en hileras muy prolijas, justo en la esquina de la cómoda. Barro el apartamento cada pocos días (tiene solamente cien pies cuadrados) y paso un rollo quita-pelusas sobre el cubrecama para recoger los pelos de Martes. Eso, en parte, se lo debo a mi madre, quien siempre ha estado compulsivamente obsesionada con la limpieza. Pero eso también significa disciplina y orgullo, dos virtudes que el Ejército inculcó en mí y que siempre he atesorado.

A pesar de todos esos esfuerzos, Martes está por todas partes. Está en los tazones de su comida en el suelo de la cocina, y en la pelota grande de tenis con una cuerda que sobresale por ambos lados (que él nunca coloca en su lugar, el muy desordenado). Mi mesa de noche, bajo la cual se enrosca Martes a dormir sobre una colcha, es una perrera grande con la puerta arrancada. Los tres chalecos rojos que identifican a Martes como perro de servicio cuelgan de ganchos como una instalación de arte en la pared detrás de la puerta de entrada. Tengo fotos de golden retrievers pegadas al marco de mi espejo, pero no son fotos de Martes. Son tarjetas enviadas por amigos y familiares que saben cuánto significa Martes para mí. Aunque tengo cientos de fotos de Martes en mi cámara y en la computadora, las únicas en el apartamento están en el baño. No sé por qué. Me imagino que hasta en los momentos de privacidad, me gusta saber que Martes está cerca.

Pasamos gran parte de nuestras vidas aquí, Martes y yo, relajándonos sobre la cama, jugando a tirar de la cuerda con mis medias, en largas sesiones de cepillado y limpieza tarde en la noche. Una mañana, mientras hacía la cama, le tiré las colchas sobre la cabeza y las aguanté para que no pudiera zafarse. Lo hice como una broma, pero Martes se revolvía como loco. Cuando solté las colchas unos segundos después, salió disparado, rodó por el suelo y se quedó mirándome con las patas separadas, jadeando como si hubiera sobrevivido el ataque de un gato o una bomba atómica. Me miró fijamente por un minuto, mientras yo me disculpaba, y fue a refrescarse y a beber agua. Diez minutos después, ya estaba de nuevo a mi lado. No tengo televisor, pero esa mañana dejé que viera todos los videos de YouTube que quiso: el de un perro reventando globos, un perro montando una patineta, otro cayéndose a un lago por accidente, otro más de un perro tirando de los pantalones a una niña en su cumpleaños. Le encantaron todos.

Parece que se me olvidó que no le gustó mucho el truco de la colcha, porque volví a repetirlo unas cuantas mañanas después. Martes salió por debajo de las colchas como un gato escaldado, resoplando y con los ojos espantados. Dio vueltas por todo el apartamento por unos minutos, claramente enfadado, tomó gran cantidad de agua de su tazón y se fue a recostar a mi pequeño baño, el único sitio privado en un hogar de una sola pieza. Para calmarlo, aquella vez tuve que dejarlo ver videos de perros *y* de caballos. Desde entonces, sale corriendo hasta el baño cada vez que tiendo la cama y saca su cabeza para vigilarme. Así es la vida con un perro.

Yo lo tranquilizo, entre otras formas, con mañanas que pasamos en la zona cercada para perros cubierta de mantillo del Morningside Park. A Martes le encanta no solo por la libertad de movimiento, sino también por lo estrafalario de sus compañeros de juego. La mayoría de los perros corre en círculos, pero hay arquetipos definidos. La Pareja Dispareja la forman el toy poodle y el rottweiler, que son inseparables. Un westie llamado Louis, propiedad de una señora mayor inglesa cuya gran clase reservada nos hace siempre lucir mal, es el Amante Perenne. Ese perro está siempre tratando de montarse, lo mismo a un perro que a un palo de escoba. Martes, pacientemente, pero con firmeza empuja a Louis con el hocico lejos de sus patas, una y otra vez. A veces, cuando Louis es muy persistente, Martes me dirige una mirada exasperada como diciendo, *Por favor, perro alfa, ¿puedes arreglar esto?* Así que me levanto y me llevo a Louis un poco más lejos y regreso cojeando hasta mi banco antes de que regrese y trate de montar mi bastón.

El poodle gigante de ojos morados es el Bonitillo. Dos yorkies que no hacen otra cosa que perseguir una pelota y discutir entre ellos son los Hermanos Solteros. Sidney, una mezcla de chihuahua y dachshund, es el Inteligente. (También es el más Cómico). Me encantan los perros inteligentes, así que Sidney y yo somos amigos. Cuando viene caminando hacia mí con sus patitas increíblemente pequeñas, me tengo que reír, aunque a Martes no le gusta. Tiene celos de Sidney, y de eso me doy cuenta. En cuanto cargo a mi amigo salchicha, mi golden retriever grandotote viene enseguida corriendo.

Martes, por su parte, es el Caballero. Le encanta jugar, pero nunca salta sobre otros perros, ni les huele agresivamente el trasero. En vez, se inclina hacia el suelo y mueve la cola, pidiéndoles jugar. No le importa jugar rudo y se defiende cuando se pelean jugando, pero la mayoría de las veces prefiere explorar por su cuenta, revolcándose en la tierra felizmente, olfateando ramas y acercándose a las mujeres porque sabe que no se le resisten. Martes siempre ha sido un perro muy sociable, pero siente debilidad por las mujeres. Resulta divertido verlo correr hacia un perro, luego olfatear una bellota cubierta de moho y luego dirigirse hacia una joven y vuelta a empezar, con la cola levantada y la felicidad reflejada en la cara. Es despreocupado, siempre ve el lado bueno de la vida y aprecia las pequeñas cosas. Como es mi alter ego, mi otro yo, esa actitud saca lo mejor de mí. Quizás por esa razón me parece tan fácil reír y bromear con los otros dueños en el parque: porque Martes me enseñó a hacerlo.

No es que todo fuera sobre ruedas esa primavera. El área donde corren los perros está rodeada de árboles y a Martes le encanta el juego de correr a buscar y traer objetos. Siempre nos ha ido bien con ese juego. Pero una tarde, mientras jugábamos, fingí que tiraba un palito en una dirección, luego fingí que iba a tirarlo hacia el otro lado, y entonces, para mi horror el palito salió volando de mi mano hacia el otro lado del área de juego y fue a pegarle a una joven en medio de la frente. Fue terrible y bochornoso, como tirarse un pedo en el paraíso. La pobre mujer se tambaleó, sorprendida y aturdida y… para colmo, sangraba mucho. Seguro que no ayudó para nada cuando vi a un latino de gran tamaño acercarse con un perro de ochenta libras y un bastón Bubba Stik cojeando en su dirección. Me disculpé y le ofrecí una toallita húmeda para limpiarse y, al final, conversamos un poco sobre Martes, que estaba a unos pies de distancia mirándola con ojos preocupados. La señora se mostró extremadamente comprensiva y amable, especialmente para alguien con una toallita ensangrentada en la mano para limpiarse la cara. Al final, terminamos riéndonos del palito errante. Pero por dentro, estaba extenuado —después de todo, uno no se recupera inmediatamente después de haber interrumpido la paz en el paraíso—, así que Martes y yo no regresamos al parque en una semana.

Irónicamente, esa fue probablemente una de mis conversaciones más largas aquella primavera.

Por un rato, Martes fue confinado a la colina, situada a unos cien metros de distancia del área cercada para correr. No le fue difícil, porque la colina casualmente era su lugar favorito. Estaba cubierta de hierba, y a Martes le encantaba sentir la hierba en las patas. Él era un perro de ciudad, confinado casi exclusivamente a un mundo de concreto, por lo que la blanda vida vegetal era una especie de regalo. Podía sentir su entusiasmo cada vez que subía cuesta arriba, buscando ardillas para perseguirlas, y si por casualidad no encontraba pequeñas criaturas que llamaran su atención, se revolcaba alegremente sobre la hierba. Rodaba varias veces, por pura diversión, y luego frotaba un lado de su cara y del cuello contra el suelo, y luego el otro, mientras se impulsaba de espaldas con las patas traseras retorciendo el cuerpo de un lado a otro. Era un momento de éxtasis desatado, tan diferente a la manera en que actuaba en general, que yo mismo lo animaba a hacerlo. ¿Estaría olisqueando el césped? Lo dudo. Creo que sencillamente le gustaba sentir la frescura de la hierba en un tibio día de primavera: la suavidad, el olor, la forma en que le calmaba ese punto de escozor al que es imposible llegar. Honestamente, ¿a quién no le gusta eso?

Martes es un perro seguro de sí mismo. Eso es lo que nuestra relación hizo por él, al final, consiguió que brotara su gracia natural. Le encanta complacer a otros, no importa que solamente se trate de alguien que se detiene a decir, "Es igualito al perro del anuncio de los frijoles Bush" (algo que le dicen todos los días). Le encanta cuando Rudy, el superintendente de los cuatro o cinco edificios que Columbia tiene en el área, grita, "¡Ahí viene Martes!", desde mitad de la cuadra.

"Ve y salúdalo, Martes", le digo, quitándole la correa y dándole una palmadita en el costado. Esa es una nueva orden que hemos venido ensayando todo el inverno, una que nunca fue incluida en el manual de perros de ayuda. De hecho, a Lu Picard no le gustó mucho cuando se enteró de lo que hacíamos.

"Él no es una mascota, Luis", me dijo negando con la cabeza (pero, quisiera creer, secretamente riéndose de mi audacia). "No puedes animarlo a que interactúe cuando está trabajando". A veces tengo el presentimiento de que Martes y yo somos como los alumnos brillantes pero exasperantes de Lu, siempre tramando fechorías justo cuando están a punto de hacer algo que la haga sentir orgullosa.

No me preocupa. No ahora. Mi unión con Martes es tan profunda y arraigada que estoy convencido de que no se romperá nunca. Él conoce mi olor y mi respiración. Puede escuchar a mi corazón latir rápida o lentamente. Conoce mis inflexiones —alegres o tristes— y yo sé lo que me quiere decir cuando agacha los hombros, inclina la cabeza o coloca en ángulo la cola. Confiamos el uno en el otro sin reservas, nos conocemos hasta los huesos. No existen más dudas entre nosotros, ni titubeos ni preocupaciones. No tenemos ya ni que practicar las órdenes, aunque lo hacemos todavía durante unos treinta minutos al día porque a Martes le gusta. Incluso cuando estamos en la calle, solamente le tengo que indicar qué hacer la mitad de las veces, porque el resto de las veces, ya sabe lo que tiene que hacer. Cuando atravesamos Broadway, por ejemplo, siempre comienza bien, en dirección a los restaurantes con mesitas en la acera. Solamente tengo que decirle que vaya recto o que doble a la izquierda y, honestamente, eso raramente ocurre. Soy una criatura de hábitos en un mundo del tamaño de una jaula para cobayas.

"Es un buen perro, Luis", me dice siempre Rudy con la sonrisa de un sabio y viejo vecino del barrio. "Cuídalo".

"No te preocupes, Rudy. Así lo haré".

En el campus, Martes es igual de popular. Esa primavera hubo una gran agitación cuando entramos al auditorio de mi clase más grande, y unos cien ojos lo siguieron cuando se levantó para marcharse. Después de clase, tenía una cita pendiente con su amiga Cindy, a quien habíamos conocido en la zona cercada para perros. Tan pronto la veíamos, le quitaba la correa, y los dos salían corriendo por los pasillos de la escuela de periodismo y yo los seguía detrás. Martes y yo subimos al elevador un día con una mujer que no reconocí. A mitad de camino se volvió y me dijo, "Sabe una cosa, es muy agradable tener un cuadrúpedo en la escuela de periodismo".

¿Un cuadrúpedo? "Eso me gusta", le dije con una risa ahogada. "Gracias". Lo acaricié, como siempre hago porque así es como vivimos y porque estaba sorprendido, una vez más, de que, ya fuera a causa del documental filmado por la National Geographic titulado "And Man Created Dog" ("Y el hombre creó al perro") o del prestigio de la universidad, él siempre era una estrella. En un punto indeterminado, dejó de ser "el perro" para ser "Martes, el perro de servicio", y de allí se convirtió en "el famoso Martes".

"¿Este es el famoso Martes?" dice la gente cuando lo ve.

"Diles hola, Martes", le digo y él no vacila en hacerlos reír.

Pero también tiene su lado terapéutico. Recuerdo una camarera de nuestro restaurante favorito que vino desde el otro lado del salón y me preguntó, "¿Puedo saludar a Martes?".

"Claro", le dije.

Se agachó y lo acarició durante un rato. "Gracias", me dijo con una sonrisa melancólica. "Estaba pasando por un mal día".

Hay un hogar de vida asistida al final de la cuadra, cerca de la Catedral de San Juan el Divino, y en los días de buen tiempo los residentes se sientan afuera con sus andadores y sillas de ruedas. A muchos los asustan los perros, pero conocen y quieren a Martes. Después de todo, él recibió entrenamiento para ayudar a las personas débiles, por lo que está familiarizado con el equipo. Pero aunque no estuviera entrenado, es tan amable e inteligente que los tranquiliza. Siempre me conmueve observar a estos maravillosos veteranos de la vida acariciando a Martes bajo el sol. No sé cómo se llaman, incluso después de nuestros encuentros, pero —y sé que esto suena extraño— Martes sí lo sabe. Él sabe más de estas personas de lo que yo jamás me atrevería a descubrir.

Es por eso que siempre sonrío cuando nos sentamos a descansar en la calle 112 Oeste, y alguien se detiene a contemplar a Martes. "Disculpe", dicen finalmente, al darse cuenta de mi presencia. "No quisiera entrometerme, pero qué perro tan bonito tiene".

"Ve y saluda, Martes", le digo. "Ve y saluda".

Martes se levanta enseguida. Y sabe lo que quiero —el Socializador, el Caballero— y él quiere lo mismo también. Sonrío mientras lo observo desplegar su carisma ante otra persona desprevenida, frotándose contra sus manos, de manera juguetona, pero con modales perfectos.

"Qué amistoso es", se ríen, mientras él se da la vuelta para que le acaricien el lomo.

Sí, es amistoso. Y útil. Y tierno y extrovertido. Dedicado en su trabajo y cariñoso. Seguro de sí mismo y abierto. Es muy profesional y se entrega totalmente a lo que hace. Es mi bastón y mi equilibrio. Es mi reloj despertador, mi horario de medicamentos, mi entrenador personal y mi monitor emocional. Es mi compañero. Mi amigo. Mi ancla. Mi esperanza. ¿Qué más puedo decir en su honor?

Me encojo de hombros. "Es Martes", me digo.

EPÍLOGO

DÍA DE GRADUACIÓN

In lumine Tuo videbimus lumen

—SALMO 36:9

Y en Tu luz podremos ver la luz.

—LEMA DE LA UNIVERSIDAD DE COLUMBIA

FUIMOS PRIMERO A LA LIBRERÍA DE LA UNIVERSIDAD, en la que compré una toga y un birrete de graduación azul claro, y luego caminé por el campus en dirección a la oficina de inscripción para recoger mi borla. Había ocho veteranos graduándose de la Escuela de Posgrado de Periodismo de Columbia en la primavera de 2010, todo un récord para la universidad. Cada uno de nosotros recibió una cuerda especial en rojo, blanco y azul que colocaríamos sobre los hombros y caerían por las solapas. Como de costumbre, Martes dejó admiradas a las tres mujeres de la oficina, y acabamos yéndonos con dos cuerdas especiales, una para cada uno de los veteranos de los últimos dos años.

"Adulador", le dije en tono de broma cuando salimos. Martes me miró con ojos sonrientes. Estaba de acuerdo.

Unos días más tarde, tomé la toga, en la talla más pequeña que encontré en la tienda de la universidad, y la corté en dos por la cintura. Luego le recorté las mangas a la altura de los hombros, enrollé la tela restante hacia arriba y la sujeté en un pliegue perfecto.

"Vamos a probártela", le dije a Martes, que había estado observando los preparativos. Se la pasé por la cabeza y luego por las patas del frente. Le hacían falta todavía algunas pinzas y reajustes, un recorte o dos en el lomo, pero Martes nunca se quejó, ni se movió más allá de un pie de distancia, y en una media hora más o menos estaba parado frente a mí con su propia toga de graduación puesta, la corona dorada que es la insignia de Columba visible en cada hombro. Le enrollé la cuerda especial para veteranos alrededor del cuello unas tres veces, hasta que las borlas colgaron justo encima de los hombros. Trató de morderlos un par de veces, era una tentación demasiado grande para él.

"Un verdadero graduado. Mamá y Papá se van a quedar impresionados".

Las cejas de Martes subieron y bajaron. *¿Mamá y Papá?*

"Sí, están aquí, Martes. Claro, por el fin del semestre. El Día de la Graduación".

No era el final de nada. Realmente no lo era. Aquella primavera, cuando estuve seguro de que terminaría mi maestría en Periodismo, volví a matricularme en Columbia para terminar una segunda maestría en Comunicaciones Estratégicas. Después de aquellos seis primeros meses tan duros, me sentía cómodo en la parte alta de Manhattan, y me causaba mucho estrés tener que irme. Además, el Ejército había dado comienzo a una nueva rama de especialización llamada Operaciones de Información. No se trataba de relaciones o comunicaciones públicas, esas ramas ya existían. Este nuevo campo era una fusión de operaciones psicológicas, electrónica y guerra cibernética. El Ejército estaba entrenando a oficiales especializados para lidiar con las nuevas amenazas en la infoesfera global, lo que incluía entrenamiento en el arte y la ciencia de la propaganda. Como quiero trabajar en el desarrollo de políticas y ayudar a crear evaluaciones y declaraciones honestas en un cuerpo militar que se ha entregado abiertamente a la manipulación de los medios, pensé que lo mejor era tratar de entender su metodología de comunicación estratégica y su mentalidad.

Es gracioso. Entré en el Ejército en parte como repudio a la fe de mi padre en los números y las palabras, creyendo en su lugar que el mundo se podía mejorar con las botas bien puestas en el suelo. Todavía creo en las botas en el suelo. No soy enemigo del Ejército de los Estados Unidos. De hecho, lo amo más que nunca, y es por eso que deseo que cambie, para que reconozca sus errores y realmente sea la fuerza a favor de la justicia, el honor y la libertad, que siempre ha dicho ser. No existe heroísmo sin responsabilidad. No existe un buen ejemplo sin una honesta explicación de las acciones. No hay valor en las tropas a nivel raso si no existe honor entre los generales en la cumbre.

Al final, me retiré de ese mundo. Al igual que mi padre, estoy apostando mi vida a que la pluma en mi mano (o el teclado bajo mis dedos) es más potente que una ametralladora.

Así que regreso, al menos, por otro año más. Pero un día...

Un día, voy a dejar este lugar. Voy a tener una esposa. Y tendré hijos. Y un trabajo que marque una diferencia, y tendré una parcela de tierra allá en el oeste, con caballos en la parte de atrás, y una vista de las montañas. No estoy hecho para vivir en Nueva York. Tengo más de muchacho de campo. En unos diez años, cuando Martes se retire, quiero verlo correr en el aire limpio de la montaña con la hierba bajo sus patas, en vez de cojear por calles abarrotadas de gente, con sal tóxica para derretir hielo pegada al pelaje entre los dedos.

Eso va a suceder. Sé que va a ser así, igual que sabía que me iban a aceptar en Columbia. Un día voy a sentarme con Martes bajo un hermoso cielo azul y le diré, "Lo logramos, amigo, lo logramos". Le daré un abrazo y un beso en la cabeza, como hago siempre, y le recordaré, "No tienes que llevar a montar a esos chiquillos, sabes, sólo porque lo piden. Para eso tenemos un poni".

Pero eso estaba en el futuro. Por ahora, tenemos una cita para almorzar con Papá y Mamá. Podía ver el orgullo reflejado en los ojos de Martes, un reflejo del suyo y el mío, cuando le ajusté la toga, le volví a enrollar la cuerda, ya ligeramente babeada, y le coloqué el birrete en la cabeza. Sabía que algo estaba pasando. Sentía la excitación. Caminamos bajo una lluvia ligera, pero nada podía aguar el buen humor de Martes. A lo largo de Broadway, la gente nos señalaba y sonreía, gritando halagos, tomando fotos, y Martes caminaba como todo un rey, deleitándose en las miradas que nos daban. Para cuando llegamos a Le Monde, uno de nuestros restaurantes favoritos de las aceras de Broadway, Martes se había sacudido el birrete tantas veces que finalmente lo doblé y lo tiré a la basura. Tenía razón, lucía mejor con la cabeza desnuda, para que todo el mundo pudiera verle los ojos.

Una hora después, después de un agradable almuerzo con mis padres, Martes y yo regresamos al campus de la universidad. Nos habíamos saltado la gran ceremonia de graduación para toda la universidad, y como la graduación de la Escuela de Periodismo era menos formal, llevaba puesta una chaqueta, corbata y hasta una barba incipiente (porque, honestamente, me había esforzado tanto en el atuendo de Martes que no tuve tiempo de afeitarme). Eso dejaba a Martes como la estrella, que efectivamente es, y creo que posamos para un centenar de fotografías camino al Auditorio Lerner. Todo el mundo, al parecer, quería una foto del famoso Martes con su toga de graduado. La atmósfera, la gente, los compañeros sonrientes que de repente parecían viejos amigos: qué bien se sentía. Creo que me reí durante todo el trayecto hasta mi asiento, tanto por la excitación del momento como por la sonrisa pícara y con lengua colgando que ponía Martes en cada foto.

Nos situaron a Martes y a mí en la esquina izquierda de la primera fila de graduados. Pensé que de esa forma seríamos los primeros en desfilar, pero cuando empezaron a llamarnos por el nombre, no se correspondía con el orden de los asientos. Martes y yo observábamos la escena muy felices, disfrutando el momento a pesar del tamaño y de la energía de la multitud, y vimos desfilar a nuestros compañeros por el escenario. Esperamos durante una hora en la que llamaron a cuatrocientos nombres, hasta que los graduados de nuestra fila se pusieron de pie y se dirigieron al escenario.

Así que había un orden, pensé. *La primera fila era la última.*

"Y por último, si bien no menos importante", anunció el decano, después de que el joven a nuestro lado se retirara del escenario, "Luis Carlos Montalván, un veterano del Ejército de los Estados Unidos, y su perro de servicio, Martes".

Dimos un paso al frente, y con la precisión de un equipo de maniobras, subimos los peldaños hacia el escenario. Yo caminaba con rapidez, con mi bastón marcando el paso por el costado, pero el trayecto me pareció interminable. La decana Melanie Huff me dio la mano y me extendió el diploma, luego se volvió hacia Martes y le ofreció uno también. Me sentí profundamente emocionado. No tenía idea alguna del plan. Columbia se había portado extraordinariamente bien conmigo en los últimos dos años, y en ese momento, con lágrimas en los ojos, me sentí profundamente agradecido, no solamente hacia ellos, sino a todas las personas que habían colaborado conmigo, que me habían tolerado y brindado su apoyo a través de los años. Estados Unidos, recordé, es sin duda un lugar maravillo.

Martes estaba menos afectado que yo. Tomó su diploma con la boca, y entonces, con los labios tornados en su clásica sonrisa perruna, levantó la cabeza y lo mostró a la multitud. El auditorio reventó en un aplauso. Caminando hacia el otro extremo del escenario, uno al lado del otro, el aplauso se hizo más y más intenso, hasta que levanté la mano en el primer escalón del descenso y todo el mundo gritaba y silbaba. El aplauso no era sólo por Martes y por mí. Era por toda la clase graduada, por todos mis compañeros de estudio y todo lo que habíamos logrado, pero en aquel momento, me invadió una sensación de gran humildad. Yo era, como dijo una vez Lou Gehrig, "el hombre más afortunado sobre la faz de la tierra".

También me sentía orgulloso. Habían sido dos años muy duros —a veces, devastadoramente duros. Nadie sabía la seriedad de mis problemas cuando me matriculé, ni siquiera yo. Nadie sabía cuánto había trabajado para pararme en aquel escenario. Solamente Martes, entre todos en el auditorio, comprendía.

Después de la ceremonia, Martes y yo fuimos a celebrar con mis padres al Max Caffé. No recuerdo exactamente lo que dijeron, pero sé que se sentían orgullosos de mí, y ese orgullo era más especial para mí que el diploma en mi mano. Sus sonrisas y felicitaciones lograron que todo el esfuerzo valiera la pena, y cuando abracé a mis padres cuatro horas (y tres botellas de vino) más tarde al final de la cena, sentí el calor de su amor arropar mi alma como una manta tibia.

Y cuando regresé a mi pequeño apartamento, solo con Martes, y me acurruqué junto a él en mi cama tamaño *queen*, sentí algo más que amor envolviéndome como una tibia manta. Sentí además la satisfacción plena de dos corazones fundiéndose en uno. Porque este era mi verdadero hogar, me di cuenta entonces. No el apartamento o la cama o la ciudad de Nueva York, y ni siquiera el orgulloso abrazo de mis padres, sino ese momento al final de cada día de mi vida, hubiera yo triunfado o fracasado, en que Martes me arropaba para ir a dormir.

ACERCA DE LOS AUTORES

LUIS CARLOS MONTALVÁN es un veterano y ex capitán del Ejército de los Estados Unidos donde obtuvo la insignia de la acción en combate, dos Estrellas de Bronce, y el Corazón Púrpura. La escritura de Montalván ha sido publicada por el *New York Times*, *Washington Post*, *San Francisco Chronicle* y *International Herald Tribune* (entre otros), y NPR, CBS, CNN, BBC, C-SPAN, *National Geographic* y *Democracy Now!* han presentado su increíble historia. Montalván obtuvo una maestría en periodismo de la Universidad de Columbia donde está terminando otra maestría en comunicaciones estratégicas.

BRETT WITTER ha colaborado en la escritura de varios libros aclamados, incluido Dewey, bestseller #1 del *New York Times*, y también *The Monuments Men, Allied Heroes, Nazi Thieves, and the Greatest Treasure Hunt in History*. Vive en Louisville Kentucky.